文字·文獻·文明

中山大學古文字研究所
出土文獻與中國古代文明研究協同創新中心 編
中山大學中國語言文學系

田 煒 主編

圖書在版編目(CIP)數據

文字・文獻・文明 / 中山大學古文字研究所,出土
文獻與中國古代文明研究協同創新中心,中山大學中國語
言文學系編;田煒主編. —上海:上海古籍出版社,
2019.10
ISBN 978-7-5325-9324-8

Ⅰ.①文… Ⅱ.①中… ②出… ③中… ④田… Ⅲ.
①出土文物-文獻-中國-文集 Ⅳ.①K877.04-53

中國版本圖書館 CIP 數據核字(2019)第 182496 號

文字・文獻・文明

中山大學古文字研究所
出土文獻與中國古代文明研究協同創新中心　編
中山大學中國語言文學系
田　煒　主編
上海古籍出版社出版發行
(上海瑞金二路 272 號　郵政編碼 200020)
(1) 網址:www.guji.com.cn
(2) E-mail:guji1@guji.com.cn
(3) 易文網網址:www.ewen.co
浙江臨安曙光印務有限公司印刷
開本 787×1092　1/16　印張 15.5　插頁 4　字數 294,000
2019 年 10 月第 1 版　2019 年 10 月第 1 次印刷
ISBN 978-7-5325-9324-8
H・215　定價:78.00 元
如有質量問題,請與承印公司聯繫

文字、文獻與文明——第七屆出土文獻青年學者論壇暨國際學術研討會

2018.8.18

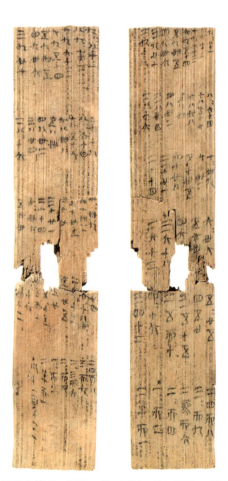

里耶秦簡 12－2130＋12－2131＋16－1335 正背面

里耶秦簡 9－29 正面

序 一

"第七屆出土文獻青年學者論壇暨國際學術研討會"致辭

　　第七屆出土文獻青年論壇經過積極的準備,今天在中山大學中文堂順利開幕了,論壇召集人田煒教授要我講幾句開場白,算是對論壇的祝賀。此次光降廣州康樂園的青年才俊,來自海内外各地,有不少是我早就認識的"老"朋友,也有不少陌生的面孔,出土文獻研究的未來世界屬於你們,我代表中山大學古文字研究所,熱情歡迎你們。

　　中山大學的古文字研究,可以追溯到 20 世紀 20 年代中山大學語言歷史學研究所時期,商承祚、温廷敬等先生的論著至今還常爲學界援引。容庚和商承祚兩位教授在 50 年代創立了中山大學古文字學研究室(古文字研究所前身),成爲具有國際影響的古文字學重鎮,古文字與出土文獻研究一直有着優良傳統和引人矚目的業績,我的導師曾憲通教授與陳煒湛、張振林、孫稚雛等先生一道,在甲骨文、青銅器銘文、戰國文字和秦漢文字研究諸方面都卓有成就。"江山代有才人出",近些年中大的幾位青年學者也都出類拔萃,成就喜人。

　　現代的學科分類令人眼花繚亂,老一輩的學者通常不喜歡動輒另立這個"學"那個"學"的。平時電視廣告聽到"尿頻、尿急、尿痛、尿等待、尿不出、尿不盡……"的聲音,總以爲難免誇張。1992 年夏天,我陪同李星橋(新魁)先生到珠江醫院看病,發現一個房間掛着一塊牌子,上面赫然寫着"尿流動力學教研室",真的長了見識,日常普普通通的拉撒問題,居然有一門嚴肅的學科在作研究。出土文獻數量浩繁,價值重大,内容豐富複雜,疑難問題成堆,爲什麽不能有一種學問叫作"出土文獻學"呢? 於是,從 1998 年至今,我每年開一學期課,在中大中文系連續爲本科生開講"出土文獻學概論"。不遺餘力地鼓吹古文字與出土文獻的好處,這是一件我引以自豪的事情。

　　2015 年 5 月,我還創作過一首"下課歌",在這裏給大家念一遍:"又見東湖荷連天柳依依,別了,聽課的學妹學弟。莫道是出土文獻不夠神奇,休嗔怪期中考有點無禮。費留一聲歎息,但餘歡天喜地。數月教與學還算默契,千祈知我誠意。年過半百依然淘氣,傳道授業聊當遊戲。祝君鵬程萬里,將搞笑進行到底!"

學問是做不完的,一批出土文獻可以吃幾十年,既要鑽研學問,孜孜以求,又要從年輕時就善自珍攝,爲國愛身。"企予望之",堅信大家在出土文獻的廣闊天地裏一定大有作爲,衷心期待拜讀大家更多輝煌的新成果。

預祝論壇圓滿成功!

陳偉武

2018 年 8 月 18 日草稿

2019 年 9 月 8 日改定

序 二

好染髭鬚事後生

——"第七屆出土文獻青年學者論壇暨國際學術研討會"致辭

各位來賓、各位青年學者：

首先歡迎大家在盛夏時節來到中山大學，深刻感受廣州的"熱情"，並一起討論文字、文獻與文明的關係問題。我注意到近十年以來，類似的青年學者論壇在不少地方、不少領域都舉行過，這是一種新的氣象。據我有限的聞知，像清代文學青年讀書會、詞學青年讀書會、宋代文學青年同人會等，都已經舉行了好多屆，我也作爲超齡青年應邀參加過其中的幾屆，當然是作爲點評嘉賓的身份出席的。所以嚴格來說，現在的學術會議，由青年人登壇唱主角、中老年人來點評已經是一種比較成熟的會議形式。我相信這背後也有"青年强則學術强"的共識在支撑着這一行爲。

這次以"出土文獻"爲主要考察對象的青年學者論壇，也應該是這一良好學術風氣下的產物。作爲海內外從事出土文獻研究的優秀青年學者的重要交流平臺，"出土文獻青年學者論壇"，2012 年由北京大學發起成立，之後在復旦大學、臺灣清華大學、吉林大學、香港浸會大學、中國人民大學成功舉辦了六屆。本屆已經是第七屆，可見這一論壇的影響力。現在"冷門絕學"已經得到了國家層面的關注和支持，這爲古文字研究，出土文獻之詮釋，出土文獻與古代語言、歷史、哲學、社會之研究等方面提供了一個比較廣闊的平臺和空間。這是冷門絕學學科之幸。我今天也感到是青年學者之幸，因爲諸位成長在一個本學科備受關注的時代，不是每一代青年都有這樣的幸運。

我以前花了十年時間研究王國維，他的話給我留下印象特別深的很多，我今天突然想起了他說過的兩句話：一句是"大抵學問常不懸目的，而自生目的"，學術不是爲了寫文章而去讀書，而是在有興趣的讀書中發現值得探討的問題，然後寫成文章。這才是純粹的學者做出的純粹的成果。另一句是 1925 年王國維在他著名的講演《最近二三十年中中國新發見之學問》中説的"古來新學問之起，大都由於新發見"。王國維説的"新發見"，其實主要就是説的出土文獻。他的著名的"二重證據法"，就是地下之材料與紙上之材料的結合。今天的論壇以"出土文獻"爲本，我本能地認爲這應該是對王國維之説的一種積極回應。

本屆會議的主題是"文字、文獻與文明"，我覺得這是一個根基扎實、思維連貫而聯想廣闊的主題。相信諸位在"疑義相與析"中一定會得到學術的快樂。但我很慚愧，我没有能力參與諸位的討論，因爲在古文字、古音韻等方面知識的匱乏，這使得我的王國維研究也始終是不完整的。但學術的大格局本來就是學者共同來組建的，這也是我雖感慚愧却也安心的原因所在。

在出土文獻青年學者論壇開幕之時，我想起了兩個大詩人的兩句詩，一句是李白説的"丈夫未可輕年少"；一句是劉禹錫説的"好染髭鬚事後生"。我現在把這兩句合在一起送給大家。

祝大家在廣州研討、生活愉快。

彭玉平
2018 年 8 月 18 日

目　録

釋　　"穗"

鄔可晶

（復旦大學出土文獻與古文字研究中心）

殷墟甲骨文中有如下之字：

一般都視爲"禾"的異體。① 只有島邦男《殷墟卜辭綜類》將"禾"與此字分立爲兩個字頭，②後出的《殷墟甲骨刻辭類纂》沿襲了這一做法。③ 爲了行文的方便，以下用"△"代替此字。

姚孝遂先生一方面認爲△"可能是'禾'之異體"，一方面又指出"其用法較爲特殊"，因此《甲骨文字詁林》也把△字暫時單列。④ 姚先生所謂的"用法較爲特殊"，當是指△的辭例（具體詳下文）與一般使用"禾"的場合（如甲骨卜辭屢見的"萃禾"、"受禾"、"壴（害）禾"等）有別而言的。從這一點看，島邦男等人分△、"禾"爲二字，是有道理的。不過，島氏釋△爲"采"，顯不可從（《類纂》未釋）。

裘錫圭先生在《甲骨文中所見的商代農業》一文的 1986 年修改稿中，雖仍從一般的

看法以△爲“禾”，但新加入一句：“也有人認爲這是‘穗’的初文。”①我們翻檢了有關工具書，未能找到此説究係何人所倡，也不排除就是裘先生自己提出的尚不敢斷定的“一説”的可能性。

釋△爲“穗”的見解，學界似乎少有人注意，其實很可能是正確的。

△的字形，“酷肖成熟的穀子”，②跟一般的“禾”字相比，特别突出“禾（穀子）”下垂的飽滿的穗，説爲“穗”的初文是十分直截的。“△（穗）”字在“禾”上畫出所結之穗，其表意方法與“𣎆（枼/葉）”字在“木（樹）”上畫出葉子如出一轍。③裘錫圭先生指出甲骨文“年”字也偶有從△作的，如𠂤（《合》9818）。④我們知道，“年”本指收成。其字從“穗”，對於表現“收成”的本義，顯然也是很契合的。

△當釋“穗”，還可以通過對“季”字的分析得到印證。

《説文·十四下·子部》：“季，少偁也。从子、从稚省，稚亦聲。”許慎所以作此分析，當是由於“季”、“稺（稚）”音義皆近的緣故（古人有以“稚”、“季”連用爲名的，如肩水金關漢簡73EJT23：344有“仲稚季”，漢印有“成稺季”，《急就篇》有“畢稚季”等⑤）。然而“季”字明明從“禾”，把“禾”看作“稚”的省形，顯然太過隨意。而且“季”、“稚”韻母雖近（但也有陰入、開合口之别），聲母則相差較遠（“季”是見母字；“稚”本作“稺”，楚簡寫作從“𡰥（夷）”聲，“𡰥（夷）”是以母字⑥）。從音理上看，“稚亦聲”之説也有些牽强。孔廣居《説文疑疑》、王煦《説文五翼》、林義光《文源》等已對《説文》的分析表示懷疑。⑦不過，他們提出來的“季”“从禾會意”、“當从禾（音稽）聲”或所從“禾”“當爲稺之古文，幼禾也”⑧

---

① 裘錫圭：《甲骨文中所見的商代農業》，《裘錫圭學術文集·甲骨文卷》，復旦大學出版社，2012 年，第 233 頁。裘先生此文最初是提交 1984 年在安陽召開的全國商史學術討論會的，曾收入 1985 年出版的《全國商史學術討論會論文集》（關於此文的版本信息，皆據《裘錫圭學術文集·甲骨文卷》第 269 頁的説明）。《論文集》所收裘文，並無釋此字爲“穗”的話（第 198 頁）。但發表此文修改稿的《農史研究》第 8 輯第 38 頁注②已有“也有人認爲上引之字是‘穗’的初文”之語（華南農業大學歷史遺產研究室主編，農業出版社，1989 年），可知這句話當是 1986 年修訂時增入的。

② 裘錫圭：《甲骨文中所見的商代農業》，《裘錫圭學術文集·甲骨文卷》，第 233 頁。

③ 參看裘錫圭：《文字學概要（修訂本）》，商務印書館，2013 年，第 120—122 頁。

④ 裘錫圭：《甲骨文中所見的商代農業》，《裘錫圭學術文集·甲骨文卷》，第 233 頁。

⑤ 參看張傳官：《急就篇校理》，中華書局，2017 年，第 47—48 頁。

⑥ 鄭張尚芳先生疑“稚”“雉省聲”，固然與事實不符（從漢代文字資料看，“稚”所從的“隹”實由“犀”變來。參看裘錫圭：《淺談璽印文字的研究》，《裘錫圭學術文集·金文及其他古文字卷》，第 287 頁）；但他據此以及其他情況，將“稚”的上古聲母構擬爲塞化的 l，倒跟楚簡“稚”從“𡰥”聲合拍。

⑦ 丁福保編纂：《説文解字詁林》，中華書局，1988 年，第 14182 頁。

⑧ 同上注。

等新説,也都缺乏文字學證據,難以使人信服。①

　　從古文字看,絕大多數"季"字確實從"禾",但是在現存時代最早的殷墟自組肥筆類卜辭中,"季"作如下之形: ②

　　　　　（《合》21119）　　（《合》21120）

很明顯從"△"而不從"禾"。③《合》21118 的字體也是很典型的自組肥筆類,其中"季"字作,頭部稍有殘斷,但飽滿的穗形猶存,亦應從"△"。《甲骨文字編》將其摹作一般的"禾",不確。總之,在時代最早的殷墟甲骨文中,"季"字都是從"△"的。這是很可注意的現象。

　　獨體的△字,在卜辭中似僅見於《合》19804、《合》9464 正(二見)、《合》9615,前兩版分屬自組肥筆類和典賓類,末一版應該也屬於賓組。《合》7042、7043 是典賓類卜辭,此二版上的"利"字作、,④也是從"△"的("利"字還有從"黍"的寫法,見《合》39932。作爲意符的"禾"、"△"、"黍"在"利"字中通用,表明它們的字義相近,決不能據此將"△"、"黍"都釋爲"禾")。上舉從"△"的"年"字,其所從出的卜辭爲賓組三類。⑤ 它們都可算作一期卜辭。⑥ 此後的殷墟甲骨文及其他古文字資料裏,好像就再也看不到△了。古文字字形勾廓與填實往往無別,如果把△象穗的部分用填實的手法書寫,其字與"禾"便混而難分。此外,△的字形既可看作"禾所結的穗",也可看作"結穗的禾"。如取後一種理解,△就有可能被人當作"禾"的異體,終爲"禾"字所兼併。由於存在這些原因,△

---

① 參看于省吾主編《甲骨文字詁林》第 1437 頁"季"字條下所録李孝定《集解》按語對這些説法的批評。

② 李宗焜:《甲骨文字編》,第 521 頁。劉釗等:《新甲骨文編(增訂本)》,第 821 頁。

③ 這裏所舉"季"位於上方的"△"省去下部或下部有所簡省,類似情況在"禾"中也能看到。在時代較早的一期卜辭裏,"禾"位於字的上方時,往往也省去下部,參看有些"年"字、"季"字的寫法(劉釗等:《新甲骨文編(增訂本)》,第 431、433 頁;李宗焜:《甲骨文字編》,第 521 頁)。

④ 李宗焜:《甲骨文字編》,第 519 頁。

⑤ 《天理大學附屬天理參考館藏甲骨文字》256 著録的典賓類刻辭"年"字作,亦從"△"(李宗焜:《甲骨文字編》,第 524 頁)。但此版爲習刻,録此供參考。

⑥ 甲骨文裏還有一個被裘錫圭先生釋爲"柞"的字(裘錫圭:《甲骨文中所見的商代農業》,《裘錫圭學術文集·甲骨文卷》,第 250 頁),計二見(參看李宗焜:《甲骨文字編》,第 690 頁):（《合》20624）、（《合》18835）。此字去掉"(乍? 銍?)"的部分,也頗有些像是"△"[如確從"穗",不知有没有可能釋爲"截穎謂之銍"(《小爾雅·廣物》)的"銍"]。前一辭即自組肥筆類,後一辭似屬賓組,也都不晚於一期。又,《甲骨文字編》第 524 頁"黍"字條下所收《合》10059 一例,摹作,似從"△"。檢原拓本,此字實作,其頂端和左邊都是"黍"字習見的散穗形。《文字編》所摹失實。

大概在較早的時候即遭受被淘汰的命運。所以,从"△"的"季"應該就是"季"字的古體;從自組小字類卜辭開始,"季"所从的"△"省變爲"禾"(省去了下垂的禾穗),[①]在△字徹底廢棄不用之後,从"禾"的省訛之體自然成了"季"的標準寫法,導致"季"的字形很難分析。

我們認爲△是"穗"之初文,"穗"正可充當"季"的聲旁。《清華大學藏戰國竹簡(伍)》所收《命訓》篇,其文又見於傳世的《逸周書》。清華簡《命訓》"秎之以季"(簡11)、"季必仞="、"季而不仞="(簡13)之句,[②]《逸周書》本相應地作"撫之以惠"、"惠不忍人"、"惠不忍人"。清華簡整理者指出,傳本第一處"惠不忍人"的"不"爲"必"之誤,可據簡本校正;簡文的"秎"、"季"、"仞="當從傳本讀爲"撫"、"惠"、"忍人"。[③] 其説甚是。[④] 既然"季"可假借爲"惠",从"惠"聲的"穗"與"季"的讀音應該也很相近。

清華簡整理者解釋"季"、"惠"二字的語音關係説:"'季'爲見母質部字,而'惠'爲匣母質部字,故可通假。"[⑤]"季"、"惠"不但都屬質部,而且中古都是合口去聲字,彼此只有三、四等之别("季"爲三等字,"惠"爲四等字)。从"惠"聲的"穗"正是三等字,"穗"與"季"的韻母可以説完全相同。聲母方面,中古的匣母有不同的上古來源;從"惠"、"慧"的密切關係看,"惠"的聲母當與"慧"一致,本爲云母。[⑥] 云、見二母都是塞音,文獻裏就有不少相通或相諧之例。《史記·貨殖列傳》"民俗懁急",《集解》引徐廣曰:"懁,急也,音絹。……一作'惠'。"音"絹"的"懁"跟"季"一樣,也屬見母。此是"惠"與見母字相通

---

① 參看李宗焜:《甲骨文字編》,第521頁。按,自組小字類卜辭的時代早於賓組,作爲偏旁的△與獨體的△的字形變化的快慢不一致,這在古文字的發展過程中是比較常見的。

② 清華大學出土文獻研究與保護中心編,李學勤主編:《清華大學藏戰國竹簡(伍)》,中西書局,2015年,下册第126頁。

③ 同上書,下册第130頁注[二九]、第131頁注[三一]。

④ 有人援此用"季"爲"惠"之例,把郭店楚墓竹簡《老子》甲組1號簡"絕爲棄慮,民復季子"的"季子"改讀爲"惠慈",認爲"惠慈"與今本之"孝慈"義近(華東師範大學中文系出土文獻研究工作室:《讀〈清華大學藏戰國竹簡(伍)〉書後(一)》,簡帛網,2015年4月12日。王挺斌:《戰國秦漢簡帛古書訓釋研究》,清華大學博士學位論文(指導教師:趙平安教授),2018年6月,第90—91頁)。這是不合乎老子的思想的。"惠慈"或"孝慈",在老子看來,都是"大道廢"之後出現的用來補救人際關係的東西,"絕爲棄慮"之後怎麼可能不回復體現"道"之本真的"季子"、"嬰兒"的狀態,反而回到第二層次的"惠慈"之屬呢?(參看裘錫圭:《關於〈老子〉的"絕仁棄義"和"絕聖"》,《裘錫圭學術文集·簡牘帛書卷》,第519頁)由此可見,僅有通假用例,不足以決定文獻的通讀,還需要對著作的思想等各方面情況通盤考慮。

⑤ 清華大學出土文獻研究與保護中心編,李學勤主編:《清華大學藏戰國竹簡(伍)》,下册第130頁。

⑥ 參看潘悟雲:《喉音考》,《著名中年語言學家自選集·潘悟雲卷》,安徽教育出版社,2002年,第210—239頁。依潘悟雲先生説,上古云母可擬作小舌音G-。

的例證。① “穗”从“惠”聲，很可能是在云母前加一 s-前綴，②至中古才演變成邪母。③ “穗”、“惠”、“季”的聲母關係，跟“歲（中古心母）”从“戉（云母）”聲、“劌（見母）”从“歲”聲的情況，頗爲相類。所以“季”以“穗”爲聲旁，語音上是没有問題的。

總之，就字形本源來説，“季”當分析爲从“子”、“穗”聲，應該是爲“少偁”或“幼稚”義而造的；其結構與从“子”、“未”聲的“字”字同例。④ “季”从“△（穗）”聲與釋△爲“穗”，單獨地看似乎都嫌證據不夠充分，但二説恰好可以相互支持，這恐怕不是偶然的巧合。

△在卜辭中的用法大多不易索解。《合》9464 的“△（穗）”似是用其本義的：

(1a) 己酉卜，亘，貞：易（賜）△。

(1b) ☑勿易（賜）△。　　　　　　　　　（以上正面。兆辭、序數等從略）

(1c) 王固（占）曰：吉。易（賜）。　　　　（以上反面。甲橋刻辭從略）

在全部的殷墟卜辭裏，似乎從未見過賞賜禾的記録。這大概由於卜辭中的“禾”多用爲“一切穀物的通稱”的緣故；⑤即使偶有指穀子的，也因“禾（穀子）的種植量比其他穀物大得多”，⑥商王不會專門拿來賞賜。(1)就“賜△”與否進行卜問，可知過去把△視爲“禾”的異體，是不妥當的。

“賜△”即“賜穗”。《尚書·禹貢》所記“五百里甸服”，有“二百里納銍”，僞孔傳：“銍，刈，謂禾穗。”孔穎達《正義》：“……《詩》云‘奄觀銍刈’，用銍刈者，謂禾穗也。禾穗用銍以刈，故以‘銍’表禾穗也。”這是説上古甸服内去王都二百里者，以禾穗作爲交納的貢賦（這種制度當然含有想象虛構的成分）。(1)所問商王賞賜的穗，也許就來自“甸服”“二百里”所納的“銍”。古代有“賜税”之事，如《商君書·境内》：“故爵五大夫，皆有賜邑三百家，有賜税三百家。”這裏商王“賜穗”，不知與後世的“賜税”是不是相類之事。

---

① 先秦古書裏“柳下惠”又作“柳下季”，王挺斌先生懷疑“季”是其謚號“惠”的音近借字；前人多以爲“季”是其字，恐不可信（柳下惠本名獲，字禽或子禽，其字與名義相因，字“季”則莫名其妙。或謂字“季禽”。然“季禽”似不得簡稱爲“季”）。其説可從。詳見其《戰國秦漢簡帛古書訓釋研究》，第 90—91 頁。

② 對於“穗（sG-）”來説，s-前綴有什麽構詞方面的作用，尚待研究。

③ 鄭張尚芳：《上古音系（第二版）》，上海教育出版社，2013 年，第 144、358 頁。

④ 關於“字”的字形分析，參看史傑鵬：《釋郭店老子簡的“勃”字》，簡帛網，2009 年 5 月 14 日；蘇建洲：《楚系文字“祟”字構形補説兼論相關問題》，原載臺灣中正大學中文系主編：《中正漢學研究》2012 年第 1 期（總第 19 期），又載復旦大學出土文獻與古文字研究中心網，2017 年 1 月 15 日；劉洪濤：《〈説文〉“竇字”釋義》，《古漢語研究》2018 年第 2 期，第 82 頁。

⑤ 裘錫圭：《甲骨文中所見的商代農業》，《裘錫圭學術文集·甲骨文卷》，第 233 頁。

⑥ 同上書，第 234 頁。

《合》19804（《京人》2983），蔣玉斌先生已把它跟《合》21227（《甲》245）相綴合。[1] 蔣先生並對此綴合版上的卜辭作過研究，[2]現基本按其分辭讀法引録於下：

(2a) 庚寅卜：燎☒

(2b) 甲午卜，王：囧（上甲）△九𣪊。

（此版上方另存一殘字，蔣玉斌先生疑爲"克"。此從略）

"𣪊"字，蔣先生釋爲"鼓"之異體。未知確否。蔣先生釋△爲"禾"，讀爲"龢"，"指的是向上甲獻享包含九個懸鼓合奏的音樂"。我們主張△是"穗"的初文，當然不能再讀爲"龢"。如仍循蔣先生對辭義的理解，初步懷疑此"△（穗）"可讀爲"惠"。《禮記·表記》："先王謚以尊名，節以壹惠，恥名之浮於行也。"鄭注："惠，猶善也。"古漢語名動相因，"上甲惠九𣪊"可能是説上甲以"九𣪊"爲善，實即卜問上甲是否接納時王的獻享。由於"九𣪊"的意思尚難論定，同版有關之辭又殘損嚴重，以上所説完全是假定性的，有待於進一步研究。

《合》9615存四條殘辭，涉及△的一辭爲"☒今秋晶（星）△九☒"。其義不明，待考。

殷墟甲骨文中的"△（穗）"就討論到這裏爲止，下面附帶談談與"穗"字有關的一些問題。

西周至戰國文字中有作𥞤（《集成》03443）、𥝩（《古璽彙編》3192）、𥝩（《上海博物館藏戰國楚竹書(二)·容成氏》簡 37）等形之字（以下用"○"代替）。白於藍先生主要根據從"衣"從"○"之字在傳抄古文中用爲"柚"，此字即《説文》"褏"字，傳抄古文實借"褏（袖）"爲"柚"等綫索，釋○爲"褏"的聲符"采"，"采"當有"秀"、"穗"二讀，○"應即采（穗）字之原始象形字"。[3] 後來，郭永秉先生找出上舉西周金文和楚竹書《容成氏》兩條材料，認爲前者"可證明字本確當從禾頭上加穗形"；後者在簡文中當讀爲"秀"（"秃"、"秀"一字分化），可以證成白於藍先生○"有'秀'一讀"的説法。[4] 我們認爲此説雖尚非定論，卻是現有諸説中最爲合理的。

但是，○與"采"不見得非説爲一字不可。郭永秉先生指出，從字形上看，"采"不可

---

[1] 蔣玉斌：《甲骨新綴35組》，先秦史研究室網站，2012 年 2 月 22 日。

[2] 蔣玉斌：《甲骨綴合所得新字新形研究》，《古文字學青年論壇論文集》，中研院史語所，2013 年 11 月 25—26 日，第 85—89 頁。下引蔣説皆見此文，不另注。

[3] 白於藍：《釋"褏"——兼談秀、采一字分化》，原載《中國古文字研究》第 1 輯，吉林大學出版社，1999 年；收入白於藍：《拾遺録——出土文獻研究》，科學出版社，2017 年，第 279—284 頁。

[4] 郭永秉：《關於"穗、秀"問題致白於藍教授》，古文字微刊（復旦大學出土文獻與古文字研究中心官方公衆號），2016 年 4 月 8 日。下引郭説皆見此文，不另注。

能由○形訛變而成。這是正確的。所以,即使承認"采"有"秀"、"穗"二讀,也無法據此推論○也有"穗"的讀音。現有資料(如《容成氏》)至多證明○有"秀"一讀(徐、楚文字資料裏的從"○"聲的從"水"或從"水"從"人"之字,就算○取"穗"音,也難以讀爲"沫"。因爲"沫"的上古聲母當爲清鼻音m̥,[①]與"穗"的聲母無涉)。

○在植物的頂端畫出直上的穗形,與我們討論的△的字形,既頗相似,又有所區別,很可比較。"穀子的穗是聚而下垂的,黍子的穗是散的,麥子的穗是直上的"。[②] △字象穀子("禾")結穗。○字從其穗所處的位置來看,似當取象於麥子("來")之類的穀物抽穗,現在看到的最早一例的○已從"禾",可能是類化的結果("黍"字在殷墟甲骨文的時代亦已類化爲從"禾")。1992年,在齊國故都臨淄城外的劉家莊戰國墓葬出土一大一小二銅量,其上皆刻有"[圖] 邑聚[③] [圖] 里"銘文。[④] [圖] 及 [圖] 之所從,象"來"上結穗,疑亦○字。劉家莊銅量的時代雖晚,但戰國齊文字中的有些不同於他系文字的異體,時有保存早期古體之例。[⑤] 所以量銘從"來"的○,有可能反映的正是○字較古的寫法。既已有△作爲"穗"的初文,○似只能認爲是當穀物抽穗開花講的"秀"的表意初文了。[⑥]

《説文·七上·禾部》:"采,禾成秀也,人所以收。從爪、禾。穗,采或從禾、惠聲。"是以"采"爲"穗"字。但從出土文字資料的用例來看,"采"當讀"由"、"秀"一類的音;[⑦]《説文·八上·衣部》"褎(袖)"字從"采"聲,這裏的"采"也讀如"由"。所以,多數學者同意裘錫圭先生最先提出的"采"是"秀"的本字的説法;有的學者甚至認爲《説文》"采"字條下有關"穗"的內容,是後人因"秀"、"穗"義近而誤竄入的。[⑧] 應該指出,裘先生關於

---

① 參看施瑞峰:《作爲同時證據的諧聲、假借對上古漢語音系構擬的重要性——一項準備性的研究》,《出土文獻》第十三輯,中西書局,2018年,第428頁。

② 裘錫圭:《甲骨文中所見的商代農業》,《裘錫圭學術文集·甲骨文卷》,第233頁。

③ 爲了行文方便,此字暫釋讀爲"聚",參看陸德富:《齊國陶文的"聚"字》,《中國文字學報》第8輯,商務印書館,2017年,第89—95頁。

④ 吳鎮烽編著:《商周青銅器銘文暨圖像集成》,上海古籍出版社,2012年,第34卷第262、263頁,18811號、18812號。

⑤ 參看裘錫圭:《〈戰國文字及其文化意義研究〉緒言》,《出土文獻與古文字研究》第6輯,上海古籍出版社,2015年,第228—229頁。

⑥ 上文説過,"穗"的初文△可能在殷墟甲骨文的時代已遭廢棄;○目前所見最早一例則遲至西周中期,這似乎給人以二字先後存在的印象。在△退出漢字歷史舞臺之後,"秀"的初文○當然有可能兼表"穗"這個詞。不過,我們迄今爲止還沒有找到可以證實這一點的證據。

⑦ 在漢代文字資料裏,"采"實爲"采"字。參看石繼承:《〈漢印複姓的考辨與統計〉三補》,《文史》2015年第4輯(總第113輯),第283—284頁。

⑧ 張世超:《"采"、"秀"形音義新探》,《古文字研究》第28輯,中華書局,2010年,第510頁。

"采"字的看法比較複雜。他是在討論甲骨文裏一個也許可以隸定爲"叡"的字時,提到"采"的問題的。他既認爲"采""應該是'禾成秀'之'秀'的初文或本字。'秀'、'穗'義近,因此'采'又被人當作'穗'字";①在把釋爲"采"的"叡"字讀爲"捅"之後,他又説:"也許'叡'和'采'本來都是'捅'的表意初文,引取禾穗正是'捅'的本義。"②上舉白於藍、郭永秉二位先生的文章,則采取折中的立場,認爲"采"字兼有"秀"、"穗"二讀。郭文明確講到○、"采"或許是"早期'秀/穗'表意初文"的"不同寫法"。

　　裘先生對"采"字實際上提出了兩種可能的分析,周忠兵先生試圖把這兩種分析統一起來。他肯定了"采"可能爲"捅"的初文,又認爲"就像'鑿'的動作和結果都可稱爲'鑿'一樣,'采'表示摘取禾穗,所摘取的禾穗當然也可能用'秀'這樣的讀音記錄。所以,'禾成秀'之'秀'也可能是'采'的義項之一"。③ 其實,從表意的角度衡量,用"摘取禾穗"或"所摘取的禾穗"的字形來表示"禾成秀"之"秀",多少有些迂曲。雖然如此,周忠兵先生想把"捅"、"秀"二義統一在"采"上的思路,還是很有啓發性的。

　　我們認爲,裘先生把"采"與"捅"加以聯繫,是可取的;但"采"恐非"捅"之初文。《説文·十二上·手部》"擂"字下以"擂"、"捅"與"抽"爲一字,訓爲抽引之"引"。後世稱植物生長、抽條爲"抽"(如西晉束晳《補亡詩》:"木以秋零,草以春抽。"),這顯然是"抽引"義的引申。草木抽條謂之"抽"("甹"、"條"、"蓧"等皆同族詞),穀物抽穗謂之"秀"。"秀"當是從"抽"派生出來的一個詞。"抽穗"這種動作,静態的字形難於準確描摹。頗疑在古人看來,草木禾苗條長、穀物吐穗等自然現象,都是靠一隻無形的"上帝之手"把它們"抽引"出來的。因此"采"的以手抽"禾"的字形,實際上表示的是抽穗之"抽",即"秀"。《詩·大雅·生民》:"實方實苞,實種實褎。實發實秀,實堅實好。"毛傳:"褎,長也。"鄭箋:"枝葉長也。"孔穎達《正義》:"褎者,禾長之貌。""褎"應該也是從"抽"派生出來的一個詞,且其字正从"采"聲。考慮到古文字裏已有"秀"的表意初文○了,"采"也有可能實是當"禾長之貌"講的"褎"的表意字,其形似象以手抽引禾苗使其漸長。

　　前面講過,出土文字資料裏的絕大多數"采",都讀"秀"、"由"一類音。東周貨幣小型斜肩弧足空首布面文"武采",學者們多讀爲《史記·韓世家》等書所載的地

---

① 裘錫圭:《甲骨文中所見的商代農業》,《裘錫圭學術文集·甲骨文卷》,第 268 頁。

② 同上書,第 269 頁。

③ 周忠兵:《金文所見"菽麥"考》,《考古與文物》2016 年第 3 期,第 108 頁。按,周文釋《金文總集》8.6753 著錄的仲叔父盤銘 ▨ 字"辵"旁之外的部分爲"采",並讀爲"菽"。但此字的 ▨ 與古文字裏一般的"采"字形上有些距離,釋前者爲"采"是否可靠,有待研究。

名"武遂"。① 王力先生在他的《同源字典》裏,認爲"穗"與"禾役毯毯"的"毯"音義極近,彼此是名詞與形容詞的派生關係。② 也許有人會以此作爲"采"確有"穗"音的例證。對此有必要稍加辨析。

從詞義上看,《説文》訓"毯"爲"禾采之皃",一般都讀爲"禾穗之貌"(《段注》據許書讀《詩》"禾役毯毯"之"役"爲"穎",謂"毯毯指采言,成就之皃"。聲旁"遂"兼有意)。但《廣韻》去聲至韻徐醉切遂小韻:"毯,禾秀。"慧琳《一切經音義》卷六十二"赤毯"注引《蒼頡篇》:"毯,禾麥秀也。"③"毯"就是講成"禾秀之貌"也毫無問題。《詩・大雅・生民》"禾役(穎)毯毯"的"毯毯",毛傳釋作"苗好美也"。《爾雅・釋訓》"毯毯,苗也"郭璞注:"毯毯,言茂好也。""禾役(穎)毯毯"大概就是描寫大批的禾穗結得飽滿、美好的樣子。"秀"指抽穗、結穗,"毯"或"毯毯"指穗抽結得茂好,二者的聯繫也是相當緊密的。

從語音上看,"毯"與"穗"中古雖同音,但彼此的上古聲韻都有差異。"穗"的古音前面已經説過了。"毯"、"遂"同音,中古爲邪母,按照不少古音學家的觀點,乃是由上古的以母 l 加 j 介音(或稱墊音)演變而成的。④ 這跟"穗"的上古聲母出入頗大("毯"與"穗"代表中古邪母的兩個不同的上古來源)。"毯"是物部字,與"穗"古韻也不同部。而"秀"與"毯"的情況則不同。从"秀"得聲的"莠"、"誘"等字都讀以母,"螃"、"琇"有以母的異讀,可知"秀"的上古聲母也必與以母有關。⑤"秀"是幽部字,中古跟"毯"一樣也讀去聲;"秀"、"毯"的主要元音相同,僅韻尾略有差別,它們的關係即屬於古文字學者屢加申説的"幽物(微)通轉"。⑥ 上文引過的《尚書・禹貢》"二百里納銍"僞孔傳"銍,刈,謂禾穗",陸德明《經典釋文》云"穗亦作毯"。這一異文,應是"穗"、"毯"變得同音之後的産物,不足以"考古"。

如此看來,"毯"與其説是"穗"的派生詞,不如説是"秀"的派生詞,音義方面更爲穩妥。"采"如確是"秀"的另一表意字,在"武采"幣文中完全可能因音近而假借爲"武遂",

---

① 參看何琳儀:《首陽布幣考——兼述斜肩空首布地名》,氏著《古幣叢考》,安徽大學出版社,2002年,第67—68頁;吳良寶:《中國東周時期金屬貨幣研究》,社會科學文獻出版社,2005年,第49頁。

② 王力:《同源字典》,《王力全集》第十三卷,中華書局,2014年,第490頁。

③ 宗福邦等:《故訓匯纂》,商務印書館,2003年,第1640頁。本段所舉"毯"的訓詁資料,多參考此書而得。

④ 參看李方桂著,麥耘讀解:《上古音研究》,《中西學術名篇精讀・趙元任、李方桂卷》,中西書局,2014年,第76—77頁;潘悟雲:《漢語歷史音韻學》,上海教育出版社,2000年,第287頁;鄭張尚芳:《上古音系(第二版)》,第129頁。

⑤ 鄭張尚芳先生構擬"秀"的聲母爲 sl-。見其《上古音系(第二版)》,第509頁。

⑥ 陳劍先生曾讀《上海博物館戰國楚竹書(八)・顏淵問於孔子》簡 2B"塍又(有)化(過)"的"塍"爲"赦免"義的"遂"(陳劍:《〈上博八・顏淵問於孔子〉補釋兩則》,武漢大學簡帛研究中心主辦:《簡帛》第7輯,上海古籍出版社,2012年,第35—39頁)。"塍"與"遂"的韻部關係,跟"秀"與"毯"的韻部關係極爲相似。

其語音關係猶如"秀"派生出"穟"。如"采"是"褎"的初文,"褎"的上古聲母與"穟"、"遂"全同(均爲 lj-),韻部也較相近,彼此相通也是有可能的。[1] 所以,"武采"用爲"武遂"之例,不宜作爲"采"有"穗"音的確證。

通過上面的考察可以看出,出土文字資料似乎還不能爲《説文》以"采"爲"穗"之説提供可靠的證明。我們並不是絕對否認"采"兼有"穗"一讀的可能性(也許將來真能出現這方面的證據),只是覺得在現有材料面前,對於"采"讀"穗"音,或把"采"同時視爲"穗"的表意初文的説法,尚需存疑。

附識:本文寫成後,蒙郭永秉、蘇建洲先生提供寶貴意見,又蒙張富海先生惠賜有關資料,謹致謝忱。

---

[1] 斜肩弧足空首布面文"武采"之"采"就讀"由"、"秀"一類音的可能性,恐怕也不能排斥。此地名究竟應該如何釋讀,似還可討論。

再議甲骨文中的否定詞"不"與"弗"的語義功能區別*

——兼論甲骨文的非賓格動詞

［日］戶内俊介

（日本二松學舍大學）

一、引　言

　　上古漢語有多種多樣的否定詞,其中聲母爲 * p-的"不"和"弗"以及 * m-的"毋"、"勿"和"無"這兩個系列尤其令人矚目。這些否定詞的語義功能如何分工,歷來存在各種各樣的看法。

　　20世紀以後,上古漢語否定詞的研究以丁聲樹《釋否定詞"弗""不"》①爲首。過去很多學者以爲"弗"與"不"的差別是否定程度的强弱,然而丁先生卻指出:"弗"字只用在省略賓語的及物動詞或者介詞上;"不"則用在不及物動詞或者帶賓語的及物動詞上。他總結其語法功能,得到了如下結論:

　　　　"弗"字似乎是一個含有"代名詞性的賓語"的否定詞,略與"不之"二字相當,"不"字則只是一個單純的否定詞。②

　　呂叔湘先生還發現"勿"和"毋"的區別也跟"弗"和"不"一致。他指出:

---

*　本文是日本學術振興會(JSPS)科學研究費補助金"上古中國語における否定詞體系の通時的研究—出土文字資料を中心に—"(批准號:16K16836)與"古代中國語方言の動態的研究"(批准號:18K00532)的成果之一。

①　丁聲樹:《釋否定詞弗不》,《慶祝蔡元培先生六十五歲論文集》下册,中研院歷史語言研究所,1935年,第991—992頁。

②　同上書,第79—80頁。

> "毋"與"勿"之用法不同,"毋"爲單純式,"勿"爲含代名詞止詞式,略與"毋之"、"毋是"相等。其區别與"不"與"弗"之區别平行,"毋"與"不"相當,"勿"與"弗"相當。[1]

Boodberg[2] 進一步推測出"弗"是"不之"的合音,即"弗" * piuət 〈 "不" * piuə+"之" * ti,其後 Graham[3] 還指出"勿"也是"毋之"的合音。

對於這些"弗=不+之"、"勿=毋+之"的觀點(下面簡稱爲"拼合説"[4]),時至今日也有人持反對的意見,但也有大部分人支持,如大西克也[5]和魏培泉[6]等。而且根據周守晉的研究,[7]楚簡中的"弗"字用法也支持了"弗=不+之"(但周氏認爲"弗"不一定是"不+之"的合音)。

上述爲上古中期至晚期漢語的情況,而上古初期漢語[8]的否定詞體系中還有很多不明之處。吕叔湘先生[9]和周法高先生[10]很早就指出過,在春秋戰國時期之前的甲骨文、金文、《尚書》之類文獻中拼合説不成立。否定詞"不"、"弗"、"毋"和"勿"都見於甲骨文中,但是不僅是"不"和"毋","弗"和"勿"也不少帶賓語,例如(下面雙劃线部表示否定詞,單劃线部表示賓語):

(1) 我使弗其𢦏(翦)[11]方。[12]　　　　(合集 6771)

---

① 吕叔湘:《論毋與勿》,氏著《漢語語法論集(增訂本)》,商務印書館,1999 年, 第 79—80 頁。

② Boodberg Peter A, "Note on morphology and syntax I. The final -t of 弗", *Selected Works of Peter A. Boodberg*, Univercity of California Press, 1979.

③ Graham A. C, "A probable fusion-word: 勿 wuh = 毋 wu + 之 jy", *Bulletin of the School of Orient and African Studies XIV Part I*, 1952.

④ "拼合説"這個名稱是源於魏培泉《"弗"、"勿"拼合説新證》(《中研院歷史語言研究所集刊》第 72 本第 1 分, 2001 年)。

⑤ 大西克也:《上古中國語の否定詞"弗"と"不"の使い分けについて》,《日本中國學會報》第 40 集,1988 年。

⑥ 魏培泉:《"弗"、"勿"拼合説新證》。

⑦ 周守晉:《出土戰國文獻語法研究》,北京大學出版社,2005 年。

⑧ 本文根據松江崇劃分上古漢語時期(松江崇:《古漢語疑問賓語詞序變化機制研究》,好文出版,2010 年,第 iii 頁):

　　上古初期漢語: 殷、西周時期

　　上古中期漢語: 東周(春秋戰國)時期

　　上古晚期漢語: 秦、西漢時期

⑨ 吕叔湘:《論毋與勿》,《漢語語法論集(增訂本)》,第 82—83 頁。

⑩ 周法高:《中國古代語法　稱代編》,臺聯國風出版社,1972 年,第 44 頁。

⑪ 關於"𢦏(翦)"字的考釋,參看陳劍:《甲骨金文"𢦏"字補釋》,《甲骨金文考釋論集》,线裝書局,2007 年。

⑫ 由於"貞"字在《説文》(卷三下・卜部)中解釋爲"卜問也",很多人以前把卜辭的命辭看作問句,近年卻有一些人看作非問句,時至今日,這種兩極的對立仍然存在。在西方很早就有對問句説的懷疑(參看 Serruys, Paul L-M, "Studies in the language of the Shang oracle inscriptions", *T'oung Pao vol.60*, E. J. Brill, 1974; (轉下頁)

（2）余<u>勿</u>伐<u>不</u>。[①]　　　　　　　　　　　　　　　　　（合集 6834）

甲骨文中的否定詞如何分工，至今還没有令人滿意的解釋。關於"不"、"弗"的 ＊p-type 否定詞與"毋"、"勿/弜"[②]的 ＊m-type 否定詞的分工，高嶋謙一（Takashima Ken-ichi）的研究最具有影響力，高嶋先生對甲骨文否定詞的區別進行分析，結論如下：

The ＊p-type negatives，bu/＊pjəg 不（its shang and qu "tones" disregarded momentarily）and fu/＊pjət 弗，negate verbs whose salient feature in their "uncontrollability"，that is，they negate verbs which can not be controlled by the will of a living Shang. [③]

＊M-type negatives，wu/＊mjət 勿 and wu/＊mjəg 毋，... these negatives negate verbs whose salient feature is their "controllability"，that is，they negate verbs which must be，or are thought of as being，controllable by the will of a living Shang. [④]

也就是説，＊p-type 否定詞"不"、"弗"與 ＊m-type 否定詞"毋"、"勿"的主要區別在於説話者（殷人）是否能夠控制受修飾的動詞所表達的事件，如果主語不在殷人的控制下，就不能用"勿"和"毋"。加之，高嶋先生結合説話者的"will（意願）"這一 modality（情態）概念和動詞的 controllability（控制性），並給"＋will"這一特徵的動詞定義爲能夠控制的動詞，把否定這種動詞的"勿"看作表達相當强烈必要意思的 modal 否定詞，翻譯成

（接上頁）　Keightley, David N, *Source of Shang History: The Oracle-Bone Inscriptions of Bronze Age China University of California Press*，1978），其後 Nivison 也基本上贊成了這一觀點（*Nivison*，*David S*，"*The 'question' question*"，*Early China vol.14*，1989）。在中國，裘錫圭先生和沈培先生指出甲骨文中的一些命辭不是問句[裘錫圭：《關於殷墟卜辭的命辭是否問句的考察》，《中國語文》1988 年第 1 期（總 202 期），1988 年；沈培：《殷墟卜辭正反對貞的語用學考察》，丁邦新、余靄芹主編：《漢語史研究：紀念李方桂先生百年冥誕論文集》，中研院語言學研究所，2005 年]，而陳煒湛先生仍然認爲命辭基本上都是問句（陳煒湛：《論殷虚卜辭命辭的性質》，《甲骨文論集》，上海古籍出版社，2003 年）。此外，高嶋謙一先生也對這些問題進行了全面的考察（高嶋謙一：《殷代貞卜言語的本質》，東京大學東洋文化研究所編：《東洋文化研究所紀要》第 110 册，1989 年）。本文同意"命辭＝非問句"，並把"貞"字解釋爲"test（驗證）"之意，即"(diviner) Y tested [to gain sapience from the numen of the turtle or bone]"（參看 Takashima，Ken-ichi & Serruys，Paul L-M，*Studies of Fascicle Three of Inscriptions from the Yin Ruin*，*Volume I& II*，中研院歷史語言研究所出版，2010）。

① 此"不"字應是國名。

② 本文把"勿"和"弜"看作同一個詞的異體字：第一期到第二期前期用"勿"字，第二期後期到第五期用"弜"字（參看裘錫圭：《説"弜"》，《裘錫圭學術文集》第一卷，復旦大學出版社，2012 年，第 17 頁）。

③ Takashima，Ken-ichi，"Morphology of the negatives in oracle-bone inscriptions"，*Computational Analysis of Asian and African Language 30*，1988，p.115.

④ 同上書，第 118 頁。

英文的"should not"、"ought not"，而給"-will"這一特徵的動詞定義爲不能控制的動詞，把否定這種動詞的"不"和"弗"看作 non-modal 否定詞，翻譯成英文的"is not V＋ing"、"does not"、"did not"、"will not"。

張玉金也提出了同樣的看法："勿"用在謂語動詞是表示占卜主體能夠控制的動作行爲的語句裏，可譯爲"不宜"、"不應該"；①"不"、"弗"用在謂語中心詞是表示占卜主體所不能控制的行爲和變化的否定句裏，可譯爲"不會"、"不能"。②

很多學者基本上承認高嶋先生和張先生的這些觀點。那麽，＊p-type 中的兩個否定詞"不"與"弗"還有什麽樣的區别呢？這個問題比較棘手，學者們的看法並不相同。

陳夢家先生云：

> "不"和"弗"的不同，約有以下各點：（1）"不"可以和"若"結合而成爲一個名詞；（2）"不"與"我"可以相結合而成否定的先置賓語；（3）"不"字常和有關天象氣候的内動詞"雨""啟""風""易日"相結合；（4）"不"所結合的動詞範圍較廣；（5）"不"可以表示已往的事實，如粹 1043 驗辭云"之日大采雨，王不步"是説天大采之時下雨，王未步。③

Serruys 先生指出：

> It will be clear that we have consistently tried to tie the negative pu（不）with stative, intransitive or passive verbs, and fu（弗）with active-transitive verbs. ④

即"不"搭配狀態動詞、不及物動詞和被動詞，而"弗"搭配及物動詞。其後 Serruys 還指出：

> the former（不）used with verbs in stative, intransive, passive functions, the latter（弗）used for active, transitive, causative roles. ⑤

也就是説，不僅是及物動詞，使役（causative）動詞也被"弗"所否定。另外，Serruys 先生進一步提出：

---

① 張玉金：《甲骨文虚詞詞典》，中華書局，1994 年，第 218 頁。

② 同上書，第 48、81 頁。

③ 陳夢家：《殷墟卜辭綜述》，中華書局，1988 年，第 128 頁。

④ Serruys, Paul L-M, "Studies in the language of the Shang oracle inscriptions", *T'oung Pao vol. 60*, E. J. Brill, 1974, p.67.

⑤ Serruys, Paul L-M, "Toward a grammar of the language of the Shang bone inscriptions"，《"中央"研究院國際漢學會議論文集（語言文字組）》，1981 年，第 342 頁。

　　When verbs used in transitive，causative role have personal pronouns as direct or indirect object，the negative reverts to the simple pu（不）instead of fu（弗）.[①]

　　如果這種看法是妥當的，使役動詞和及物動詞就不僅可以用"弗"否定，還可以用"不"否定，但是 Serruys 教授沒有解釋爲何有如此重複現象。

　　而高嶋先生通過以下例子來反駁"不"可以用於否定不及物動詞的這一看法：[②]

　　（3）貞："足不其獲羌。"　　　　　　　　　　　　　（丙編 120＝合集 190）

　　（4）甲辰卜，敵貞："奚不其來白馬。"　　　　　　　（丙編 157＝合集 9177）

（3）"獲羌"和（4）"來白馬"都是動賓結構，由此可見"不"可以否定及物動詞。加之，高嶋先生把 ＊p-type 否定詞因韻尾而分爲 ＊-əg 型與 ＊-ət 型否定詞，並認爲：

　　　　bu／＊pjəg 不：stative／eventive negative

　　　　fu／＊pjət 弗：non-stative／non-eventive negative

　　也就是説，無論不及物動詞還是及物動詞，"不（bu／＊pjəg）"都是狀態（stative）／事態（eventive）否定詞，"弗（fu／＊pjət）"都是非狀態（non-stative）／非事態（non-eventive）否定詞。

　　"不"否定"狀態"，這一觀點應是妥當的，因爲形容詞"吉"、"妇（嘉／男）"[③]和繫詞"隹"[④]只用"不"，而不用"弗"。

　　（5）王夢不隹大甲。　　　　　　　　　　　　　（合集 14199 正）［典賓］[⑤]

　　（6）三旬又一日甲寅娩，不妇（嘉／男），隹女。　　（合集 14002）［典賓］

　　（7）王占曰："不吉。"　　　　　　　　　　　　　（合集 716）［典賓］

　　但是，"不"還可以否定動態動詞（dynamic verb），比如上面的（3）（4）。高嶋先生對此問題做出如下解釋：

---

① Serruys，Paul L-M，"Toward a grammar of the language of the Shang bone inscriptions"，《"中央"研究院國際漢學會議論文集　語言文字組》，第 353 頁。

② Takashima，Ken-ichi，"Morphology of the negatives in oracle-bone inscriptions"，p.127.

③ 一般來説，"妇"字讀爲"嘉"。但是，黃天樹云，綴合《合集》19965 和《合集》21071 而成的"妇，唯其疾"一句，如果把"妇"解釋爲"嘉"，文義就不通順，因而應該根據陳漢平（《屠龍絶緒》，黑龍江教育出版社，1989 年）來改釋爲"男"（參看黃天樹：《甲骨拼合四集》，學苑出版社，2016 年）。

④ "隹"代表"copula（繫詞）"，是高嶋謙一先生的看法（參 Takashima，Ken-ichi，"A study of copulas in Shang Chinese"，*The Memories of the institute of Oriental Culture No.11*，1990）。

⑤ 本文在甲骨文的分類與斷代上基本上采用黃天樹《殷墟王卜辭的分類與斷代》（科學出版社，2007 年）和楊郁彥《甲骨文合集分組分類總表》（藝文印書館，2005 年）的分類標準及組類名稱。

　　"獲"という動詞はむしろ"イベント"として殷人に意識されていたのではないかと思う。この文に現れる羌人というものは殷人の祭祀における人身犠牲などに殺戮されたのではあるが、彼らは往往にして手強い敵で有り、家畜とは違い知恵と腕力でおさえつけなければどうにもならない精悍な遊牧民族であった。そのような當時の狀況を想定するのが誤りでないとすると、この例文[8]に關しては、"獲"をeventive verbと解釋した方が意味論的には妥當だと思われる。換言すれば、saliencyは"動作"よりは"現象"—即ち"獲"ということがおこる"イベント"にある、と言えよう。①

　　我認爲殷人把"獲"這個動詞作爲"現象"而不是"狀態"來認知。這個句子中的羌人是被殷人作爲祭祀上的祭品殺戮的,他們往往是強敵,也跟家畜不同,是必須用智慧和力氣鎮壓的精悍的游牧民族。如果這種推測無誤,我認爲把例(8)［本文的例(3):筆者注］中的"獲"解釋爲現象動詞(eventive verb),從語義學來看應是妥當的。換言之,顯著性(saliency)在"現象"上(即發生"獲"這種事件),而不在動作上。

也就是說,高嶋先生把"不"當作現象性(eventive)否定詞。就"eventive"這個時相概念,他說:

　　"狀態"と"現象"の違いとしては、前者が時間的にある程度繼續するのを前提とするが、後者は繼續性よりはむしろ瞬間的なイベントとしてとらえたものである。換言すれば、現象をくりかえすと狀態になる。その點兩者はちかいものと言える。②

　　"狀態"和"現象"的區別就是:前者是以持續一定時間爲前提,後者是作爲瞬間性而不是持續性的事件來認知的。換言之,現象反復出現就成了狀態。從這點來看,兩者可以說是相近的。

這樣一來高嶋先生解釋了"不"可以同時用於"stative"和"eventive"的原因。可是兩者之間的跟時相(aspect,phase)③有關的情狀類型(situation type)並不同,對於這兩種

---

① 高嶋謙一:《太古漢語(10)》,《中國語》,内山書店,1992 年,第 46 頁。

② 同上書,第 48 頁。

③ 時相指的是"體現句子純命題意義内在的時間特徵,主要由謂語動詞的詞彙意義所決定,其他句子成分的詞彙意義也起着重要的選擇和制約作用,其中賓語和補語所起的作用尤其顯著"［參見陳平:《論現代漢語時間系統的三元結構》,《中國語文》1988 年第 6 期(總第 207 期),第 401 頁］。

相反的語法意義爲何用同一個語言形式來否定，①高嶋先生的説法令人難以信服。

雷煥章(Lefeuvre, Jean A.)指出：②

> 否定詞"弗"使用於致使直接受詞產生改變之作用力强的及物動詞前；而不及物動詞前之否定詞則使用"不"。然而刻辭中"弗"和"不"均可互用，但是只用於不使直接受詞產生改變之微弱的及物動詞前，例如"遘"和"受"即屬此類動詞。③

雷先生還認爲搭配"不"的動詞是"無動詞之意味，而是有形容詞之意"，④並把"不"看作狀態否定詞。這個看法跟 Serruys 先生和高嶋先生一致。

朱岐祥對"不"和"弗"的具體用法進行整理，其結果如下：⑤

表一

	弗	不
1 修飾義類	祭祀、攻伐	農作、天文、出入、生死、王事
2 詞性	多接及物動詞，其後多有賓語	多接不及物動詞，少有賓語
3 與一人稱代詞結合形式	弗＋V＋我	不＋我＋V
4 句型移位	固定。屬"動—賓"式常格⑥	較不固定，有"賓—動"式變格⑦
5 被動句式	無被動句	有被動式
6 語氣	較不肯定	較肯定⑧

　　本文將從第二章開始着重探討表一中的"被動句式"的相關問題。
　　張玉金通過許多例句來對"不"和"弗"的用法區別進行了全面的研究。張先生的結

---

① Lyons 認爲 event 是屬於 dynamic situation(動態事件)(Lyons, John, *Semantics vol.2*, Cambridge University Press, 1977，p.483)。

② 這些看法據説本來是 Djamouri, Redouane(羅端)先生曾經在某研討會上報告過的，但筆者未見。

③ 雷煥章(Lefeuvre, Jean A.)：《兩個不同類別的否定詞"不"和"弗"與甲骨文中的"賓"字》，臺灣師範大學國文系、中研院歷史語言研究所編：《甲骨文發現一百周年學術研討會論文集》，文史哲出版社，1999 年，第 52 頁。

④ 同上書，第 51 頁。

⑤ 朱岐祥：《殷墟卜辭句法論稿——對貞卜辭句型變異研究》，學生書局，1990 年，第 114 頁。

⑥ "'弗'字多在主動式的否定句中出現，直接陳述事物的狀況，句型都是固定的'主—動—賓'常格"(朱岐祥：《殷墟卜辭句法論稿——對貞卜辭句型變異研究》，第 112 頁)。

⑦ "'不'字有應用於被動句中，句型可作'賓—動'式的變格"(朱岐祥：《殷墟卜辭句法論稿——對貞卜辭句型變異研究》，第 112 頁)。

⑧ "'弗'用於命辭，而'不'用於驗辭，故可推知'弗'的語義較爲猶疑，而用'不'的語氣則較堅定、强烈"(朱岐祥：《殷墟卜辭句法論稿——對貞卜辭句型變異研究》，第 114 頁)。

論可以概括如下：①

表二

不	弗
它可以跟"弗"一樣，指向其後的主動態及物動作動詞，也可以指向其後的其他動詞，還可以指向其後的作謂語的非動詞（如形容詞、數詞等）。	基本上都是指向其後的主動態及物動詞。
由於"不"可以否定在否定範圍內的某些成分而非否定整個命題，因此"不"可以指向句中的狀語部分、補語部分以及賓語中的定語部分。	"弗"不能指向這些成分。
由於"不"可指向"唯"、"誰"後的成分，所以"不"語義指向的對象可以在"不"之前，即"不"不但可後指，也可前指。②	"弗"只能後指。
由於"不"可以指向句中的某些成分（如補語、賓語中的定語），所以"不"不但可近指，還可以遠指，即在"不"和所指對象之間隔着實詞（如動詞）性成分。	"弗"只能近指。所以即使是主動態及物動作動詞，當它的賓語前置時，在"前置賓語＋V"和"前置賓語＋V＋O"之前，只能用"不"，不能"弗"。"弗"和它所指向的動詞之間，除了一些副詞（主要是"其"，不影響語義指向）之外，不能出現任何實詞性成分。
"不"可以否定零價動詞和一價動詞，也可以否定二、三價動詞。	"弗"之後，一般要出現二、三價動詞，零價動詞和一價動詞一般不用"弗"。
如果是表狀態的，就多用"不"否定。當然，如果是不及物動詞，即使是表示動作的，也用"不"否定。	"弗"否定的不但應是主動態及物動詞，而且還應是表示動作的。同樣是主動態的及物動詞，如果是表示動作的，包括外在的動作和心理活動，就多用"弗"否定。
"没、没有"這種意義的"不"和"弗"多是對已然的否定，出現在這種"不"和"弗"後的動詞帶有已然性。即使主動態及物動作動詞，當"不"是"已然"的時候，就呈現爲一種狀態，而不再具有鮮明的動作性。正因如此，對"已然"進行否定時，不管其後動詞的狀況如何，都是通常用"不"，很少用"弗"。	"弗"通常否定動作，而很少否定狀態。

　　朱文和張文的論述雖然一定程度上是妥當的，可是尚未涉及"不"和"弗"的根本區別。二位先生都指出："弗"多否定及物動詞，"不"則多否定不及物動詞；"弗"多否定動作而少否定狀態，"不"則不一定是這樣。但是這些看法並不新穎，也有很多反例。

① 張玉金：《論甲骨文中"不"和"弗"的根本區別》，東海大學中國文學系編：《花園莊東地甲骨論叢》，聖環圖書股份有限公司，2006年，第147頁。
② 例如："王占曰：'唯今夕不雨。'"（合集12396）張文推測"不"否定"今夕"。

　　Aldridge[①] 反駁了"弗＝不＋之"的拼合説，並根據甲骨文的"弗"出現在及物性高的語境中來指出"弗"的韻尾 ＊t原來是從後續動詞具有的"causative prefix（使役化前綴）" ＊s而來的，[②]换言之，"不"韻尾跟後續動詞前綴 ＊s結合起來而成爲"弗"了(不 ＊ piuə＋ ＊s＞ ＊piuəs＞弗 ＊piuət)。

　　Honkasalo 認爲"不"所否定的是及物性比較低、對賓語的影響力弱（即狀態、狀態變化和氣象現象等）和受"valency-decreasing operation（論元減少操作）"的動詞，"弗"所否定的則是及物性高、對賓語的影響力高的動詞，[③]在殷代以前的某個時期否定詞應該只有"不"存在，但因"不＋之＋V"[④]這個賓語提前結構變多而產生了"不＋之＞弗"這個合音字。同時他還推測"弗"之所以否定及物性高的動詞，是因爲帶代詞賓語的句子及物性本來就很高，隨着語言的發展"弗"韻尾 ＊-t 變成了顯示後續動詞是及物動詞的標識。另外，Honkasalo 先生將甲骨文的"弗 V"不帶"之"和"我"這些代詞賓語的理由歸於"弗"包含"之"。[⑤]

二、否定詞與非賓格動詞(unaccusative verb)的搭配關係

　　"不"與"弗"的根本區別在哪裡呢？ 已有不少學者指出過，狀態性高的動詞和形容詞一般都用"不"否定，而不用"弗"，本文認爲這個看法是妥當的。在甲骨文中看不到"弗隹……"、"弗妙(嘉/男)"和"弗吉"這些短語，這也證實了這個觀點。

　　目前的問題是：(一) 有些動態性高的動詞也能被"不"否定，(二) 有些動詞能够受"不"和"弗"兩種否定詞修飾。這時候兩個否定詞之間有什麼語義功能的區別呢？

　　現在我們着重來看朱岐祥所指出的"被動句式"(表一)，即被動句一般用"不"，而不

---

① Aldridge，Edith，"Clitic climbing in Archaic Chinese: Evidence for the movement analysis of control"，http://faculty.washington.edu/aldr/pdf/Control.pdf，2010.

② Aldridge 先生作爲 causative prefix ＊s的例子來舉由"食"引申的"飼"：

　　Causative ＋ 食 shi "eat" ＝〉飼 si "feed"

　　　/ ＊s-/　　 / ＊diək-/　　 / ＊sdjəks /

③ Honkasalo，Sami，"Formation of the old Chinese negatives 弗 ＊ put in the light of Shang dynasty oracle bone inscriptions"，*Tokyo University linguistics papers vol.34*，2013，p.67.

④ 在甲骨文否定句中，賓語代詞提前於動詞。例如："王亥不我求(咎)。"(合集 7352 正)在這個句子中，代詞賓語"我"提前於動詞"求(咎)"。不過，用代詞賓語"之"的"不之 V"結構不見於甲骨文中。

⑤ Honkasalo，Sami，"Formation of the old Chinese negatives 弗 ＊ put in the light of Shang dynasty oracle bone inscriptions"，pp.70－71.

用“弗”。Djamouri先生也曾經提出過同樣的看法。[①] 請看下面例句：

(8) 貞：“失[②]羌不其得。”　　　　　　　　　　　　　（合集 508）[典賓]

(9) 乙酉卜：“‖[③]豕不其罕(擒)。”　　　　　　　　　（合集 10249）[師賓間]

(10) 癸巳卜，賓客貞：“臣不其奉。[④]”　　　　　　　（合集 643 正）[賓]

(11) 貞：“今夕師不垦(振)。”　　　　　　　　　　　　（合集 36430）[黃類]

(12) 貞：“下乙不宓(賓)于帝。[⑤]”　　　　　　　　　（合集 1402 正）[典賓]

(13) 己未卜敵貞：“岳不其來，見王。”　　　　　　　　（合集 1027 正）[賓一]

(14) 壬辰卜，大：“嫩今勿入，不涉。”　　　　　　　　（合集 20464）[師肥筆]

(15) 疾齒赢[⑥]。

　　　不其赢。　　　　　　　　　　　　　　　　　　　（合集 709 正）[賓一]

　　　例(8)至(10)基本上都表達“不被捉住”的意思，(11)的意思爲“不受擾亂”，(12)的意思爲“不被待爲賓客”，都是一種被動句。而(13)表達“不來到”的意思，(14)的意思爲“渡不過河”，(15)的意思爲“病治不好”，都不是真正的被動句，但是如下文所説，在結構上跟(8)—(12)的被動句有關。

---

① Djamouri，Redouna，"Markers of predication in Shang bone inscriptions"，*Sinitic Grammar: Synchronic and Diachronic Perspectives*（ed. by Chappell，Hilary），Oxford University Press，2001，p.166.

② 關於“失(𦥑)”字的考釋，參看趙平安：《戰國文字的“遊”與甲骨文“奉”爲一字説》，趙平安：《新出簡帛與古文字古文獻研究》，商務印書館，2009 年。另外，本文根據沈培先生的意見把“失羌”解釋爲“逃走的羌”（沈培：《卜辭“雉衆”補釋》，《語言學論叢》第 26 期，商務印書館，2002 年，第 251 頁）。

③ “‖”似乎是屬於殷的一個地區（參看島邦男：《殷墟卜辭綜類》，大安，1967 年，第 418 頁）。

④ “臣不其奉”的主語“臣”之所以可以説是受事而不是施事，是因爲在甲骨文中“臣”常常被殷方追趕和捉住，例如：“壬午卜，敵貞：‘㕚追多臣、失羌，奉。’”（合集 628 正）[典賓]就“臣”的身份，各家看法也頗有出入，或認爲是奴隸，或認爲是官員。不論如何，在甲骨文第一期“臣”都是被殷方追趕和捉住的對象，它的身份應跟“羌”一樣卑賤，由此可見“臣不其奉”中的“臣”也不是捉住別人的人(施事)。附帶談一下，寒峰認爲在跟“臣”有關的詞語中，只有“小臣”不是奴隸，是身份高的人（寒峰：《商代“臣”的身份綜析》，胡厚宣編：《甲骨文與殷商史》，上海古籍出版社，1983 年，第 43—50 頁），蕭良瓊推測“臣”本來是奴隸，但隨着統治機構複雜化，他們負擔的任務更多，地位也更重要了（蕭良瓊：《“臣”、“宰”申議》，王宇信編：《甲骨文與殷商史》第 3 輯，上海古籍出版社，1991 年，第 362—365 頁）。

⑤ 高嶋謙一先生把“A+不宓+于+B”解釋爲“(已經去世的)A 不在 B 那裡待爲賓客”的意思。高嶋先生將“賓”根據字形分爲兩種而認爲：一種是“宓”，表示有一個靜態義的動詞；另一種是“婙、寊”等變體，表示一個非静態的動詞。參看高嶋謙一：《“賓”字被動用法之考察》，《古文字研究》第 24 輯，中華書局，2002 年。

⑥ 就“𧏠”字，學者過去將其隸定爲“龍”，讀爲“寵”。本文把該字隸定爲“赢”。雖然它的具體語義還不清楚，但似乎是相當於“化解疾苦、使病情好轉”的意思。參看王蘊智：《出土資料中所見的“赢”和“龍”》，《鄭州師範大學學報(哲學社會科學版)》第 37 卷第 6 期，2004 年。

這些"(廣義的)被動句"是沒有明確的語態標識(voice marker),並且由受事(patient)充當主語,歷來被大家稱爲"受事主語句"、"意念被動句"。既然説是被動句,當然也有相對應的主動句。例如:

(16) 雀得亘我。　　　　　　　　　　　　　　(合集 6965)[師賓閒]

(17) 癸酉卜,出貞:"𠦪隻(擒)①舌方。"　　　　(合集 24145)[出一]

(18) 辛亥貞:"雀𠦪亘,受又(祐)。"　　　　　　(合集 20384)[歷一]

(19) 其戜(振)豆。　　　　　　　　　　　　　(屯南 236)[無名]

(20) 王宐(賓)父丁,歲(劇)二牛。　　　　　　(合集 23188)[出二]

(21) 貞:"㱃來牛。"　　　　　　　　　　　　　(合集 9525 正)[典賓]

(22) 戊辰卜貞:"翌己巳涉②師。"　　　　　　　(合集 5812)[賓三]

(23) 乙未卜,敝貞:"妣庚羸王疾。"　　　　　　(合集 13707 正)[賓一]

在此把上面例子當中的施事和受事分別換成 X 和 Y,我們就看到如下的論元對應關係:

(8) Y＋得:(16) X＋得＋Y

(9) Y＋擒:(17) X＋擒＋Y

(10) Y＋𠦪:(18) X＋𠦪＋Y

(11) Y＋振:(19) (X＋)振＋Y

(12) Y＋賓:(20) X＋賓＋Y

(13) Y＋來:(21) X＋來＋Y

(14) Y＋涉:(22) X＋涉＋Y

(15) Y＋羸:(23) X＋羸＋Y

近年來很多人認爲,受事主語句的形成與上古漢語的"作格動詞(ergative verb)/非賓格動詞(unaccusative verb)"密切相關。本文在對甲骨文作格動詞(非賓格動詞)進行討論之前,首先談談它在上古中期至晚期的概況。

作格動詞(非賓格動詞)指的是兼有及物用法和不及物用法的一類動詞,這類動詞能自由地出現在及物句式和不及物句式中,不需要明確的語態標識。而且不及物句的主語在語義角色(thematic role)上被認同爲及物句的賓語,而不被認同爲及物句的主

---

① 本文把"隻"字看作"𠦪"的異體(參看陳夢家:《殷墟卜辭綜述》,第 554 頁;葛亮:《甲骨文田獵動詞研究》,復旦大學出土文獻與古文字研究中心編:《出土文獻與古文字研究》第 5 輯,上海古籍出版社,2013 年,第 36 頁)。

② 裘錫圭先生將"涉師"的"涉"看作使動詞,並譯爲"使師涉水"(裘錫圭:《殷墟甲骨文研究概況》,《裘錫圭學術文集》第一卷,復旦大學出版社,2012 年,第 25—26 頁)。

語。也就是説,不帶賓語時,主語的語義角色爲受事(patient)、被致使者(causee)或當事者(theme);帶賓語時,主語的語義角色則爲施事(agent)或致使者(causer),而賓語的語義角色爲受事、被致使者或當事者。

另一種動詞無論帶不帶賓語,主語和賓語的語義角色也並不受影響,這樣類型動詞被稱爲"中性動詞(neutral verb)/非作格動詞(unergative verb)"。兩個句式框架如下:

$$及物型 \qquad 不及物型$$
$$非賓格動詞:X+V+Y \quad / \quad Y+V$$
$$非作格動詞:X+V+Y \quad / \quad X+V$$

下面的"傷"是一種作格動詞(非賓格動詞),不帶賓語的時候,"傷"的主語一定是被傷害的人,不是傷害別人的人。但是帶賓語時,主語一定是傷害別人的人,賓語則是被傷害的人。而且兩個"傷"都没有任何標識,例如:

(24) 樂魴傷。(《左傳》襄公二十三年):Y+傷

(25) 鄭舒爲政而殺之,又傷瀙子之目。(《左傳》宣公十五年):X+傷+Y

而下面的"追"是一種中性動詞(非作格動詞),無論帶不帶賓語,主語都是追人的一方,例如:

(26) <u>楚令尹子玉追秦師</u>,弗及。(《左傳》僖公二十五年):X+追+Y

(27) <u>燕軍樂毅獨追</u>,至于臨菑。(《史記・樂毅列傳》):X+追

過去學者們把像(25)那樣的及物型看作基本結構,並將像(24)那樣的不及物型看作被動句之一。有些學者對不及物型產生的原因和條件提出了不同的看法:或認爲它是由於對偶和排比的修辭手段産生的,或認爲無生名詞當受事,就能夠提前到主語的位置而構成不及物型。

但是,Cikoski 將上古漢語動詞分爲作格動詞與中性動詞的兩類,並主張不及物型產生的原因和條件在於作格動詞本身所具有的結構特徵。[1]

在上古漢語研究中,作格動詞有時被稱爲非賓格動詞,中性動詞有時被稱爲非作格動詞。[2] 語言學者把非賓格動詞當作不及物動詞之一,可是在上古漢語中,無論及物動

---

[1] Cikoski, John S, "An outline sketch of sentence structure and word classes in Classical Chinese — Three essays on Classical Chinese grammar", *Computational Analysis of Asian & African Languages no.8*, 1978, pp.128 – 134.

[2] 在漢語研究中,學者們歷來怎樣看待作格動詞和非賓格動詞,參看 Aldridge, Edith, "Ergativity and unaccusativity", http://faculty.washington.edu/aldr/pdf/ECLL_erg.pdf,2015。

詞還是不及物動詞,無賓句的主語和有賓句的賓語語義角色一致的動詞基本上都可理解爲非賓格動詞。

其後,Cikoski 的學説被大西克也、①巫雪如、②宋亞雲③和楊作玲④等人繼承和修改,近年來引起了廣泛的討論。非賓格動詞的定義和分類標準因人而異,把哪個動詞認定爲非賓格動詞,各家看法頗有出入,未達成一致。本文主要采用大西先生的分類標準。⑤

以往研究都是驗證上古中期以後的非賓格動詞的,從來没有人考察過甲骨文裏是否有非賓格動詞。但是例(8)至(23)中的"得"、"擒"、"卒"、⑥"振"、"賓"、"來"、"涉"、"贏"等動詞能夠比較自由地構成"X+V+Y"和"Y+V"這兩種句式,因此筆者認爲這些動詞都是一種非賓格動詞。⑦

值得注意的是,這些非賓格動詞用於"X+V+Y"句式時,能夠受"弗"修飾,例如:⑧

(28) 辛巳卜,㪔貞:"雀弗其得亘我。"　　　　　　　　(合集 6959)[賓一]

---

① 大西克也:《施受同辭芻議——〈史記〉中的"中性動詞"和"作格動詞"》,高嶋謙一、蔣紹愚編:《意義與形式——古代漢語語法論文集》,Lincom Europe,2004 年。

② 巫雪如:《從認知語義學的角度看上古漢語的"作格動詞"》,《清華中文學報》第 2 期,2008 年。

③ 宋亞雲:《漢語作格動詞的歷史演變研究》,北京大學出版社,2014 年。

④ 楊作玲:《上古漢語非賓格動詞研究》,商務印書館,2014 年。

⑤ 大西先生有時在判定非賓格動詞時也更改其分類標準,例如,在《施受同辭芻議》(第 378 頁)中不把"敗"和"傷"當作非賓格動詞,而《試論上古漢語詞彙使役句的語義特點》(朱岐祥、周世箴編:《語言文字與教學的多元對話》,東海大學中文系,2009 年,第 384—386 頁)中卻把這兩個字看作非賓格動詞。

⑥ 學者們曾經把"𢧢(卒)"和"𢼸(執)"字都視爲"執"字,並認爲前者是後者的異體字。但是葛亮《甲骨文田獵動詞研究》指出二字之間有語義區別:"卒"表示的是占卜主體(殷人和貞人)無法控制的狀況,是一種田獵或征伐的結果,而"執"表示的是占卜主體可以控制的狀況,是一種田獵或征伐的行爲。他認爲其根據就在於:"卒"之前出現的否定詞只有(否定占卜主體所不能控制的動作)"不"、"弗",而絕對没有(否定占卜主體所能夠控制的動作)"勿"、"弜";只有"執"能搭配使令動詞"令"、"乎",而"卒"不能;"卒"只出現於表示結果的小句,而"執"卻没有這樣的用法。筆者認爲葛亮 2013 所言甚是。再者,從動詞的分類來看,我們可以推測"𢧢(卒)"和"𢼸(執)"的這種語義區別來源於動詞特徵的差異,也就是説,前者是非賓格動詞,後者是非作格動詞。確實"𢧢(卒)"既表述使役或結果("X+V+Y"句式),又構成受事主語句("Y+V"句式),而"執"基本上只表達行爲的階段,而不包含結果時相。總之,"𢧢(卒)"和"𢼸(執)"很有可能是意思相近的兩個詞語。

⑦ 本文投稿後,匿名的審稿委員指出本文對甲骨文中非賓格動詞的界定没有提出一個標準。確實,目前很難對甲骨文非賓格動詞給出一個詳細的界定標準。本文暫時認爲,跟上古中期一樣,在甲骨文中能自由地出現在"X+V+Y"和"Y+V"這兩種句式的動詞基本上都是非賓格動詞。但是,也有些例外,比方説,"獲"字和用在複句後一分句中的"卒(擒)"字等(參看下文)。我在此對提出意見的審稿委員致以衷心的謝意。

⑧ 在甲骨文中不見"弗涉"和"弗贏"之例。

（29）貞："弗其罕（擒）毘（麇）。" （合集 10344 正）[賓一]

（30）貞："兔①、三十馬弗其牽羌。" （合集 500 正）[典賓]

（31）方來入邑，今夕弗壓（振）王師。 （合集 36443）[黄類]

（32）弗其姅（賓）婦好。 （合集 2638）[典賓]

（33）貞："叏弗其來牛。" （合集 9525 正）[典賓]

　　就上古中期至晚期漢語的非賓格動詞（作格動詞）的性質，大西先生云："古漢語的作格動詞和使役動詞關係非常密切，它是上古漢語的詞彙使役的骨幹部分。"②詞彙使役（lexical causative）指的是用非賓格動詞的"X＋V＋Y"句式。衆所周知，根據語言類型學，詞彙使役有表述直接使役的傾向（Comrie 1989），即致使者直接控制被致使者，同時被致使者無法控制被使事件（caused event）的使役。上古漢語詞彙使役句也正是如此，大西先生認爲無論有生或無生，詞彙使役句中的被致使者都缺乏自主性，被使事件是由致使者來直接導致的。③ 而上面所舉的甲骨文非賓格動詞也的確是如此，"得"、"擒"、"牽"、"振"、"賓"、"來"、"涉"和"嬴"的"X＋V＋Y"句式中的被致使者（Y）都缺乏自主性。

　　關於詞彙使役的語義特徵，雅洪托夫先生認爲："（詞彙使役句）説的是某種主動直接行爲，這種行爲往往又是人施加於物的。"④而王力先生云："因爲致動（詞彙使役：筆者注）只能表示使某事物得到某種結果，而不能表示用哪一種行爲達到此一結果。"⑤總之，針對詞彙使役能不能表示行爲動作的階段，看法因人而異。大西先生同意後者，他指出：

　　　　詞彙使役句的語義焦點是致因性，主語是否進行某種行爲只不過一種暗示。⑥

---

① 就"䖙"字有學者將其隸定爲"皀"，不過本文根據單育辰《甲骨文中的動物之三——"熊"、"兔"》（《出土文獻與古文字研究》第 6 輯，第 73—79 頁）隸定爲"兔"，視爲人名。

② 大西克也：《試論上古漢語詞彙使役句的語義特點》，朱岐祥、周世箴編：《語言文字與教學的多元對話》，東海大學中文系，2009 年，第 385 頁。

③ 同上書，第 386—390 頁。

④ 雅洪托夫（李佐豐譯）：《上古漢語的使動式》，《漢語史論集》，北京大學出版社，1986 年，第 107 頁。

⑤ 王力：《漢語史稿》，中華書局，1980 年，第 401 頁。

⑥ 大西克也：《試論上古漢語詞彙使役句的語義特點》，第 392 頁。大西先生之所以這麼認爲，是因爲有的例子主語不是某種行爲的施事者而是導致某種結果的原因之例。例如：

　　矢人唯恐不傷人，函人唯恐傷人。　　（《孟子》公孫丑上篇）

在此句中，主語"矢人"和"函人"不是行爲動作的施事而是導致"傷人"這一結果的原因，動詞所表述的行爲階段已經背景化了。

宋亞雲先生也認爲：

> 作格動詞帶賓語時，具有致使義，語義結構是：（動作）＋[結果]，"動作"義是隱含的，"結果"義是外顯的。①

但是我們不一定能説所有的詞彙使役所表述的行爲動作階段總是背景化的。其實也正如大西先生所説，在甲骨文中詞彙使役句的主語常爲人、先公或"帝"這些有生名詞，其表述機能很有可能是直接操縱（direct manipulation）。直接操縱指的是使役行爲者主動用自己的氣力或精力來使對象的位置或狀態發生變化，用其手段使致使事件和被使事件達成因果關係，這就是使役結構的原型語義。② 此外，劉承慧也提出了如下觀點：

> 使動詞搭配原因主語時，語義焦點在"致使"。再者，使動詞搭配屬人主語時經常帶有"活動"暗示，主語隱含的"意志力"越强，"活動"的意味越濃厚。③

現在回頭看上面所舉的甲骨文非賓格動詞"X＋V＋Y"句式（即詞彙使役句），就可以看出充當主語的都是"雀"（殷人）、"𡧚"（殷人）、"王"、"方"（敵國）、"妣庚"（祖先神）、"兔"（殷人）、"三十馬"（殷國官員）的（廣義的）有生名詞。有些句子即使沒有主語，也能夠推測出被省略的肯定會是殷王、殷人或神靈等（廣義的）有生名詞。由此可以説，(16)—(23)和(28)—(33)的"X＋V＋Y"句式都表達了主語對賓語的直接操縱。直接操縱就是行爲動作，從而我們可以認爲甲骨文的詞彙使役總是表達行爲動作的階段。

除了非賓格動詞的"X＋V＋Y"句式之外，"弗"還能夠否定如下的及物動詞。④ 這些動詞也表示有生名詞的主語對賓語直接加以某種處置，應是表示直接操縱的詞彙使役句。例如：

(34) 壬午卜，敵貞："亘弗戋（翦）鼓。"　　　　　（合集 6945）[典賓]

(35) 貞："帝弗終兹邑。"　　　　　　　　　　（合集 14210 正）[賓一]

(36) 戉弗及方。　　　　　　　　　　　　　（合集 28013）[無名]

(37) 貞："𡩋弗其弔羌龍。"　　　　　　　　（合集 6637 正）[典賓]

例(34)的大意是"亘攻不破鼓"，那麼"戋（翦）鼓"是對賓語的直接操縱。(35)的

---

① 宋亞雲：《漢語作格動詞的歷史演變研究》，第 132 頁。

② 參看中右實、西村義樹：《日英語比較選書 5 構文と事象構造》，研究社出版，1998 年，第 124—125 頁。

③ 劉承慧：《試論先秦漢語的構句原則》，《中研院歷史語言研究所集刊》第 69 本第 1 分，1998 年，第 88 頁。

④ 因爲並未找到"Y＋V"句式，這些動詞是否非賓格尚未得到證實。

大意是"上帝不(能)降災使此城邑滅亡",那麼"終兹邑"也是對賓語的直接操縱。就(36)中的"及"字,Takashima & Serruys 釋爲"get"的意思,①如果是這樣的話,(36)的大意就是"擔任守衛的官員捉不住方國的人",那麼"及方"也可説是對賓語的直接操縱。關於(37)中的"弭"字,鄔可晶將其解釋爲當"遮攔、截擊"講的"要/邀",②如果這一觀點是妥當的,(37)的大意就是"'𡗜',遮攔不住羌龍",那麼"弭羌龍"也是對賓語的直接操縱。

此外,下一例句也用"弗"。

(38) 己亥卜,王:"余弗其子婦姪子。"　　　　　　　　　(合集 21065)[師賓間]

裘錫圭先生把"子"字看作名詞的意動用法而譯爲"不以婦姪所生之子爲子"。③ 但是"子婦姪子"也許是使動用法,即詞彙使役句,表達"余"對"婦姪子"的直接操縱。"子"構成詞彙使役句,見於上古中期的文獻中,例如:

(39) 子異人,秦之寵子也。無母於中,王后欲取而子之。

(《戰國策》秦五•濮陽人吕不韋賈於邯鄲)

例(38)的動詞"子"也可能是主語主動地操縱賓語的致使用法。

如上所示,"弗"所否定的非賓格動詞跟詞彙使役有密切的關係。雖然例(34)—(37)不一定是非賓格動詞,可是其語義仍應視爲跟使役有關。

一般來説,一個使役情況(causative situation)包括兩個或兩個以上的事件:致使事件(causing event)與被使事件(caused event)。兩者達成因果關係即表述使役。比方説,例(25)"傷潞子之目"只有一個動詞,看起來表面上似乎不含有兩個事件,其實表述的是"鄷舒傷害潞子之目"這個致使事件和"潞子之目受傷"這個被使事件共兩個事件。從而就詞彙使役"X＋V＋Y"句式的抽象意義,我們可以概括如下:X 進行 V 這個行爲(致使事件),致使 Y 發生變化(被使事件)。

"弗"用來否定使役情況,就意味着"弗"可以用來否定充當賓語的被致使者發生變化這一被使事件。關於"弗",Serruys 先生把它看作是否定使役的,④雷焕章先生指出它使用於致使直接受詞産生改變之作用力强的及物動詞前,⑤Honkasalo 先生認爲它所否

---

① Takashima, Ken-ichi & Serruys, Paul L-M, *Studies of Fascicle Three of Inscriptions from the Yin Ruin*, Volume Ⅱ,中研院歷史語言研究所出版,2010 年,第 592 頁。

② 鄔可晶:《甲骨文"弭"字補釋》,《中國文字》新 42 期,藝文印書館,2016 年,第 163 頁。

③ 裘錫圭:《殷墟甲骨文研究概況》,第 25—26 頁。

④ Serruys, Paul L-M, "Toward a grammar of the language of the Shang bone inscriptions", p.342.

⑤ 雷焕章:《兩個不同類别的否定詞"不"和"弗"與甲骨文中的"賓"字》,第 52 頁。

定的是及物性高、對賓語影響力高的動詞,①這些看法在一定程度上是正確的。

關於使役情況,Rappaport & Levin 把其詞彙概念結構(lexical conceptual structure)描述如下:

$$[\,[\,\mathrm{X\ ACT}\,]\ \mathrm{CAUSE}\ [\ \mathrm{BECOME}\ [\ \mathrm{Y\ \langle STATE\rangle}\,]\,]\,]^{②}$$

此圖式表示 X 進行某個活動(ACT),致使(CAUSE)Y 變爲(BECOME)某一狀態(STATE)。值得注意的是,使役情況總是包括内部論元 Y 在結果階段的"BECOME=變化"。變化就是事件的結果,也是其内在性的終結點。③ 反過來説,跟使役情況有密切關係的"弗"應是特别提出動詞短語所表示的事件的時間序列展開没有到終結點,或者變化没有達到實現階段。因此筆者認爲"弗"是終結性(telic)否定詞。④ 另外我認爲"弗"用來否定使役的用法應該只佔終結性否定的語義功能的一小部分。

雖然 Serruys 先生等人將"弗"看作否定使役,但本文之所以不支持這一觀點,而把它看作爲終結性否定,是因爲"弗"有時會跟使役無關的非自主動詞(non-volitional verb)搭配出現。例如:

(40) 我弗其受黍年。　　　　　　　　　　　　　　　　(合集 795 正)[典賓]

(41) 子雍友敉,又(有)復。弗死。⑤　　　　　　　　　　　　(花東 21)

(42) 戍芇弗雉⑥王衆。　　　　　　　(補編 8982=合集 26879)[無名]

(43) 王弗疾目。　　　　　　　　　　　　　　　　　(合集 456 正)[典賓]

(44) 甫弗其遘舌方。　　　　　　　　　　　　　　　　(合集 6196)[典賓]

這些句子的動詞都是 Vendler 先生所謂的瞬成(achievement)時相,即(非主動的)

---

① Honkasalo, Sami, "Formation of the old Chinese negatives 弗 * put in the light of Shang dynasty oracle bone inscriptions", p.67.

② Rappaport, Malka & Levin, Beth, Building verb meanings. *The Projection of Argument: Lexical Compositional Factors* (edited by Miriam Butt & Wilhelm Geuder), CSLI Publications, 1998, p.104.

③ 影山太郎在詞彙概念結構當中把表示瞬間性變化的"BECOME"當作[+telic],即終結性的(影山太郎:《動詞意味論—言語と認知の接點—》,くろしお出版,1996 年,第 60 頁)。楊榮祥把非賓格動詞稱爲結果自足動詞,並指出發生結果的[+終結]義是其語義特徵之一,參見楊榮祥:《上古漢語結構自足動詞的語義句法特徵》,《語文研究》2017 年第 1 期(總第 142 期),2017 年,第 12—13 頁。

④ 所謂終結性特徵,是指動詞所表示的動作行爲實施後,事件就有了結果,不能或不需要有持續過程(楊榮祥:《上古漢語結構自足動詞的語義句法特徵》,第 12 頁)。

⑤ 這個句子是采用朱岐祥先生的解釋(朱岐祥:《殷墟花園莊東地甲骨校釋》,東海大學中文系語言文字研究室,2006 年,第 964 頁)。

⑥ "雉"字的考釋是根據沈培《不辭"雉衆"補釋》(《語言學論叢》第 26 期,商務印書館,2002 年)。

瞬間性變化[1](40)"受黍年"、(41)"死"、(42)"雉王衆"發生和結束都是一瞬間之事,它們的開始點和終結點幾乎是重疊在一起的。(43)是殷王的眼睛是否會生病的卜辭,我們認爲其否定焦點在於從無病到有病的瞬間變化。(44)的"遘(舌方)"指遭到敵軍突然襲擊,[2]仍應視爲相當於瞬間性變化。這些謂語部分不但都跟使役無關,而且與其説是表示賓語發生變化,不如説是表示主語的變化或對主語的影響。比方説,(40)表示第一人稱主語"我"會不會因"黍年"而受(正面的)變化;(41)表示主語"子雍"身上會不會發生死亡這個變化;(42)表示主語"戌芔"身上會不會發生失掉"王衆"的變化;(43)表示主語"王"身上會不會發生眼睛的病變;(44)表示主語"甫"會不會因遭到敵軍而受(負面的)變化或影響。

由此我們可以認爲,"弗"應該是表示謂語部分所表達的"變化沒有實現＝事件展開沒有到終結點"的否定詞,從而我們不妨把它看作是一個終結性(telic)否定詞。

三、關 於 "不"

那麼,"不"是具有什麼特徵的否定詞呢? 如上所示,"不"常見於賓格動詞的"Y＋V"句式中,於是本文在對"不"進行討論之前,首先談談非賓格動詞的"Y＋V"句式在上古中期至晚期的情況。宋亞雲先生就非賓格動詞不帶賓語(即"Y＋V"句式)時的語義功能做出了如下解釋:

> 作格動詞的致使義對結構具有依賴性,必須在帶賓語時才能體現出來。一旦它們不帶賓語、用於 SV 句式(引用者注:本文所説的"Y＋V"句式)時,主語就不再是施事或致使者,而是受事或當事,作格動詞只是體現出一種結果狀態義。[3]

巫雪如先生也提出了類似的觀點:

> 在同時關注受事的動詞中,其語義焦點大多爲受事者在動作發生後所呈現的結果狀態,施事者的存在與否並不是關注的焦點,先秦文獻中大量存在的無施事者出現的受事主語句就是最好的證明。[4]

由此可見,非賓格動詞的"Y＋V"句式是表達結果狀態的,用在此句式中的"不"也

---

① Vendler,Zeno,*Linguistics in Philosoply*,Cornell University Press,1967.

② 周國正先生認爲"遘舌方"、"遘雨"相當於日語的被害被动句,表示不希望的事件(Chow, Kwok-Ching, *Aspects of Subordinative Composite Sentence in the Period Ⅰ Oracle-Bone inscriptions*, Ph. D. dissertation, University of British Columbia, 1982, p.141)。

③ 宋亞雲:《漢語作格動詞的歷史演變研究》,第 138 頁。

④ 巫雪如:《從認知語義學的角度看上古漢語的"作格動詞"》,第 185 頁。

是跟結果狀態有密切關係的。另外,如上所述,甲骨文"不"還可以用來否定單純狀態,比方説"不吉"、"不妼(嘉/男)"、"不隹"。從這些例子來看,"不"似乎是狀態性否定詞。這種觀點是 Serruys 先生和高嶋先生等人早就提出的。

但是"不"不只是否定狀態的。例如:

(45) 羌甲不蚩(害)王。　　　　　　　　　　　　　　(合集 1805)[賓一]

(46) 貞:"疌不其隻(獲)羌。"　　　　　　　　(丙編 120=合集 190)[賓一]

(47) 甲辰卜,㪔貞:"奚不其來白馬。"　　　　(丙編 157=合集 9177)[典賓]

上例的"隻(獲)"、"蚩(害)"和"來"都帶賓語,其及物性高,因此不指涉狀態。我們應該怎麼詮釋這些例句中的"不"呢?

先説結論,我認爲"弗"是以事件的終結點階段爲轄域(scope)的時相上有標識(marked)的否定詞(=[+telic]),"不"則是無標識(unmarked)的無限制的否定詞(=[±telic]),[1]也就是説,"不"作爲一般性的否定詞比"弗"使用得廣,而只有在説話者特別提出變化沒有實現這一點的時候,才使用"弗"。因此"不"的使用率大大超過"弗",而且能用"弗"的語境中"不"也常常能使用。例如:

(48) 父乙不帚/求(咎)。[2]　　　　　　　　(龜甲 1.8.6=合集 2275)[3][賓三]

(49) 黄尹弗帚/求(咎)王。　　　　　　　　(丙編 104=合集 3458)[典賓]

動詞"帚/求(咎)"常表達鬼神降災的意思,無論帶不帶賓語,主語的語義角色都不變,由此可見是個非作格動詞。例如:

(50) 父辛帚/求(咎)。　　　　　　　　　　(續編 1.34.1=合集 2134 正)[典賓]

(51) 黄尹帚/求(咎)王。　　　　　　　　　(丙編 104=合集 3458)[典賓]

上面的四個例子都是高嶋先生所引用的,高嶋先生根據這些例子做出了如下結論:

What, then, is the difference between bu(不)in(1)[引用者注:本文所引的例(48)]and fu(弗)in(4)[引用者注:本文所引的例(49)]? My answer to this question is that bu is a stative negative, while fu is a non-

---

① 衆所周知,現在的上古音研究把"不"構擬爲開音節 ∗pə,把"弗"構擬爲閉音節 ∗pət,在音韻方面,具有音節末輔音 ∗-t 的"弗"也是有標識的。此構擬音根據 Schuessler, Axel, *Minimal Old Chinese and Later Han Chinese: A Companion to Grammata Serica Recensa* (University of Hawai'i Press, 2009)。

② "帚"是高嶋先生所釋,而裘錫圭先生把它釋爲"求(咎)"字(裘錫圭:《釋"求"》,《裘錫圭學術文集》第一卷《甲骨文卷》,復旦大學出版社,2012 年,第 284 頁)。本文引用兩種釋法。

③ 高嶋先生引用此例時,把材料來源誤寫爲"Kiko(龜甲)1.18.16"。在此筆者對其進行修改。

stative one. ... I now think，however，that the factor determining the use of the negative bu for the Shang people was that they conceptualized the verbs which bu negated to have been stative，both semantically and grammatically. In the case of (1) (＝(48)) and (2)［引用者注：本文所引的(49)］，the verb sha（㝊），meaning "to be pernicious，to be imprecating，" is stative，in that the subject，Fatehr Yi 父乙，is described as being in the state of being pernicious to，or imprecating a curse upon，the living Shang. The emphasis here is who is in the state，not the object. ... For our purposes here it is important that we think of the stative verb sha in examples (1)［＝(48)］and (2)［＝(50)］as specifying its subject Fu Yi 父乙 and Fu Xin 父辛，respectively. They are identified in a ritual situation of having some noxious influence on the Shang. In contrast to (1)［＝(48)］and (2)［＝(50)］，we see the use of the direct object，wang 王 "king，" in examples (3)［引用者注：本文所引的例(51)］and (4)［＝(49)］. This immediately changes the category of the verb sha from the stative one in (1)［＝(48)］and (2)［＝(50)］to the non-stative one.①

也就是説，例(48)和(50)中的"㝊"是狀態或現象動詞，否定它的"不"就是狀態性或現象性否定詞，例(48)的大意是"父乙處在對在世商王不友善的狀態中"，句子的焦點是誰正處在那種狀態中，而不是賓語；例(49)、(51)跟(48)、(50)不同，出現了直接賓語"王"，把動詞"㝊"從狀態動詞變爲非狀態動詞。

而本文的看法跟高嶋先生不一樣。本文認爲(49)的[＋telic]否定詞"弗"的否定重點在於"變化沒有實現＝變化事件的展開沒有到終結點"，也就是説"㝊/求(咎)"這個變化是否發生於賓語上，其大意大概是説"祖先神'黄尹'無法把殷王變成受害的狀態"，而(48)的[±telic]否定詞"不"没有這種限制。

上文所説，"吉"、"隹"和"妁(嘉、男)"等單純狀態只受"不"修飾，這應是因爲狀態這一[－telic]事件跟[＋telic]否定的"弗"相矛盾。另外，非賓格動詞的"Y＋V"句式也只受"不"修飾。正如宋亞雲先生和巫雪如先生所指出的，這種句式的語義焦點在於結果狀態。鑒於二位先生的觀點，它也是[－telic]事件，跟[＋telic]否定詞的"弗"不大匹配。

下面的"盅(害)"字也是非作格動詞，因爲無論帶不帶賓語，主語的語義角色都不變，總是表示鬼神降災禍於殷人：

① Takashima，Ken-ichi，"Morphology of the negatives in oracle-bone inscriptions"，pp.117－118.

(52) 祖辛蚩(害)①我。　　　　　　　　　　　　　　　　　　　(合集 95)[賓一]

(53) 兄丁蚩(害)。　　　　　　　　　　　　　　　　　　　　　(合集 2890)[典賓]

"蚩(害)"也跟"希/求(咎)"一樣,可以用"不"和"弗"來否定,例如:

(54) [=(45)]羌甲不蚩(害)王。　　　　　　　　　　　　　　(合集 1805)[賓一]

(55) 父乙不蚩(害)。　　　　　　　　　　　　　　　　　　　　(合集 2247)[典賓]

(56) 父乙弗蚩(害)王。　　　　　　　　　　　　　　　　　　(合集 371 正)[賓三]

過去有些學者把"不"看作是否定不及物動詞的,將像(54)那樣的"不"否定及物動詞的例句當作例外對待。然而本文卻認爲"不"的否定功能跟它所否定的動詞是否爲及物動詞無關,而跟事件的終結性有關。

　　本文認爲(56)的[+telic]否定詞"弗"否定轄域在於事件的終結點或變化階段,其否定重點在於"蚩(害)"這個變化是否出現在賓語上,(56)的大意是"祖先神'父乙'無法把殷王變成受害的狀態",而(54)(55)的[±telic]否定詞"不"是中立性的否定詞,不是以變化是否實現爲焦點。

　　下例的"隻(獲)"②也能夠受"弗"和"不"兩種否定詞的修飾。

(57) 雀弗其隻(獲)缶。　　　　　　　　　　　　　　　　　　(合集 6834 正)[賓一]

(58) [=(46)]貞:"疋不其隻(獲)羌。"　　　　　　　　(丙編 120=合集 190)[賓一]

根據本文的假設,可以認爲(57)[+telic]的 "弗隻(獲)"是以終結點或變化階段爲焦點的,意味着"殷將'雀'沒有捉住'缶'",即"殷將'雀'到不了捉住'缶'的階段",而(58)[±telic]的"不隻(獲)"對變化是否實現並不關心。

　　如上所説,"卒(擒)"字應是非賓格動詞。但它用於複句的後一分句的時候,即使没

---

① "蚩(害)"的釋讀依據裘錫圭《釋"蚩"》(《裘錫圭學術文集》第一卷)一文。

② 朱岐祥先生舉出"隻(獲)"構成"受事主語句"的例子(《殷墟卜辭句法論稿——對貞卜辭句型變異研究》,第
112—113頁),因此乍看之下,我們也許能夠把"隻(獲)"看作是非賓格動詞。如:

　　多羌隻(獲)。

　　多羌不其隻(獲)。　　　　　　　　　　　　　　　　　　　　　　　(合集 154)[典賓]

但是,一般來説,"隻(獲)"跟施事主語搭配。例如:

　　子商隻(獲)。　　　　　　　　　　　　　　　　　　　　　　　　(合集 371 正)[賓三]

　　王不其隻(獲)。　　　　　　　　　　　　　　　　　　　　(合集 10839)[自賓間]

而且第一期典賓類卜辭中有如下的"多羌獲鹿"的例子,由此可見,上面的"多羌獲"這個句子主語"多羌"不是被捉住的人(受事),而是捉別人的人(施事)。

　　多羌不獲鹿。　　　　　　　　　　　　　　　　　　　　　　　(合集 153)[典賓]

總之,"隻(獲)"字可以説是非作格動詞。

有賓語,意思上也相當於帶賓語的"X+V+Y"句式,表達直接使役義。這可能是受前一分句爲動賓結構的影響而成,也可能是受在前一分句中用非作格動詞(例如,"獸(狩)"、"射"、"田"等)的影響而成。① 一般来说,非賓格動詞的"X+V+Y"句式用"弗"否定,但這種"㪇(擒)"字既可以用"不"否定,又可以用"弗"否定。例如:

(59) 弜罟(网)②㪇鹿,弗㪇(擒)。　　　　　　　　　　(合集 28343)[無名]

(60) 壬申王勿[獸(狩)],不其㪇(擒)。　　　　　　　　(合集 10407 正)[賓一]

筆者認爲,在例(59)中複句的前一分句陳述捕鹿要不要下圈套,表達重點就在於用什麼手段來打獵,而後一分句"弗㪇(擒)"[+telic]的表達重點就在於結果階段,大意是"即使下圈套來打獵,也到不了捉住鹿的階段"。而例(60)"不㪇(擒)"[±telic]應是中立性的否定表達,焦點不在於變化實現的階段。(59)的前一分句有作爲動作終結點的獵物名"㪇鹿",而(60)没有,這也支持上文的解釋。

下面是"弗"和"不"在同版甲骨中的例子,我們可以做同樣的解釋。

(61) "其于甲迺射柳兕,亡災,㪇(擒)。"

　　　　"弗㪇(擒)。"

　　　　丙午卜,在冒貞:"王其田柳,卒③逐亡災,㪇(擒)。"

　　　　"不㪇(擒)。"　　　　　　　　　　　　　　　　(英國 2566)[黄類]

筆者認爲,第2辭"弗㪇(擒)"[+telic]應該表示"即使通過'射'這個辦法來打獵,也到不了捉住'兕'的階段",而第4辭"不㪇(擒)"[±telic]應該是不以終結點階段爲焦點的中立性的否定表現,只表示在"卒逐"之間,即在結束搜索和追蹤獵物之前,不打獵或不能打獵。由於"弗"的焦點在於變化的實現,所以前一分句中可以看到作爲終結點的獵物名。

附帶説一下,當"弗㪇"、"弗㪇(擒)"、"弗隻(獲)"在後一分句出現的時候,前一分句常帶有捕獲對象的賓語。④ 例如:

---

① 根據大西先生的觀點,非賓格動詞構成無賓語的施事主語句的例外現象是通過它跟非作格動詞或動賓結構連用而成的(大西克也:《施受同辭芻議——〈史記〉中的"中性動詞"和"作格動詞"》,第384—385頁)。

② 本文根據葛亮《甲骨文田獵動詞研究》(第52—53頁)釋"罟"字爲"网毕(麑)"的合文或專字。

③ 關於"卒"字的考釋,參看裘錫圭《釋殷墟卜辭中的"卒"和"㞷"》,《裘錫圭學術文集》第一卷。

④ 葛亮先生指出"獸(狩)"和"田"不能帶獵物名詞,而只能帶地名,並把這種動詞分類爲"A1 間接狩獵行爲"。這種動詞在前一分句時,後一分句還是用"弗"。例如:

王獸(狩)萑,弗㪇(擒)。　　　　　　　　　　(村中南 68+合集 33384)[無名]

翌日戊王其田淒,弗擒。　　　　　　　　　　(屯南 2739)[無名]

這些動詞爲何不能帶獵物名詞賓語,暫不深究。

(62) 俔追多臣、失羌,弗卒。　　　　　　　　　　　(合集 628 正)[典賓]

(63) 叟齒(陷麋),弗其畢(擒)。　　　　　　　　　　(合集 10951)[師賓間]

(64) 翌辛巳王勿往逐兇,弗其隻(獲)。　　　　　　　(合集 10401)[典賓]

(65) 其虤,弗其隻(獲)。　　　　　　　　　　　　　(合集 5516)[賓一]

例(63)和(65)看上去沒有賓語,但是根據裘錫圭先生的解釋,動詞"齒"含有賓語"麋",①動詞"虤"含有賓語"虎"。②

其他非賓格動詞"X+V+Y"句式有時也受"不"修飾,例如:

(66) [=(47)]甲辰卜,敵貞:"奚不其來白馬。"(丙編 157=合集 9177)[典賓]

如上文所說,"來"是非賓格動詞,非賓格動詞"X+V+Y"句式一般用[+telic]的"弗"否定。但在這一句中卻用[±telic]的"不"否定,這應是因爲此句表達的意思不是"'奚'沒有到把白馬送達我們這裡的這一結果狀態",即焦點不在終結點階段,而是"'奚'不(能)送白馬"而已。

另外,本文在上面舉出"弗"否定非自主動詞的例子[例(40)—(44)],這些非自主動詞就算不變換論元結構,也還可以用"不"否定。下面的 a 是用"弗"的[=例(40)—(44)],b 是用"不"的例子。

(67) a. 我弗其受黍年。[=(40)]　　　　　　　　(合集 795 正)[典賓]

　　　b. 今歲我不其受年。　　　　　　　　　　　(合集 9668 正)[賓一]

(68) a. 子雍友妝,又(有)復。弗死。[=(41)]　　　　(花東 21)

　　　b. 往鴰,疾。不死。③　　　　　　　　　　　(花東 3)

(69) a. 戍屶弗雉王衆。[=(42)]　　　　　　　　(補編 8982=合集 26879)[無名]

　　　b. 多射不雉衆。　　　　　　　　　　　　　(合集 69)[典賓]

(70) a. 王弗疾目。[=(43)]　　　　　　　　　　(合集 456 正)[典賓]

　　　b. ☒不疾。　　　　　　　　　　　　　　　(合集 13814)[典賓]

(71) a. 甫弗其邁舌方。[=(44)]　　　　　　　　(合集 6196)[典賓]

　　　b. 于辛省田,無災,不邁雨。　　　　　　　　(合集 28633)[無名]

如上所指出,這些句子都屬於表達非主動的瞬間性變化的瞬成(achievement)時相

---

① 關於"齒"字,本文根據裘錫圭《甲骨文字考釋(八篇)》(《裘錫圭學術文集》第一卷,第 82—83 頁)解釋爲"用陷阱捕獸"的意思。裘錫圭先生把此字看作"陷麋"的合文。

② 關於"虤"字的考釋,參看裘錫圭《說"玄衣朱襮裣"——兼釋甲骨文"虤"字》,《裘錫圭學術文集》第三卷,第 3—5 頁。

③ 此例句的解釋根據朱岐祥《殷墟花園莊東地甲骨校釋》(第 964 頁)。

類型,當用"弗"來否定的時候,它們意味着句子所表示的"變化没有實現＝事件展開没有到終結點"。那麽,同一事態爲何既能用"弗"否定,又能用"不"否定呢?

關於這個問題,筆者通過"變化"所具有的兩個時相特徵來探討。變化就是從"無"(非存在狀態)到"有"(存在狀態)的轉移,是動態性的,它既然能以有形的結果狀態來實現,就可以認定爲具有終結點[＋telic]。從這個觀點來看,終結性否定詞"弗"的確適用於否定變化。但是正如木村英樹先生所説,變化的具體存在只有通過完成的姿態才能觀察到,[1]而且變化完成的姿態就是結果狀態。也就是説,人類認識到變化的基礎在於變化後的狀態。由此可見,變化具有如下兩面性:以"從無到有"這種時相特徵來看,它是[＋telic]的;而從人類的認知角度來看,它是[－telic](＝狀態)的。

從這種變化的時相特徵來看,關於否定瞬成動詞的"弗"與"不",我們可以得出如下結論:説話者着重其瞬間性變化的時候,把事件看作[＋telic],就用[＋telic]否定詞"弗";説話者不着重其瞬間性變化的時候,不用[＋telic]否定詞"弗"而用[±telic]否定詞"不"。用例(67)來説,(67a)"弗其受黍年"的語義焦點在於將來不會發生從"無年(無豐收)"到"有年(有豐收)"的變化,而(67b)"不其受年"的語義焦點則在於將來不會有"有年(有豐收)"的狀態。

四、結　語

本文的結論是:"弗"表示事件的時間序列展開没有到終結點,或者變化没有達到實現階段,是[＋telic]的有標識(marked)的否定詞;而"不"是[±telic]的無標識(unmarked)的一般性的否定詞,是否到終結點被中立化。

引用書目簡稱對照表

龜甲　林泰輔:《龜甲獸骨文字》,商周遺文會,1921 年

續編　羅振玉:《殷虚書契續編》,藝文印書館,1970 年

丙編　張秉權:《小屯第二本:殷虚文字丙編》,中研院歷史語言研究所,1957—1972 年

合集　郭沫若主編,中國社會科學院歷史研究所編:《甲骨文合集》,中華書局,1977—1982 年

屯南　中國社會科學院考古研究所編:《小屯南地甲骨》,中華書局,1980—

---

[1] ［日］木村英樹:《"變化"和"動作"》,《日本現代漢語語法研究論文選》,北京語言大學出版社,2007 年,第7 頁。

1983 年

　　花東　　中國社會科學院考古研究所編：《殷墟花園莊東地甲骨》，雲南人民出版

社，2003 年

　　左傳　　楊伯峻編：《春秋左傳注（修訂本）》，中華書局，1990 年

　　史記　　《史記》（標點本二十四史），中華書局，1997 年

從三版胛骨釋文談占卜與釋文順序 *

（中國社會科學院古代史研究所）

新近整理甲骨的一大進步在於反面照片的公布。反面照片的意義在於向讀者展示了甲骨單個鑽鑿的長度、輪廓形狀以及整版鑽鑿佈局狀態。而且，反面照片是將卜辭、兆序與鑽鑿相結合，正確釋讀一版甲骨必不可少的憑據。甲骨正反面照片可以提供很多占卜細節，引發對於當時占卜制度的進一步思考。

一、最近公布的兩版歷組
二類胛骨及釋文

最近公布了兩版歷組二類胛骨，即《重》①145 與 146。《重》提供了這兩版胛骨的正反面照片，由此可以明確其鑽鑿數目、佈局類型、卜辭數、卜辭與鑽鑿的對應關係。

（一）第一版胛骨《重》145（圖一）

這版胛骨臼角在左，是左胛骨。從鑽鑿佈局來看，反面對邊一列可見 9 個鑽鑿。臼邊一列有 5 個鑽鑿，頸扇交界處 1 個鑽鑿。整版至少有 15 個鑽鑿。

---

* 本文爲國家社科基金一般項目“殷墟甲骨鑽鑿佈局研究”（項目號：17BZS127）階段性成果。

① 宋鎮豪、黎小龍主編：《重慶三峽博物館藏甲骨集》，上海古籍出版社，2016 年。

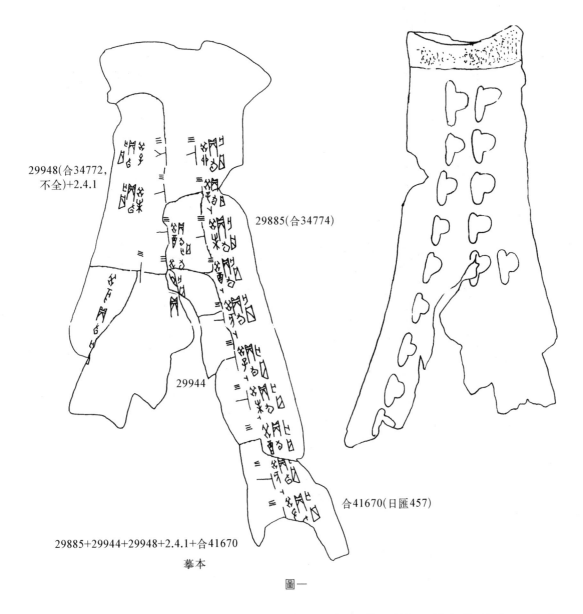

29948(合34772,
不全)+2.4.1

29885(合34774)

29944

合41670(日匯457)

29885+29944+29948+2.4.1+合41670
摹本

圖一

從卜辭數目來看,正面對邊可見8條卜辭,綴合後,①又增加2條卜辭,即有10條卜辭。臼邊有3條卜辭,頸扇交界處有2條卜辭,上下排列。整版有15條卜辭。

從卜辭與鑽鑿的對應關係來看,胛骨照片反面最上一行兩個鑽鑿,被泥土覆蓋,但有被灼燒過的黑褐色痕迹。正面最上方有兩個卜兆,可以證明這兩個鑽鑿確實被灼燒使用過,但是正面的相應部位沒有刻寫這兩次占卜的卜辭。

該版胛骨對邊卜辭與鑽鑿的對應關係如圖二所示。

———————————

① 參《重》145摹本。

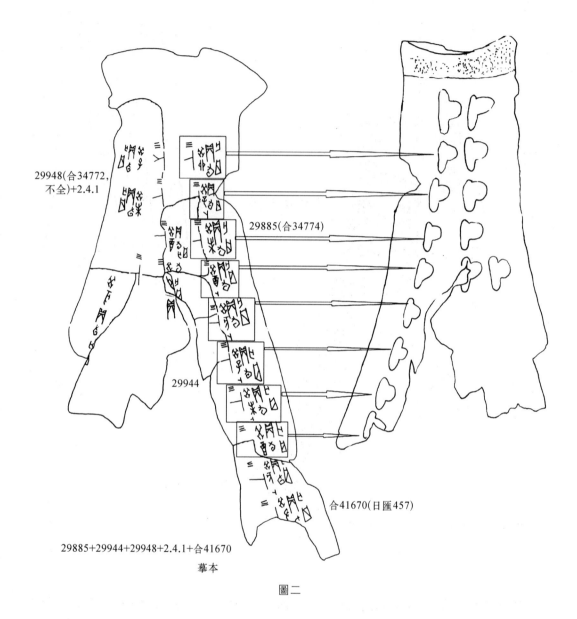

29948(合34772,
不全)+2.4.1

29885(合34774)

29944

合41670(日匯457)

29885+29944+29948+2.4.1+合41670
摹本

圖二

該版胛骨臼邊及頸扇交界處卜辭與鑽鑿的對應關係如圖三所示。

這裡有一點需要特別注意,即頸扇交界處位於上面的一條癸酉卜旬辭對應的鑽鑿,應該是臼邊自上而下的第四個鑽鑿。這也就是説,這條卜辭按例應該刻寫在臼邊這個卜兆的左側部位。但實際操作是,這條卜辭刻寫在了頸扇交界部位。

這版胛骨上的卜辭,占卜內容均爲卜旬。卜辭的格式爲:"癸某〔卜,〕貞:旬亡憂。三"即癸日對下一旬有憂患的占卜,是歷組二類卜旬辭的常見格式。整版兆序辭皆爲"三",可以確定是三版一套卜旬辭的第三版。

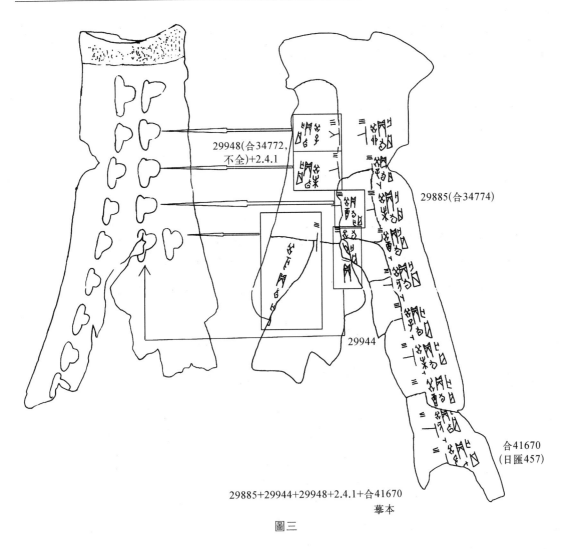

29948(合34772,不全)+2.4.1

29885(合34774)

29944

合41670
(日匯457)

29885+29944+29948+2.4.1+合41670
摹本

圖三

整理者在摹本部分給出了這版胛骨的最新綴合情況,並且釋文如下:

(1) 癸□貞:旬亡憂。[1] 三

(2) 癸酉貞:旬亡憂。三

(3) 癸亥貞:旬亡憂。三

(4) 癸未貞:旬亡憂。三

(5) 癸巳貞:旬亡憂。三

(6) 癸丑[卜],貞:旬亡憂。三

(7) 癸亥卜,貞:旬亡憂。三

① 裘錫圭:《說"囟"》,《古文字論集》,中華書局,1992年,第105頁;《從殷墟卜辭的"王占曰"說到上古漢語的宵談對轉》,《中國語文》2002年第1期,第70—76頁;《裘錫圭學術文集》第一卷,復旦大學出版社,2012年,第377、485—494頁。

（8）癸酉貞：旬亡憂。三

（9）癸未卜，貞：旬亡憂。三

（10）癸巳卜，貞：旬亡憂。三

（11）癸亥卜，貞：旬亡憂。三

（12）癸酉卜，貞：旬亡憂。三

（13）癸未貞：旬亡憂。三

（14）癸巳卜，貞：旬[亡]憂。三

（15）癸卯貞：旬亡憂。三

以上釋文基本正確，但也可以做一些微調。如第（1）條卜辭，可以補釋出"丑"字。

整理者給出的釋文體現出的這版胛骨的占卜次序爲：先頸扇交界處自下而上；再臼邊自下而上；最後對邊自下而上——即頸扇→臼邊→對邊，皆自下而上占卜（如圖四所示）。

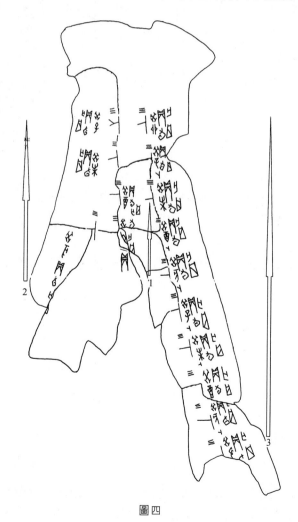

圖四

(二) 第二版胛骨《重》146（圖五）

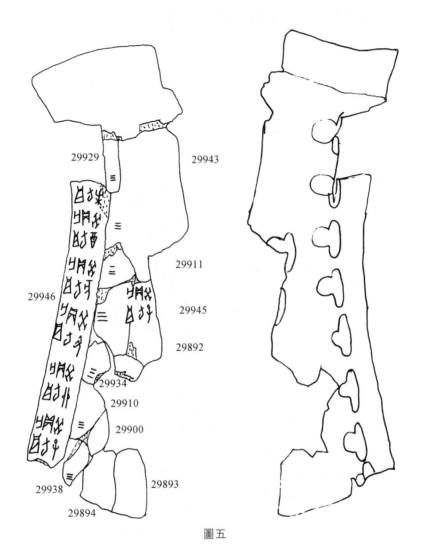

圖五

　　這版胛骨臼角在右，是右胛骨。從鑽鑿佈局來看，反面對邊一列可見 7 個鑽鑿，並在最下端殘掉半個鑽鑿。臼邊頸扇交界處有 2 個殘斷的鑽鑿，上下排列。整版至少有 10 個鑽鑿。

　　從卜辭數目來看，正面對邊有 6 條卜辭，最下面有殘存的兆序“三”，其左下方應該殘掉 1 條卜辭，頸扇交界處 1 條卜辭。整版至少有 8 條卜辭。

　　從反面鑽鑿與正面卜辭的對應關係來看：最上方 1 個鑽鑿，反面照片有明顯的灼燒過的痕迹，但正面照片兆枝上方，拓本和照片均未見兆序辭痕迹，很可能未刻寫這條卜辭。頸扇交界處上面 1 個鑽鑿有灼燒的痕迹，正面未見卜辭，很可能沒有刻寫這條卜辭。頸扇交界處下面1個鑽鑿僅存右側鑿壁的痕迹，正面的對應部位的卜辭應該屬於這個鑽鑿。

該版胛骨對邊卜辭與鑽鑿的對應關係如圖六所示。

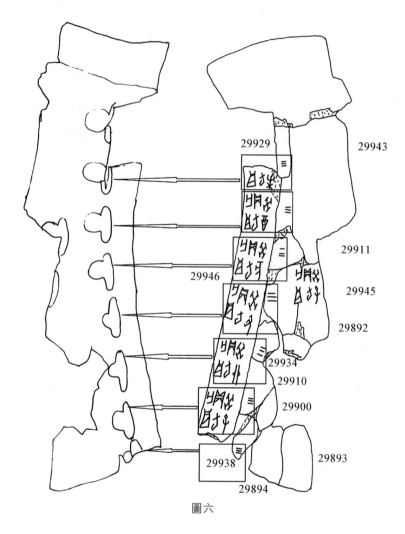

圖六

該版胛骨頸扇交界處卜辭與鑽鑿的對應關係如圖七所示。

這版胛骨上的卜辭，占卜內容均爲卜旬。卜辭的格式爲："癸某貞：旬亡憂。三"即癸日對下一旬有憂患的占卜，是歷組二類卜旬辭的常見格式。整版兆序辭皆爲"三"，可以確定是三版一套卜旬辭的第三版。

整理者給出的釋文如下：

(1) 癸巳貞：旬亡憂。三

(2) 三

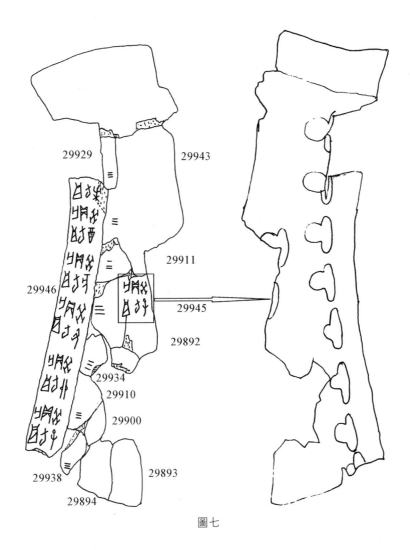

圖七

（3）癸巳貞：旬亡憂。三

（4）癸卯貞：旬亡憂。三

（5）癸丑貞：旬亡憂。三

（6）癸亥貞：旬亡憂。三

（7）癸酉貞：旬亡憂。三

（8）［癸］未［貞］：旬［亡］憂。三

　　以上釋文正確。其中第（2）條可以補釋"［癸未貞：旬亡憂］"，當然，不補釋也是可以的。

　　整理者給出的釋文體現出的這版胛骨的占卜次序爲：先頸扇交界處，再對邊自下而上，如圖八所示。

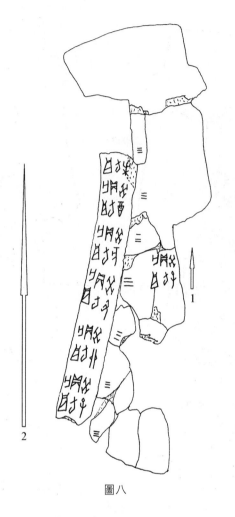

圖八

　　以上兩版歷組二類胛骨，皆爲三版一套卜旬辭的第三版。在文字釋讀與前辭、命
辭等語句方面都呈現出格式化的形式，不難理解。兩版反面鑽鑿佈局的共同點在於
對邊一列 8—10 個左右鑽鑿，頸扇交界處有 1 或 2 個上下排列的鑽鑿。不同之處在
於第一版臼邊有半列鑽鑿，第二版臼邊沒有鑽鑿。歷組二類甲骨這種"對邊一列，臼
邊半列，頸扇交界處 1(或 2 個)鑽鑿"的佈局，在殷墟村北系的出組二類以及何組胛骨
中較爲普遍。而在鑽鑿佈局與卜辭占卜刻寫次序的對應方面，出組二類與歷組二類
有類似之處。

二、出組二類鑽鑿佈局及占卜次序

　　殷墟村北系胛骨鑽鑿佈局發展到出組二類以後有兩種基本類型：一爲"對邊一列，

臼邊半列",即沿對邊一列 8 個左右鑽鑿,沿臼邊一列 4 個左右鑽鑿,頸扇交界處 1 或 2 個鑽鑿;一爲"對邊一列",即只沿對邊有一列 8 個左右鑽鑿。這兩種鑽鑿佈局是出組二類和何組胛骨的基本類型。

　　出組二類胛骨"對邊一列,臼邊半列"的鑽鑿佈局類型,在占卜刻寫的次序上是有一定規律可循的。

　　　　庚子卜,行曰貞:翌辛丑其又升歲于祖辛。一

　　　　貞:毋又。在正月。

　　　　貞:翌辛丑其又祖辛宰。

　　　　貞:二宰。

　　　　貞:翌辛丑祖辛歲勿(物)牛。

　　　　貞:弜勿(物)。

　　　　己巳卜,行,貞:王賓夙①祼,亡憂。

　　　　貞:亡尤。在十一月。

　　　　庚午卜,行,貞:王賓夙祼,亡憂。

　　　　貞:亡尤。在十一月。　　　　　　　　　　　　　　　　《合》23002[出二]

　　根據出組二類一般情況,這版左胛骨占卜刻寫順序有可能如下:先是對邊骨條部位自下而上占卜刻寫,正月庚子日對貞在辛丑日要不要侑升歲祖辛,選貞祭牲數目,對貞祭牲種類的一組卜辭。然後是骨首部位的十一月己巳日"王賓夙祼,亡憂"與"亡尤"一組卜辭。最後是頸扇交界處第二天庚午日"王賓夙祼,亡憂"與臼邊最下處"亡尤"一組卜辭。這版胛骨上的卜辭,基本兩辭一組,或對貞,或選貞,或再確認占卜。頸扇交界處的"庚午王賓"卜辭與其左側的"亡尤"爲一組,第二辭"亡尤"是對第一辭"亡憂"進行再確認的占卜,這個頸扇交界處的鑽鑿在臼邊最下一個鑽鑿之前使用。

　　　　戊申卜,旅,貞:王賓祼,亡憂。在十二月。一

　　　　貞:[亡尤。二]

　　　　戊午卜,旅,貞:王賓祼,亡憂。一

　　　　貞:亡尤。在十二月。二

---

① 沈培:《説殷墟甲骨卜辭的"枫"》,《原學》第三輯,中國廣播電視出版社,1995 年,第 75—110 頁。

戊午卜，旅，貞：王賓禱，①亡尤。在十二月。一

［戊］午卜，［旅］，貞：王［賓］叔，亡尤。

戊午卜，旅，貞：王其步自八，亡災。十二月。

戊辰卜，旅，貞：王賓祼，亡憂。一

貞：亡尤。在十二月。二

戊辰卜，旅，貞：王賓夕祼，亡憂。一

貞：亡尤。在十二月。二　　　　《合補》7636(《合》25572＋25575②)［出二］

這版左胛骨整版分佈着"戊某卜，旅，貞：王賓＋某種祭祀，亡憂。一"與"貞：亡尤。二"兩辭一組以及"王賓＋某種祭祀，亡尤。一"的卜辭。因占卜時間都是在十二月，可以確定占卜刻寫順序爲：先沿對邊自下而上，再沿臼邊自上而下。頸扇交界處的一個鑽鑿是戊辰日"王賓夕祼，亡憂。一"的占卜，臼邊最下一個鑽鑿是對其進行再確認占卜的"亡尤。二"卜辭。頸扇交界處的鑽鑿在臼邊最下一個鑽鑿之前使用。

己丑卜，行，貞：今夕［亡］憂。十二月。

庚寅卜，行，貞：今夕亡憂。十二月。在襄。

辛卯卜，行，貞：今夕亡憂。

壬辰卜，行，貞：今夕亡憂。

癸巳卜，行，貞：今夕亡憂。在十二月。在襄卜。一　　　《合補》8136［出二］

這版右胛骨，根據干支日占卜刻寫順序應該爲：沿臼邊自上而下占卜刻寫，是己丑到癸巳連續五天的占卜"今夕無憂"的卜夕辭。頸扇交界處鑽鑿是壬辰日占卜，臼邊最下一個鑽鑿是癸巳日占卜。頸扇交界處鑽鑿在臼邊最下一個鑽鑿之前使用。

辛亥卜，行，貞：今夕亡憂。在……　一

壬子卜，行，貞：王其田，亡災。在二月。一

壬子卜，行，貞：今夕亡憂。在二月。在良。一

癸丑卜，行，貞：王其步自良于邦，亡災。一

癸丑卜，行，貞：今夕亡憂。在邦。一

---

① 冀小軍：《説甲骨金文中表祈求義的桼字——兼談桼字在金文車飾名稱中的用法》，《湖北大學學報》(哲社版)1991 年第 1 期，第 35—44 頁。

② 彭裕商綴合。

甲寅卜,行,貞:王其田,亡災。在二月。在師邦。

乙卯卜,行,貞:今夕亡憂。在二月。一

乙卯卜,行,貞:王其田,亡災。在……

《合補》7257(《合》24248＋24377＋24478①)[出二]

　　這版胛骨,臼角在右。整版分佈着從辛亥到乙卯五天的"王田/步"及"卜夕"辭,一般每天先卜"王田/步",再卜夕。占卜刻寫順序是:先對邊自下而上,再臼邊自下而上,頸扇交界處鑽鑿是癸丑日占卜"王步",臼邊最下鑽鑿是癸丑日的卜夕辭。頸扇交界處鑽鑿在臼邊最下一個鑽鑿之前使用。

　　出組二類胛骨上的占卜順序一般爲:先對邊自下而上;再臼邊可以自下而上,也可以自上而下;頸扇交界處的鑽鑿一般在臼邊最下一個鑽鑿之前使用。

三、兩版歷組二類胛骨的占卜次序

　　《重》145這版歷組二類胛骨的占卜刻寫順序,按照干支表"癸酉—癸未—癸巳—癸卯—癸丑—癸亥"對應排序應爲:

(1) 癸丑[卜],貞:旬亡憂。三

(2) 癸亥卜,貞:旬亡憂。三

(3) 癸酉貞:旬亡憂。三

(4) 癸未卜,貞:旬亡憂。三

(5) 癸巳卜,貞:旬亡憂。三

(6) 癸亥卜,貞:旬亡憂。三

(7) 癸酉卜,貞:旬亡憂。三

(8) 癸未貞:旬亡憂。三

(9) 癸巳卜,貞:旬[亡]憂。三

(10) 癸卯貞:旬亡憂。三

(11) 癸丑貞:旬亡憂。三

(12) 癸亥貞:旬亡[憂]。三

(13) 癸酉貞:旬亡憂。三

(14) 癸未貞:旬亡憂。三

---

① 白玉崢綴合。

(15) 癸巳貞：旬亡憂。三　　　　　　　　　　　　　　　　《重博》145［歷二］

　　這版歷組二類胛骨的占卜刻寫順序，按干支表排序爲：先對邊自下而上，再頸扇交界處一條卜辭，最後臼邊自下而上（圖九）。其中，第(12)辭癸酉日卜旬辭的所屬鑽鑿應該位於該辭的左側，即臼邊自上而下的第四個鑽鑿。所以，這版胛骨的占卜刻寫順序完全符合臼邊自下而上，頸扇交界處的鑽鑿在臼邊最下面一個鑽鑿之前使用的規律。這種鑽鑿佈局以及鑽鑿使用次序同於出組二類，這是歷組二類與出組二類時代相近的又一證據。

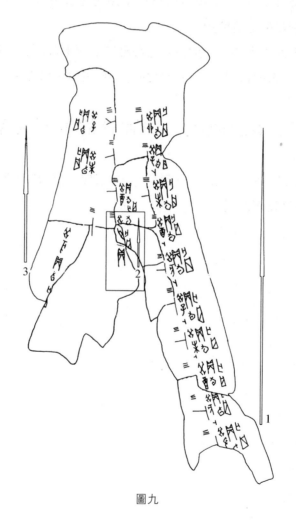

圖九

　　《重》146 這版歷組二類胛骨的占卜刻寫順序，按照干支表"癸酉—癸未—癸巳—癸卯—癸丑—癸亥"對應排序應爲：

（1）［癸未貞：旬亡憂。］三

（2）癸巳貞：旬亡憂。三

（3）癸卯貞：旬亡憂。三

（4）癸丑貞：旬亡憂。三

（5）癸亥貞：旬亡憂。三

（6）癸酉貞：旬亡憂。三

（7）［癸］未［貞］：旬［亡］憂。三

（8）癸巳貞：旬亡憂。［三］　　　　　　　　　　　　　《重博》146［歷二］

這版歷組二類胛骨的占卜刻寫順序按干支表排序爲：先對邊自下而上，再頸扇交界處（圖十）。

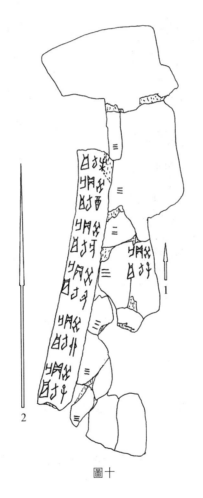

圖十

以上《重》145、146 兩版歷組二類胛骨的占卜刻寫次序符合先對邊自下而上，再臼邊自下而上，頸扇交界處一個鑽鑿在臼邊最下一個鑽鑿之前使用的情況。

綜上，出組二類與歷組二類牛肩胛骨上卜辭的次序可以説明：這一時期牛胛骨上的鑽鑿佈局，有着比較規律的灼燒使用順序，這種順序反映了卜辭的占卜刻寫順序。

在研究甲骨卜辭時,將卜辭與鑽鑿兩相結合並讀,對深入理解商代占卜制度、卜辭次序、排譜等都具有積極意義。歷組二類與出組二類、何組鑽鑿佈局的相似性,歷組二類與出組二類占卜刻寫次序的一致性,可以爲歷組卜辭時代的判定提供參照系。

附:《符》1 校釋

《符》[①]1 提供了該版胛骨的正反面照片(圖十一),由此可以明確其鑽鑿數目、佈局類型、卜辭數、卜辭與鑽鑿的對應關係。

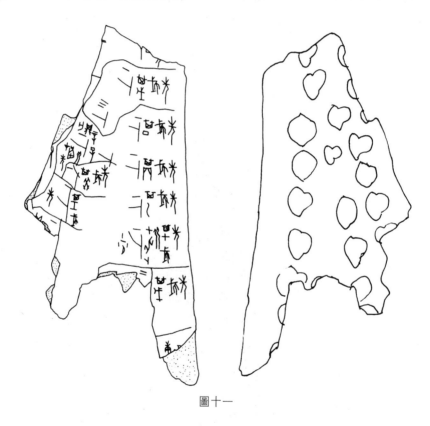

圖十一

這版胛骨骨臼在左,是左胛骨。從單個鑽鑿的長度及輪廓來看,這版胛骨的鑽鑿多見於師組小字類、師歷間類。

從鑽鑿佈局來看,反面對邊一列可見 9 個鑽鑿,扇部較爲密集地分佈 12 個鑽鑿,具有前期胛骨鑽鑿佈局特徵。

從卜辭數目來看,正面對邊可見 8 條卜辭,扇部較密集分佈 6 條卜辭。

該版胛骨上對邊卜辭與鑽鑿的對應關係如圖十二所示。

---

① 宋鎮豪主編:《符凱棟所藏殷墟甲骨》,上海古籍出版社,2018 年。

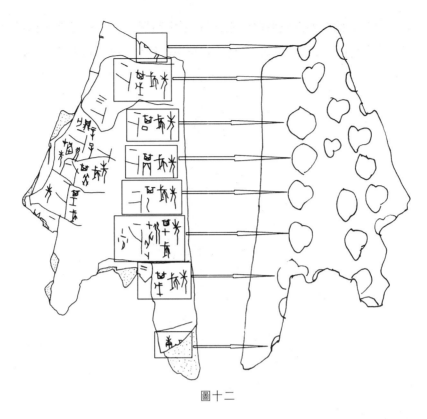

圖十二

該版胛骨扇部卜辭與鑽鑿的對應關係如圖十三所示。

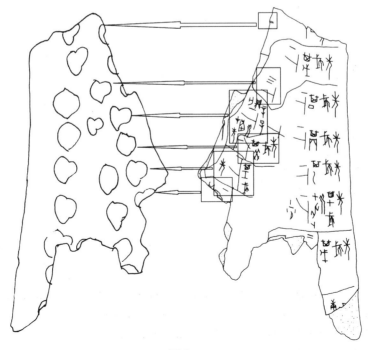

圖十三

　　由此,可以看出,反面有如下幾個鑽鑿被灼燒使用過(圖十四),但是在正面的相應部位,沒有刻寫卜辭。因這版胛骨殘缺,不排除與這些鑽鑿相對應的卜辭刻寫在其他部位的可能性。

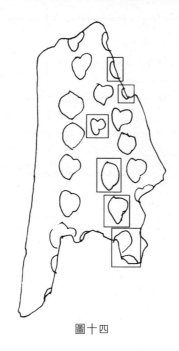

圖十四

　　整理者釋文如下:

(1) 辛巳貞:弜亡憂,在失。① 一

(2) 其壬翦②失。一

(3) 其癸翦失。一

(4) ……擒……一

(5) 甲午卜:弜其甲翦失。小一月。一

(6) 其乙翦失。一

(7) 其丙翦失。一

(8) 其丁翦失。一

(9) 其戊翦失。一 三

(10) 其戊翦失。二

(11) [其]己[翦]失。[一]二

---

① 趙平安:《從失字的釋讀談到商代的佚侯》,《中國社會科學院歷史研究所學刊》第一集,社會科學文獻出版社,2001 年,第 33 頁;《新出簡帛與古文字古文獻研究》,商務印書館,2009 年。

② 陳劍:《甲骨金文"戦"字補釋》,《古文字研究》第 25 輯,中華書局,2004 年,第 40—43 頁;又收入《甲骨金文考釋論集》,綫裝書局,2007 年,第 99—106 頁。

(12) 庚……

根據釋文,整理者理解的整版胛骨的占卜順序爲:先臼邊,再對邊(圖十五)。

圖十五

現存部位上的卜辭從干支日以及占卜内容來看,是"弜"這個人到敖地征伐敖取得勝利的占卜,其占卜順序還是很清楚的,即:

(1) 辛巳貞: 弜亡憂,在敖。① 一

(2) 甲申卜: 弜其甲捷敖。小一月。一

(3) 其乙捷敖。一

(4) 其丙捷敖。一

(5) 其丁捷敖。一

(6) 其戊捷敖。一 三

(7) 其戊捷敖。二

(8) [其]己[捷]敖。[一]

① 劉釗:《釋甲骨文耤、羲、蟺、敖、栽諸字》,《吉林大學學報》1990 年第 2 期。謝明文:《商代金文的整理與研究》,復旦大學博士學位論文(指導教師:裘錫圭教授),2012 年,第 679—682 頁。

(9)〔其〕庚〔捷敖〕。

(10) 其壬捷敖。一

(11) 其癸捷敖。一

(12) 貞(?)…… 一

(13) …… 二?

這版胛骨從辛巳日開始占卜,(1)占卜弜在敖地没有災憂,卜一次。(2)—(11)是第四天甲申日選貞甲日至癸日中的某一天能夠戰勝敖,除了戊日卜了三次,其餘均卜一次。戊日之卜的不確定性比較大,先是按照占卜用骨的順序在對邊骨條上部卜了一次,由於占卜位置的原因,又在骨條下部卜了第二次,然後又返回上部近第一卜的位置卜了第三次。(6)(7)兩條卜辭成套,(6)爲一辭兩卜。由此我們推斷,這版很可能不是成套胛骨的第一版,而是選貞從甲日到癸日弜捷敖這件事在這類字體的甲骨只卜了這一版。付强①文已經指出《合集》7014、7016、7017師賓間類爲同事卜。整版胛骨基本占卜刻寫次序爲先對邊自下而上,再臼邊自下而上(圖十六)。(1)辭辛巳的占卜刻寫位置,還是很需要注意的。其餘卜辭殘缺,無法確定其順序。

圖十六

① 付强:《〈符凱棟所藏殷墟甲骨〉第 1 片卜辭考釋》,先秦史研究室網站,2018 年 5 月 4 日,網址: http://www.xianqin.org/blog/archives/10493.html。

　　對一些辭例常見的卜辭進行釋文，要特別注意兩個問題：一是卜辭與鑽鑿的對讀；一是整版甲骨上卜辭的占卜順序。殷墟胛骨前期的鑽鑿佈局特徵爲骨首部位的單獨佈局以及骨扇部位的較密集佈局。後期的鑽鑿佈局特徵是沿對邊一列曰邊半列或對邊一列佈局。不同的鑽鑿佈局是不同的占卜制度下的産物。整版胛骨鑽鑿與卜辭的佈局也能體現出前後期占卜制度的不同。

從西周金文談《尚書》所見嘆詞"嗟"*

——兼論"盟詛"及其相關問題

鄧佩玲

（香港大學中文學院）

一、前　　言

　　嘆詞，又稱爲感嘆詞，乃指表示感嘆、呼喚或應答聲音之詞。在結構上，嘆詞單獨成句，不與其他詞發生組合關係。上古漢語嘆詞非常豐富多樣，較爲常見者包括"吁"、"嗟"、"唉"、"噫"、"嘻"、"嗚呼"等。

　　《漢書·藝文志》嘗言："古之王者世有史官，君舉必書，所以慎言行，昭法式也。左史記言，右史記事，事爲《春秋》，言爲《尚書》，帝王靡不同之。"①《尚書》以記言爲主，内容多屬"誥"、"誓"、"命"、"訓"等政治文辭，嘆詞的運用能夠加强統治話語所起的感情效果，故書中豐富多樣的嘆詞是其語言特色之一。根據錢宗武的統計，今文《尚書》所見嘆詞共 10 個，分別爲"嗚呼"、"俞"、"吁"、"嗟"、"咨"、"已"、"都"、"猷"、"於"、"噫"，總詞次共 108 見。② 當中，部分嘆詞更爲《尚書》所獨有，不見於其他先秦經典。

　　"嗟"是《尚書》較爲常見的嘆詞之一，在整部書中出現共 8 次，其中，今文《尚書》5例，古文《尚書》3 例：

　　a. 今文《尚書》

＊　本論文爲香港特別行政區大學資助委員會優配研究金（General Research Fund）資助項目成果之一（RGC Ref No 17631316），謹此致謝。

①　（漢）班固撰：《漢書》，中華書局，1964 年，第 1715 頁。

②　錢宗武：《今文尚書語法研究》，商務印書館，2004 年，第 326 頁。

大戰于甘,乃召六卿。王曰:"嗟!六事之人,予誓告汝:有扈氏威侮五行,

怠棄三正,天用勦絕其命,今予惟恭行天之罰。"　　　　　　　　(《甘誓》)①

王曰:"嗟!我友邦冢君,御事司徒、司馬、司空,亞旅、師氏,千夫長、百夫長,

及庸、蜀、羌、髳、微、盧、彭、濮人。稱爾戈,比爾干,立爾矛,予其誓。"

(《牧誓》)②

王曰:"嗟!四方司政典獄,非爾惟作天牧?今爾何監,非時伯夷播刑之迪?

其今爾何懲?惟時苗民匪察于獄之麗。罔擇吉人,觀于五刑之中,惟時庶威

奪貨,斷制五刑,以亂無辜。"　　　　　　　　　　　　　　　(《呂刑》)③

公曰:"嗟!人無譁,聽命。徂兹淮夷、徐戎並興。善敹乃甲冑、敿乃干,無敢

不弔。"　　　　　　　　　　　　　　　　　　　　　　　　(《費誓》)④

公曰:"嗟!我士,聽無譁。予誓告汝羣言之首。古人有言曰:'民訖自若,是

多盤。'責人斯無難,惟受責俾如流,是惟艱哉!"　　　　　　　(《秦誓》)⑤

b. 古文《尚書》

惟仲康肇位四海,胤侯命掌六師。羲和廢厥職,酒荒于厥邑,胤后承王命徂

征。告于衆曰:"嗟!予有衆,聖有謨訓,明徵定保。先王克謹天戒,臣人克

有常憲,百官修輔,厥后惟明明。"　　　　　　　　　　　　(《胤征》)⑥

王歸自克夏,至于亳,誕告萬方。王曰:"嗟!爾萬方有衆,明聽予一人誥。

惟皇上帝,降衷于下民。若有恆性,克綏厥猷惟后,夏王滅德作威,以敷虐于

爾萬方百姓。爾萬方百姓,罹其凶害,弗忍荼毒,並告無辜于上下神祇。"

(《湯誥》)⑦

惟十有三年春,大會于孟津。王曰:"嗟!我友邦冢君,越我御事庶士,明聽

誓。惟天地萬物父母,惟人萬物之靈。亶聰明,作元后,元后作民父母。"

(《泰誓上》)⑧

有關上述諸例所見"嗟",或因其所起作用較爲直接顯著,多表示感嘆的意思,故經學家

---

① 《尚書正義》,見《十三經注疏(整理本)》,北京大學出版社,2000 年,第 207 頁。

② 《尚書正義》,第 336—337 頁。

③ 《尚書正義》,第 638—639 頁。

④ 《尚書正義》,第 661—662 頁。

⑤ 《尚書正義》,第 668—669 頁。

⑥ 《尚書正義》,第 216—217 頁。

⑦ 《尚書正義》,第 238 頁。

⑧ 《尚書正義》,第 320—321 頁。

關注不多。例如,孔《傳》僅就"嗟"簡單闡釋爲"歎而勅之"、①"誓勅之",②即具有勅誠、誥誠的作用。孔穎達《尚書正義》訓釋雖然大致仍采孔《傳》,但對"嗟"的理解似乎有所不同,除了歎息、誥誠之外,"嗟"亦具有呼喚、召喚的作用,如孔《疏》嘗言"王乃言曰:'嗟!'重其事,故嗟嘆而呼之"、③"王呼諸侯戒之曰"、④"召集群臣而告之",⑤並詮釋"嗟"爲"咨嗟"、⑥"嗟乎"⑦等。

二、嘆詞"嗟"、"叡"與語氣表達

古漢語嘆詞"嗟"的用法豐富多樣,除了可以獨立成句之外,亦可重言,或與其他嘆詞連用。根據何樂士的分析,單獨成句之"嗟"多表示呼喚、叱喝或感嘆,可根據文義恰當譯出,而與"嗟"連用的如"嗟乎"、"嗟夫"亦常獨立成句,結合上下文表現説話人痛惜、悲憤、讚嘆等多種情緒,可依據文意靈活譯出。⑧ 此外,就訓詁角度而言,劉熙《釋名》嘗言:"嗟,佐也,言不足以盡意,故發此聲以自佐也。"⑨"嗟"有輔佐表達的作用,經傳注疏多訓作嘆息、憂歎之辭,如《周易·離》云:"九三:日昃之離,不鼓缶而砍,則大耋之嗟,凶。"王弼注:"嗟,憂歎之辭也。"⑩《詩·周南·卷耳》:"采采卷耳,不盈頃筐,嗟我懷人,寘彼周行。"⑪王先謙《三家集疏》:"嗟,歎息之詞。"⑫

無論是語法學家或經學家的分析,大抵皆認爲嘆詞"嗟"之作用甚衆,可隨上下文意或語境而有變化,故較難作出系統清晰的歸納與説明。然而,倘若再仔細推敲《尚書》所見嘆詞"嗟",便會發現在 8 個"嗟"用例中,大部分皆出現於誓辭,屬於軍隊出征前誓師之辭,征伐的背景大致是外族作亂,誓辭是對於不義的叛亂者予以嚴厲譴責。

《甘誓》記夏君與有扈氏戰於甘地,誓辭以"嗟"作爲開端,中間雖有召集群臣之語,

① 見《費誓》"嗟! 人無譁,聽命"下孔《傳》(《尚書正義》,第 661 頁)。
② 見《胤征》"嗟! 予有衆"下孔《傳》(《尚書正義》,第 217 頁)。
③ 見《甘誓》"嗟! 六事之人,予誓告汝"下孔《疏》(《尚書正義》,第 208 頁)。
④ 見《吕刑》"嗟! 四方司政典獄"下孔《疏》(《尚書正義》,第 639 頁)。
⑤ 見《秦誓》"嗟! 我士,聽無譁"下孔《疏》(《尚書正義》,第 669 頁)。
⑥ 見《吕刑》"嗟! 四方司政典獄"及《秦誓》"嗟! 我士,聽無譁"下孔《疏》(《尚書正義》,第 639、669 頁)。
⑦ 見《胤征》"嗟! 予有衆"下孔《傳》(《尚書正義》,第 217 頁)。
⑧ 參何樂士、敖鏡浩、王克仲、麥梅翹、王海棻:《古代漢語虛詞通釋》,北京出版社,1985 年,第 286—287 頁。
⑨ (清) 畢沅:《釋名疏證》,見《續修四庫全書》,上海古籍出版社,1995 年,卷 4,第 10 頁。
⑩ 《周易正義》,見《十三經注疏(整理本)》,北京大學出版社,2000 年,第 160 頁。
⑪ 《毛詩正義》,見《十三經注疏(整理本)》,北京大學出版社,2000 年,第 44 頁。
⑫ (清) 王先謙撰,吴格點校:《詩三家義集疏》,中華書局,1987 年,第 25 頁。

接着卻嚴厲譴責有扈氏的叛逆行爲"有扈氏威侮五行,怠棄三正",征伐乃受天所命"天用勦絶其命,今予惟恭行天之罰",反映"皇天無親,惟德是輔"(《蔡仲之命》)①的天命思想。《費誓》記淮夷、徐戎作亂,魯侯在費邑誓師,誓辭亦以"嗟"作爲發端,要求軍隊安静聽誓,嚴斥"徂兹淮夷、徐戎並興",需要整頓軍伍,爲戰争做好準備。《秦誓》是秦穆公戰敗於殽地後的悔悟之辭,該誓辭以"嗟"爲起端"嗟!我士,聽無譁。予誓告汝群言之首",然後引古語"民訖自若,是多盤",深表對於戰敗的譴責與追悔。《牧誓》内容與外族作亂無關,但卻是周武王與商紂戰於牧野時誓師之辭,其以"嗟"作開端,召集衆官員發誓並引述古語"牝雞無晨。牝雞之晨,惟家之索",②譴責商王采用婦言,廢棄禋祀。上述四例皆見於今文《尚書》篇章,而《泰誓》雖然屬於古文,但誓辭背景亦與《牧誓》相近,記周武王於孟津大會諸侯,誓辭以"嗟"作發端,譴責商王暴虐無道"今商王受,弗敬上天,降災下民。沈湎冒色,敢行暴虐,人以族,官人以世,惟宫室、臺榭、陂池、侈服,以殘害于爾萬姓。焚炙忠良,刳剔孕婦",③周王遂受天命討伐商王。此外,《吕刑》雖然不屬"六體"中的"誓"類文獻,但開首即申述吕侯制定法律的原因,痛斥苗民作亂,故不得不用刑罰懲處,當中亦以"嗟"作發端,譴責苗民暴虐,命令典獄者嚴刑懲治:"惟時苗民匪察于獄之麗。罔擇吉人,觀于五刑之中,惟時庶威奪貨,斷制五刑,以亂無辜。"由是可見,《尚書》所見嘆詞"嗟"多數用爲誓辭發端,其後雖有召集群臣之語,但接續皆是對不義之徒作出嚴厲的譴責與痛斥,我們由是認爲上述諸例之"嗟"應該亦具有譴責與訓斥的意味。

王國維《與友人論〈詩〉〈書〉中成語書(二)》指出:"其餘《詩》《書》中語,不經見於本書而旁見彝器者,亦得比校而定其意義。"④自清代開始,經學家開始注意運用金文材料考證《尚書》,我們亦可通過金文材料,進一步證明嘆詞"嗟"具有譴責含義。在迄今所見的兩周彝銘中,嘆詞"嗟"未曾出現,但與其作用相類者有"叡",見於西周金文:

　　唯三月丁卯,師旅衆僕不從王征于方,雷事(使)厥(厥)友引以告于白(伯)懋父,才(在)𦱤(芳),白(伯)懋父廼罰得㝵古三百寽(鋝),今弗克厥(厥)罰,懋父令曰:義(宜)救(播)。𣆷(叡)!厥(厥)不從厥(厥)右征,今母(毋)救(播),𢽳(其)又(有)内(納)于師旅。　　　　　(西周早期,師旅鼎,《集成》2809)

　　王伐录子𦔻(聽)。𣆷(叡)!厥(厥)反。王降征令于大保,大保克敬亡譴(譴)。　　　　　(西周早期,大保簋,《集成》4140)

① 《尚書正義》,第534頁。

② 《尚書正義》,第337頁。

③ 《尚書正義》,第321—322頁。

④ 王國維:《與友人論〈詩〉〈書〉中成語書(二)》,《觀堂集林》,中華書局,1961年,第80頁。

　　　　（戲）！東尸（夷）大反，白（伯）懋父以殷八自（師）征東尸（夷）。

　　　　　　　　　　　　　　　　　　　（西周早期，小臣謎簋，《集成》4238）

　　王令彧曰：　（戲）！淮尸（夷）敢伐内國，女（汝）其以成周師氏戍于苦自。

　　　　　　　　　　　　　　　　　　　　　　（西周中期，录尊，《集成》5419）

　　白（伯）揚父廼成顨（劾），曰：牧牛， （戲）！乃可（苛）湛（甚），女（汝）敢

以乃師訟。　　　　　　　　　　　　　　　　（西周晚期，𤼈匜，《集成》10285）

徐中舒、容庚、陳夢家曾經認爲小臣謎簋的辭例可與《尚書·費誓》"徂茲淮夷，徐戎並興"參證，提出"戲"即"徂"，訓"往"，有已往、過去之意。[①] 但事實上，除了部分"戲"確實可用爲動詞之外，[②]西周金文所見"戲"較多出現於句子前端，屬於獨立成分，不與其後結構發生任何關係。楊樹達嘗就位於句首"戲"的用法進行詳細討論，可資參考：

　　　　戲字自阮元釋爲徂，孫詒讓、劉心源、吳闓生、于省吾皆從其説，吳及郭沫
　　若並以爲發語詞。按此字金文屢見，恒用於語首。如录彧卣："王令彧曰：戲！
　　淮夷敢伐内國，女其以成周師氏戍于苦自。"小臣謎簋云："戲！東夷大反，伯懋
　　父以殷八自（師）征東夷。"全盂鼎云："戲！酒無敢酖（湛），有祡烝祀無敢醻！"
　　沈子也簋云："戲！吾考克淵克夷。"皆其例也。據文求義，戲蓋即經傳歎詞之
　　嗟字也。《爾雅·釋詁》云："嗟，咨，嗟也。"郭注云："今河北云嗟歎，音免罝。"
　　按嗟嗟字同，並从差聲，古韻屬歌部。郭謂河北人讀嗟如罝者，明其不讀歌部
　　音而讀模部音也。《廣韻》罝嗟二字同子邪切，並在九麻，與郭説合。戲《玉篇》
　　音側家切，亦讀麻部音（《廣韻》有戲無戲）。據此，知戲嗟音同，可以瞭然於經
　　傳作嗟，彝銘作戲之故矣。[③]

此外，郭沫若認爲小臣謎簋"戲"爲"發聲辭，當與都同"，[④]录尊"戲"是"發語詞"，[⑤]白川

---

① 　參周法高等：《金文詁林》，香港中文大學，1974—1975年，第1669—1670頁。

② 　"戲"用爲動詞，有到達、前往之意，如西周晚期散氏盤（《集成》10176）云："復涉漮，陟雩，戲（徂）𢼸陕以西。"郭
　　沫若云："戲讀如《詩·雲漢》'自郊徂宫'、《絲衣》'自堂徂基，自羊徂牛'之徂，王引之云：'徂，猶及也。'"（郭沫
　　若：《兩周金文辭大系圖録考釋》，上海書店出版社，1999年，第130頁）又春秋晚期嵩君鉦鋮銘文云"嵩君浤虘
　　與朕以贏"（《集成》423），郭沫若云："虘假爲徂，往也。《説文》徂，籀文从虘作遭。"（參郭沫若：《曾子斿鼎、無
　　者俞鉦及其他》，《文物》1964年第9期，第6頁）

③ 　楊樹達：《縣改簋跋》，《積微居金文説》，中國科學院，1952年，第18頁。

④ 　郭沫若：《兩周金文辭大系圖録考釋》，第23頁。

⑤ 　郭沫若：《兩周金文辭大系圖録考釋》，第61頁。

静亦指出"叡"於金文中多用爲發語詞,含有詠歎意味。① "叡"多見於兩周金文,字形作

""、""、""、""、"",所从之"且"、"虍"皆是聲符,如許子𤔲師鎛(《集成》153、154)有"中(終)𤔲(翰)叡(且)觴(揚)"一語,"叡"讀爲"且",而莒叔之仲子平鐘(《集成》172)亦言"中(仲)平善弢叡(祖)考,鑄其游鍊(鐘)","叡"讀作"祖"。檢諸上古音,"且"爲清母魚部,"虎"是曉母魚部,"嗟"則屬精母歌部,清、精二母同屬舌頭音,上古魚、歌二部通轉,故"叡"、"嗟"兩字讀音相當接近。此外,出土材料所見通假用例亦能爲"叡"、"嗟"之關係予以佐證。在戰國楚簡中,从"虍"與从"差"之字時有互通情況,葛陵楚簡所見"叡"、"瘐"、"癙"諸字皆當讀作"瘥",言疾病之痊癒,如:

　　▨占之曰:吉。聿(盡)八月疾叡(瘥)▨。(甲二25)②
　　▨無咎。疾屖(遲)瘐(瘥)▨。(甲三173)③
　　▨疾,尚遬(速)癙(瘥)。(甲一24)④

楚簡辭例益證"叡"、"嗟"二字古音相當接近,故金文諸例所見"叡"皆位於句首,應該相當於《尚書》之"嗟",屬於上古的歎詞。

　　"嗟"、"叡"所起的感情表達作用亦應該是相類的。嘆詞"叡"只出現於西周金文,共有9例,其中5例皆帶有譴責的含義,如師旂鼎記録師旂屬下違抗軍令,不隨王去討伐方雷,銘文云"叡!乓(厥)不從乓(厥)右征",乃就其不隨從主帥出征一事作出嚴厲斥責。大保簋記録子耴作亂,銘文云"叡!乓(厥)反",亦是譴責録子叛亂之事。小臣謎簋記西周康王時期東夷大反,彝銘開首便謂"叡!東尸(夷)大反",是對東夷作亂的斥責之辭,伯懋父遂率領殷八師討伐。至於録尊記淮夷作亂"叡!淮尸(夷)敢伐内國",强烈譴斥淮夷叛逆,王命令録戜領軍抵禦。𤔲匜的内容性質稍有差異,是訟案判決的記録,"叡!乃可(苛)湛(甚),女(汝)敢以乃師訟",乃譴責牧牛竟敢向其長官興訟誣告,當中,唐蘭讀"可"爲"苛",屬法律用語,具譴責之意。⑤

　　因此,我們借助西周金文"叡"的考察,證明其用法與《尚書》"嗟"相當,兩者皆蘊含譴責的意思。此外,《詩經》所見"嗟"的用法似乎亦有相類之處,部分用例亦可理解含有譴責之意:

---

① 轉引自周法高主編:《金文詁林補》,中研院歷史語言研究所,1982年,第1611頁。
② 河南省文物考古研究所編著:《新蔡葛陵楚墓》,大象出版社,2003年,第188頁。
③ 河南省文物考古研究所編著:《新蔡葛陵楚墓》,第193頁。
④ 河南省文物考古研究所編著:《新蔡葛陵楚墓》,第187頁。
⑤ 唐蘭:《陝西省岐山縣董家村新出西周重要銅器銘辭的譯文和注釋》,《文物》1976年第5期,第58頁。

　　　　于嗟闊兮，不我活兮！于嗟洵兮，不我信兮！　　　　　　（《邶風·擊鼓》）①

　　　　嗟爾朋友，予豈不知而作。如彼飛蟲，時亦弋獲。　　　　（《大雅·桑柔》）②

《擊鼓》"嗟"雖然並非獨立用爲嘆詞，但亦可作爲輔證。《擊鼓》記征人思鄉："于嗟闊兮，不我活兮！于嗟洵兮，不我信兮！"乃譴責戰爭使征人長期不得與家人見面。《桑柔》是勸諫統治者之詩，"嗟爾朋友，予豈不知而作"，乃言詩人豈會不知其所作所爲，對其行徑作出嚴厲斥責。

　　再者，金文嘆詞"叡"部分用例可理解爲誥誡的意思，共有兩例，此類用法或許亦與譴責義相關。兩者比較之下，誥誡屬於警告勸誡之辭，語氣明顯較輕緩，而譴責屬於嚴厲的誥誡，並含有斥罵的意味：

　　　（叡）！酉（酒）無敢酘（酖），有祡烝祀，無敢醵！

　　　　　　　　　　　　　　　　　　　　　　　（西周早期，盂鼎，《集成》2837）

　　　（叡）！乑（厥）佳（唯）顔林，我舍顔陳大馬兩，舍顔始（姒）虞各，舍顔有

嗣壽商圓（貉）裘、盞匋。　　　　　　　　　（西周中期，衛鼎，《集成》2831）

陳夢家指出盂鼎可與《尚書·酒誥》"文王誥教小子，有正有事無彝酒，越庶國飲惟祀，德將無醉"參照，③銘文誥誡飲酒需有度，縱酒乃商亡的主要原因。衛鼎內容複雜，銘文前部分記裘衛給予矩姜帛三兩，矩給裘衛林晋里，但因林木實非顔氏所擁有，銘文遂以嘆詞"叡"帶出警告提醒，裘衛需補償顔氏其他財物。

　　相同的是，"嗟"在《尚書》中亦具有誥誡之意，但僅見於古文篇章。《胤征》是胤侯受王命征伐羲和前誓師之辭，"嗟！予有衆"引出誓辭，孔《傳》："誓勑之。"④可知"嗟"乃引出誥誡之辭，後文"聖有謨訓"明言此段文字屬於訓誨話語。《湯誥》是"誥"類文獻，成湯戰勝夏桀凱旋，在亳誥誡萬方諸侯："嗟！爾萬方有衆，明聽予一人誥。"以嘆詞"嗟"引出誥詞。再者，類似例子亦見於《詩經》，《周頌·臣工》云：

　　　　嗟嗟臣工，敬爾在公。王釐爾成，來咨來茹。嗟嗟保介，維莫之春。亦又

　　何求？如何新畬。⑤

"嗟嗟"，毛《傳》："勑之也。"鄭玄《箋》："諸侯來朝天子，有不純臣之義，於其將歸，故於廟

①　《毛詩正義》，第 155 頁。

②　《毛詩正義》，第 1397—1398 頁。

③　陳夢家：《西周銅器斷代》，中華書局，2004 年，第 102—103 頁。

④　《尚書正義》，第 217 頁。

⑤　《毛詩正義》，第 1543—1544 頁。

中正君臣之禮,勅其諸官卿大夫云:……"①此詩開首即疊用嘆詞"嗟",引出天子誥誡群臣百官之辭。

事實上,在西周金文所見9個"戲"的例子中,7例皆與譴責及誥誡義相關,僅有兩例是例外的:

佳(唯)十又二月既望,辰才(在)壬午,白(伯)犀父休于縣改曰:𣄰(戲)!乃任縣白(伯)室,易(賜)女(汝)婦爵、𤔲之弋周(琱)玉、黄𢆶。

(西周中期,縣改簋,《集成》4269)

𣄰(戲)!吾考克淵克,乃沈子其𢆶褱(懷)多公能福。

(西周早期,沈子它簋蓋,《集成》4330)

上述"戲"皆具有稱美、讚賞之意,縣改簋"戲"用於賞賜内容之前,沈子它簋蓋則以"戲"帶出頌揚先祖父考之辭。此兩例與其餘銘文所見"戲"爲譴責義截然有異,似乎是完全相反的意思。《詩經》亦有類似用例,《商頌·烈祖》云:

嗟嗟烈祖!有秩斯祜,申錫無疆,及爾斯所。既載清酤,賚我思成。亦有和羹,既戒既平。鬷假無言,時靡有爭。綏我眉壽,黄耇無疆。②

《烈祖》記録祭祀盛況,全詩以"嗟嗟"帶出稱揚、讚頌先祖之辭,申述先祖賜福、眉壽無疆之讚歎,孔穎達《疏》謂"重言嗟嗟,美歎之深",③嘆詞"嗟"具有讚美的含義。④

三、先秦文獻所見之"詛"

《尚書》所見嘆詞"嗟"皆表譴責與誥誡的意思,與之用法相類者有金文"戲"。誠如前文所言,語法學家大致認爲上古漢語"嗟"多表呼喚、叱喝或感嘆之意,但爲何《尚書》

---

① 《毛詩正義》,第1543—1544頁。

② 《毛詩正義》,第1691頁。

③ 同上注。

④ 除了譴責與誥誡之義外,《詩經》所見"嗟"的用法更爲靈活多樣,可以表示傷感、惋惜的意思,如《周南·卷耳》:"采采卷耳,不盈頃筐,嗟我懷人,寘彼周行。"(《毛詩正義》,第44頁)部分"嗟"更與其他歎詞連用,加强表達的效果,如《邶風·擊鼓》:"于嗟闊兮,不我活兮!于嗟洵兮,不我信兮!"(《毛詩正義》,第155頁)《衛風·氓》:"于嗟鳩兮,無食桑葚。于嗟女兮,無與士耽。"(《毛詩正義》,第271頁)兩例之"于"皆相當於"吁"。《尚書》與金文中的"嗟"之所以主要用爲譴責或誥誡之意,並不見其他的用法,或因兩者皆屬禮儀性質的語言,與其語體類型有着密切關係。有關《尚書》與金文的語言特點及與語體的關係,詳參鄧佩玲:《〈尚書〉與金文的語體考察》,見馮勝利主編:《漢語語體語法新探》,中西書局,2018年,第245—259頁。

所見"嗟"出現譴責與誥誡的用法？我們認爲西周金文"虘"的出現能爲此問題提供重要參考資料。

"虘"以"且"爲聲符，漢語裡同屬"且"聲系的字甚多，其中"詛"、"阻"、"沮"三字意義皆具有較爲負面，有阻礙、衰落之意。"詛"即今日所謂之詛咒，是利用語言咒罵，祈求鬼神降禍予他人；"阻"指險阻、阻礙，《説文・𨸏部》云："阻，險也。"①"沮"則兼有阻止、衰敗二義，如《詩・小雅・巧言》云："君子如怒，亂庶遄沮。"毛《傳》："沮，止也。"②《小雅・小旻》："謀猶回遹，何日斯沮？"毛《傳》："沮，壞也。"③我們認爲《尚書》所見"嗟"既然相當於金文"虘"，由是懷疑"嗟"之所以具有譴責用法，或許與"虘"之从"且"有關。

《説文・言部》云："詛，詶也。从言、且聲。"④許氏大概是將"詛"分析爲純粹的形聲字。然而，"詛"字从"且"，古漢語从"且"之字有表阻止、衰敗的意思，而"詛"是通過祈求神靈阻止某些不合乎意願事情的發生，或使人遭受災禍。由是觀之，偏旁"且"在字中或許亦具有一定的表意作用，故"詛"可以分析爲會意兼聲的字。再者，通過先秦文獻的考察，我們認爲上古時期"詛"的意思可分爲三個層面。⑤

1. 含譴責意味的詛咒

一般而言，"詛"是指出於譴責之詛咒，主要是因遭受他人的殘暴對待，心生憤怨而口出詛咒之言。此類"詛"可視爲譴責用語之一，用以宣洩憤恨之情，不涉及盟誓與巫術。例如，《左傳・襄公十七年》云：

> 宋皇國父爲大宰，爲平公築臺，妨於農功。子罕請俟農功之畢，公弗許。築者謳曰："澤門之皙，實興我役。邑中之黔，實慰我心。"子罕聞之，親執扑，以行築者，而抶其不勉者，曰："吾儕小人皆有闔廬以辟燥濕寒暑。今君爲一臺而不速成，何以爲役？"謳者乃止。或問其故。子罕曰："宋國區區，而有詛有祝，禍之本也。"⑥

宋國皇國父築建宮臺，營建工程妨礙農業生產，築城人心生怨憤。所謂"有詛有祝"，乃指築城人的歌謠"澤門之皙，實興我役。邑中之黔，實慰我心"，歌謠是譴責皇國父之辭。

---

① （漢）許慎撰，（宋）徐鉉校定：《説文解字（附檢字）》，中華書局，1963 年，第 304 頁。

② 《毛詩正義》，第 884 頁。

③ 《毛詩正義》，第 862 頁。

④ 許慎撰，徐鉉校定：《説文解字（附檢字）》，第 54 頁。

⑤ 《漢語大字典》記錄"詛"的義項有二：① 求神加禍於人；② 盟誓。當中，義項①即指詛咒，古文獻所見"詛"明顯具有此項用法，但義項②卻似乎尚可斟酌（漢語大字典編輯委員會編：《漢語大字典》，湖北長江出版集團，2010 年，第 4211 頁）。

⑥ 《春秋左傳注疏》，第 1083—1084 頁。

"祝",古文獻中多指祭神的祝禱詞,但此處似乎通"詛",言咒罵,如《詩·大雅·蕩》有"侯作侯祝,靡屆靡究"一語,毛《傳》云:"作、祝,詛也。"①"詛"屬於一種譴責式的咒罵,用以宣洩憤懣情緒。

此外,類似用例亦見於《尚書·無逸》:

> 周公曰:"嗚呼!我聞曰,古之人,猶胥訓告,胥保惠,胥教誨,民無或胥譸張爲幻。此厥不聽,人乃訓之;乃變亂先王之正刑,至于小大。民否則厥心違怨,否則厥口詛祝。"②

《無逸》記周公進誡,切勿貪圖逸樂。古之人能相互勸導與教誨,人民互不相欺,但若果不聽從此道理,則會變亂先王刑法,孔《傳》:"以君變亂正法,故民否則其心違怨,否則其口詛祝。言皆患其上。"③人民心中怨恨,便會口出詛咒譴責。此處"詛祝"連用,言民衆因憤恨而出言咒罵。

"祝"、"詛"渾言無別,但析言則宜有差異,《左傳·昭公二十年》云:

> 民人苦病,夫婦皆詛。祝有益也,詛亦有損。聊、攝以東,姑、尤以西,其爲人也多矣。雖其善祝,豈能勝億兆人之詛?君若欲誅於祝、史,脩德而後可。④

"民人苦病,夫婦皆詛"言百姓困苦,丈夫妻子皆在詛咒,後文復有"祝有益也,詛亦有損"、"雖其善祝,豈能勝億兆人之詛",反映"祝"、"詛"應該不同,但訴求對象應該皆是上天鬼神。"祝"乃祈福之辭,"詛"則是詛咒他人之辭,因古人相信上天鬼神具有超越凡人的力量,能賞善懲惡,"夫婦皆詛"言普遍人民皆以"詛"的形式向上天鬼神求助,於宣洩不滿情緒之餘,亦祈請降禍予爲害者或不義之人。

2. 盟誓中之"詛":違誓者遭受神靈降禍

倘若"詛"用於盟誓之中,其性質則有所不同,乃是請神靈降禍予今後違反盟約之人,嚴肅提醒與盟者需信守盟約。先秦盟誓之制中有所謂"盟詛"之制,但經學家於"盟"、"誓"、"詛"三者的分別似未有很清晰的界定。在古代典籍中,最早關於"誓"、"盟"的解釋見於《禮記·曲禮》:

> 諸侯未及期相見曰"遇",相見於郤地曰"會"。諸侯使大夫問於諸侯曰

---

① 《毛詩正義》,第 1359 頁。

② 《尚書正義》,第 515 頁。

③ 同上注。

④ 《春秋左傳注疏》,第 1612 頁。

“聘”，約信曰“誓”，涖牲曰“盟”。①

孔穎達《疏》：“約信，以其不能自和好，故用言辭共相約束以爲信也。”又：“盟者，殺牲歃血，誓於神也。若約束而臨牲，則用盟禮，故云‘涖牲曰盟’。”②由是可見，“誓”與“盟”的區別主要在於用牲之上，“誓”僅利用言辭起誓，以達制約的作用，“盟”有“臨牲”的儀式。所謂“臨牲”，即古書裡歃血爲盟的記載，會盟時用牲血以示信守約誓，孔穎達於此儀式有詳細的記載説明：

> 然天下太平之時，則諸侯不得擅相與盟。唯天子巡守至方嶽之下，會畢，然後乃與諸侯相盟，同好惡，獎王室，以昭事神，訓民事君，凡國有疑，則盟詛其不信者。及殷見曰同，並用此禮。後至於五霸之道，卑於三王，有事而會，不協而盟。盟之爲法，先鑿地爲方坎，殺牲於坎上，割牲左耳，盛以珠盤，又取血，盛以玉敦，用血爲盟，書成，乃歃血而讀書。③

“誓”、“盟”間的差異較爲明顯：“誓”可以指口頭上的約誓、誓言，發展成爲一種以言語相約的禮儀，可用於軍隊出征之前，相當於今日誓師儀式；“盟”則指諸侯間結盟之禮，告其事於神明，當中舉行歃血儀式，具有恪守誓言的象徵意味。④

至於“詛”，傳統經傳解釋似乎較爲模糊，鄭玄《周禮注》曾經指出：

> 盟詛主於要誓，大事曰盟，小事曰詛。⑤

鄭氏大致將“誓”分爲“盟”、“詛”兩類，大事起誓稱“盟”，小事則稱“詛”，其説法與《曲禮》存在差異，故賈公彥《周禮疏》進一步闡述説明：

> 云“大事曰盟，小事曰詛”者，盟者，盟將來。《春秋》諸侯會，有盟無詛。詛者，詛往過，不因會而爲之。故云大事曰盟小事曰詛也。⑥

賈氏認爲“盟”是用於將來之事，“詛”則屬過往之事，但具體所指仍然較爲費解。

我們認爲，“盟”、“詛”應該是會盟中的兩個方面，“盟”是指參與會盟者向神明宣示

---

① 《禮記正義》，見《十三經注疏（整理本）》，北京大學出版社，2000 年，第 164 頁。

② 同上注。

③ 《禮記正義》，第 165 頁。

④ 有關“誓”、“盟”之別，詳參呂静：《春秋時期盟誓研究：神靈崇拜下的社會秩序再構建》，上海古籍出版社，2007年，第 50—51 頁。

⑤ 見《周禮·春官·詛祝》“詛祝掌盟、詛、類、造、攻、説、檜、禜之祝號”下鄭玄注（《周禮注疏》，見《十三經注疏（整理本）》，北京大學出版社，2000 年，第 807 頁）。

⑥ 《周禮注疏》，第 807 頁。

約誓,"詛"則是對違反盟誓的假設情況作出譴責,神靈會降禍予違誓者,從而警惕大家需慎守盟約。《周禮》嘗記"詛祝"掌"盟、詛、類、造、攻、說、檜、禜"八辭,①故"盟"、"詛"宜有分別,《秋官·司盟》復云:

> 司盟掌盟載之灋。凡邦國有疑會同,則掌其盟約之載及其禮儀,北面詔明神。既盟,則貳之。盟萬民之犯命者,詛其不信者亦如之。凡民之有約劑者,其貳在司盟。有獄訟者,則使之盟詛。凡盟詛,各以其地域之衆庶共其牲而致焉。既盟,則爲司盟共祈酒脯。②

《司盟》謂"盟萬民之犯命者,詛其不信者亦如之所",再次印證"盟"、"詛"存在差異,鄭玄解釋"不信"云:"違約者也。"③乃指不信守盟約之人,"詛"是用於違反信約者,即所謂"詛謂祝之使沮敗也"。④而且,"有獄訟者,則使之盟詛"指出獄訟兼有"盟"、"詛"的程序,"盟"大概是以言辭保證所言皆屬事實,"詛"則是宣示作虛假證供後所得的懲罰。

此外,《左傳》多記盟會之事,當中經常有"有渝此盟"一語,應該亦是《周禮》所記"詛"的部分:

> 癸亥,王子虎盟諸侯于王庭,要言曰:"皆獎王室,無相害也!有渝此盟,明神殛之!俾隊其師,無克祚國,及其玄孫,無有老幼!"　　　(僖公二十八年)⑤
> 甯武子與衛人盟于宛濮,曰:"天禍衛國,君臣不協,以及此憂也。今天誘其衷,使皆降心以相從也。不有居者,誰守社稷?不有行者,誰扞牧圉?不協之故,用昭乞盟于爾大神以誘天衷。自今日以往,既盟之後,行者無保其力,居者無懼其罪。有渝此盟,以相及也。明神先君,是糾是殛。"(僖公二十八年)⑥
> 癸亥,盟于宋西門之外,曰:"凡晉、楚無相加戎,好惡同之,同恤菑危,備救凶患。若有害楚,則晉伐之;在晉,楚亦如之。交贄往來,道路無壅;謀其不協,而討不庭。有渝此盟,明神殛之,俾隊其師,無克胙國。"　　　(成公十二年)⑦

僖公二十八年踐土之盟:五月癸亥,王子虎代表周王在王庭與諸侯會盟,盟誓先言諸侯需輔助王室,不要互相傷害,向神靈宣示信守約誓;誓言然後云:"有渝此盟,明神殛之!"

---

① 《周禮注疏》,第807頁。
② 《周禮注疏》,第1114—1117頁。
③ 《周禮注疏》,第1116頁。
④ 見《周禮·春官·詛祝》"詛祝,下士二人,府一人,史一人,徒四人"下鄭玄注(《周禮注疏》,第525頁)。
⑤ 《春秋左傳正義》,第519頁。
⑥ 《春秋左傳正義》,第522頁。
⑦ 《春秋左傳正義》,第859—860頁。

杜預注:"渝,變也。殛,誅也。"①此乃違背盟誓的假設情況,即"詛",違約者將遭受神靈誅殺。六月,甯武子與衛國官吏、大族等在宛濮會盟,盟誓中前半部分指出會盟後需摒棄成見,求天意保佑,後半部分"詛"云:"有渝此盟,以相及也。明神先君,是糾是殛。"倘若違背盟約,便會遭到神靈與先君的誅殺。又成公十二年弭兵之會,晉士燮與楚公子罷、許偃在宋華元的安排下,在西門之外結盟,盟誓指出兩國結爲友好,好惡相同,互救患難,使者往來無阻,後半部之"詛"指出:"有渝此盟,明神殛之,俾隊其師,無克胙國。"倘若違背盟約,神靈便加以誅殺,軍隊覆滅,天不降福。

因此,"盟"與"詛"應該有所不同,是盟誓的兩個方面,"盟"從正面立誓,指出參與會盟者需信守盟約,"詛"則從反面指出違反約誓的後果,正如孔穎達嘗言:"凡盟禮,殺牲歃血,告誓神明,若有背違,欲令神加殃咎,使如此牲也。"②上古盟誓屬於重要禮制,明神先君在會盟中具有監管與維繫的角色,凡違反盟約者會將遭受神靈降禍。

除此之外,因"盟"、"詛"屬於盟誓中的兩個方面,兩者合言可指盟約,《尚書·呂刑》云:

> 王曰:"若古有訓,蚩尤惟始作亂,延及于平民,罔不寇賊,鴟義姦宄,奪攘矯虔。苗民弗用靈,制以刑,惟作五虐之刑曰法。殺戮無辜,爰始淫爲劓、刵、椓、黥。越茲麗刑并制,罔差有辭。民興胥漸,泯泯棼棼,罔中于信,以覆詛盟。"③

《呂刑》記苗民作亂,互相欺詐,所謂"罔中于信,以覆詛盟",孔《傳》:"皆無中于信義,以反背詛盟之約。"④苗民不合乎忠信之道,背叛在神靈前訂立的盟約,此處"詛盟"語序顛倒,合指盟誓。

3. 巫術中之"詛":祈請神靈加害於人

巫術可助人解除災難,但亦有部分巫術是以加害於人爲目的,西方稱之爲"黑巫術"(black magic)。這些巫術具有針對性,通過祝詛、放蠱等方式,達到傷害他人之作用。甲骨文是商人占貞的記錄,雖然未見有祝詛巫術的載述,但卻有放蠱的記錄,可證中國"黑巫術"的起源甚早,相關文獻記載可上溯至殷商時期。⑤

在先秦典籍中,通過巫術宣示詛咒以加害別人之事經常發生,《左傳》有不少相關

---

① 《春秋左傳正義》,第519頁。

② 見《左傳·隱公元年》"三月,公及邾儀父盟于蔑"下孔穎達《正義》(《春秋左傳正義》,第47頁)。

③ 《尚書正義》,第630頁。

④ 同上注。

⑤ 參趙容俊:《殷商甲骨卜辭所見之巫術》,中華書局,2011年增訂本,第258—260頁。

記載：

> 鄭伯使卒出豭，行出犬雞，<u>以詛射潁考叔者</u>。君子謂鄭莊公失政刑矣。政以治民，刑以正邪。既無德政，又無威刑，是以及邪。<u>邪而詛之</u>，將何益矣！
>
> （隱公十一年）①
>
> 初，麗姬之亂，<u>詛無畜群公子</u>，自是晉無公族。　　　　（宣公二年）②
>
> 乙亥，陽虎囚季桓子及公父文伯，而逐仲梁懷。冬，十月，丁亥，殺公何藐。己丑，盟桓子于稷門之內。庚寅，<u>大詛</u>。逐公父歜及秦遄，皆奔齊。
>
> （定公五年）③

"詛無畜群公子"，杜預注："詛，盟誓。"④後代經學家或據此以爲《左傳》"詛"與盟誓有關，如隱公十一年記"以詛射潁考叔者"，孔穎達《疏》："詛者，盟之細，殺牲告神，令加之殃咎。疾射潁考叔者，令卒及行間祝詛之，欲使神殺之也。"⑤但是，我們認爲上述記載應該與盟誓之"詛"無涉。盟誓之"詛"乃指違反誓約者會遭受神靈降禍，實非主動以巫術加害於人，但上述《左傳》記載則明顯是藉巫術以傷害別人爲目的。例如，隱公十一年鄭莊公以豬、犬與雞詛咒射殺潁考叔之人，詛咒明確牽涉巫術儀式與供品；又宣公二年驪姬作亂，驪姬以詛咒巫術令晉獻公不收容申生、重耳及夷吾等公子；定公五年陽虎舉行"大詛"的巫術儀式，驅逐公父歜及秦遄，兩人最終逃難至齊國。其實，《左傳》記載的性質與傳世詛楚文是相似的，秦詛楚文石刻共三塊，皆是秦王通過宗祝咒詛楚王而祈求戰爭勝利，屬於詛兵術之一。

　　雖然盟誓"詛"與巫術"詛"有所不同，但在會盟的過程中，或許是爲了加强參與會盟者信守誓約的決心，亦會配合巫術預先詛咒今後違反盟約之人，如《詩·小雅·何人斯》云：

> 伯氏吹壎，仲氏吹篪。及爾如貫，諒不我知！<u>出此三物，以詛爾斯</u>！⑥

《何人斯》所記雖然並非會盟制度，而是兩人間的私下立誓，但亦具有盟誓性質。所謂"出此三物，以詛爾斯"，鄭《箋》："今女心誠信，而我不知，且共出此三物，以詛女之此事。

---

① 《春秋左傳注疏》，第146頁。
② 《春秋左傳注疏》，第689頁。
③ 《春秋左傳注疏》，第1798頁。
④ 《春秋左傳注疏》，第689頁。
⑤ 《春秋左傳注疏》，第146頁。
⑥ 《毛詩正義》，第892頁。

爲其情之難知,已又不欲長怨,故設之以此言。"①立誓時設有供品,向上天鬼神立誓,就他日違反誓言者宣告詛咒之辭。

此外,《左傳》嘗有"盟"、"詛"在異地分開施行的記載,此處之"詛"應該亦涉及巫術:

> 穆子曰:"然則盟諸?"乃盟諸僖閎。詛諸五父之衢。　　　　(襄公十一年)②
>
> 杜洩曰:"夫子唯不欲毀也,故盟諸僖閎,詛諸五父之衢。"　　　(昭公五年)③

"僖閎"指僖宮之門,"五父之衢"是街道名,在魯國東南面。④楊寬指出此種"詛"是對內的,是先結"盟"而後加"詛":"這是在神前立誓發咒,遵守盟約,而請神今後處罰不守盟約的。"⑤此類"詛"之所以要與"盟"異地進行,或許是由於牽涉複雜的巫術儀式,巫者對今後不信守盟約者作出詛咒。至於山西出土的春秋晉國侯馬盟書亦有詛辭的一類記錄,雖然內容大多是對某人犯過罪行加以譴責,⑥與我們所言盟誓之詛咒不盡相同,但亦可佐證先秦盟誓可配合詛咒巫術施行。

四、總　結

總括而言,我們認爲《尚書》"嗟"之所以具有譴責意思,或許與其本字當作"叡"有關。"叡"、"詛"皆從"且",先秦文獻所見"詛"可理解爲譴責中詛咒之辭,藉此詛咒祈求上天鬼神降禍予爲害者。《周禮・冬官・梓人》似乎可進一步印證"嗟"與"詛"間的關係:

> 梓人爲侯,廣與崇方,參分其廣而鵠居一焉。上兩个,與其身三,下兩个半之。上綱與下綱出舌尋,縜寸焉。張皮侯而棲鵠,則春以功;張五采之侯,則遠國屬;張獸侯,則王以息燕。祭侯之禮,以酒脯醢。其辭曰:"惟若寧侯,毋或若女不寧侯不屬于王所,故抗而射女。强飲强食,詒女曾孫諸侯百福。"⑦

此記梓人製侯的標準,祭侯儀式會宣讀祭辭,内容大概是勸告諸侯安順,其中,"或若女不寧侯不屬于王所,故抗而射女",乃指用箭射擊不安順或不朝於王的諸侯,可知禮書中

---

① 《毛詩正義》,第 892 頁。

② 《春秋左傳正義》,第 1028 頁。

③ 《春秋左傳正義》,第 1394 頁。

④ 《左傳・襄公十一年》"乃盟諸僖閎。詛諸五父之衢"下杜預注(《春秋左傳正義》,第 1028 頁)。

⑤ 楊寬:《秦〈詛楚文〉所表演的"詛"的巫術》,《文學遺産》1995 年第 5 期,第 32 頁。

⑥ 參張頷:《侯馬盟書》,山西古籍出版社,2006 年增訂本,第 77—80 頁。

⑦ 《周禮注疏》,第 1334—1339 頁。

的射侯或具有象徵意味,是以射禮中作箭靶之"侯"象徵不歸順的諸侯,此與詛咒巫術的性質有相類之處,兩者皆是通過某些方式使他人受到傷害或懲罰,胡新生稱爲"偶像祝詛術"。① 值得注意的是,《梓人》記載爲《白虎通·鄉射》所援引,但句首增添"嗟"作爲發端之辭:

> 名之爲侯者何? 明諸侯有不朝者,則當射之。故《禮》射祝曰:"嗟爾不寧侯,爾不朝于王所,故亢而射爾。"②

"嗟"明確有譴責之意,"亢而射爾"是指以射侯象徵不歸順的諸侯而射殺之。整段祭辭以言語宣告出來,在言辭鋪排上,與《尚書》誓辭以"嗟"作爲引端,然後譴責爲禍作亂者是完全相同的。

《尚書》"嗟"多用於誓辭發端,引出對於不義叛亂者的嚴厲斥責,而金文"戲"亦表示斥責之意,兩者與"詛"的譴責本質有相近之處。《尚書》誓辭與金文皆屬於禮儀類文獻,古人均以"嗟"或"戲"帶出譴責言辭,我們認爲兩者雖然與盟誓或巫術之"詛"不存在直接關係,但有關材料卻可有助説明"詛"從抒洩不滿的譴責與詛咒,其後復融入於盟詛及巫術的發展歷程。至於金文"戲"同時兼具讚頌之意,在詞義上與譴責完全相反,使人聯想起同樣從"且"之"徂"在訓詁學上的反訓現象,《爾雅·釋詁》"徂、在,存也"條下郭璞注云:

> 以徂爲存,猶以亂爲治,以曩爲曏,以故爲今。此皆詁訓義有反覆旁通,美惡不嫌同名。③

部分學者雖然認爲反訓只屬訓詁條例,但先秦文獻中"徂"確實存在義兼正反的詞義現象,而現在金文"戲"兼表譴責及讚頌二義,誠然能爲傳統訓詁學反訓問題的研究提供多一項資料。

---

①　胡新生云:"偶像祝詛術是對塑像、雕像、畫像或其他偶像實施詛咒和攻擊,借以打擊偶像所代表的人物或鬼神。"(胡新生:《中國古代巫術》,人民出版社,2010年,第398頁)

②　(清)陳立撰,吳則虞點校:《白虎通疏證》,中華書局,1994年,第245頁。

③　《爾雅注疏》,見《十三經注疏(整理本)》,北京大學出版社,2000年,第58頁。

説甚六鼎銘文中的"甫虐公"

石繼承

（復旦大學出土文獻與古文字研究中心）

　　1984 年 5 月，由南京博物院、中山大學人類學系等單位組成的丹徒考古隊，在丹徒縣北（或作"背"）山頂發掘了一座春秋土墩墓。墓中出土一件徐國有蓋銅鼎，器蓋同銘，腹内銘文已大部分銹蝕，蓋内有銘文 8 行 47 字。[①]　銘文中有"甚六之妻夫欧申擇厥吉金，作鑄食鼎"的話，按照銅器命名的一般習慣，此鼎應該稱作"夫欧申鼎"。但是，由於銘中"妻"字一開始未被正確釋出，且同墓所出鐘鎛上有"遱邡"器主名，發掘報告將此鼎定名爲"甚六鼎"；另有學者對"欧"字之釋尚存疑問，故變通其名爲"甚六之妻鼎"。[②]　爲方便稱引，本文使用"甚六鼎"這一名稱。

　　此前已有不少學者對甚六鼎的銘文加以研究，本文主要討論第二行"甚六"前"甫虐公"三字的釋讀及其含義。下面先參考各家説法，將蓋銘按行款釋寫如下：

　　　　唯正月初吉丁亥，
　　　　甫虐公甚六之
　　　　妻夫欧申擇丕（厥）
　　　　吉金，乍（作）鑄飤（食）鼎。
　　　　余台（以）羹台（以）鬻（烹），台（以）

[①] 江蘇省丹徒考古隊：《江蘇丹徒北山頂春秋墓發掘報告》，《東南文化》1988 年第 3、4 期合刊，第 13、21—23 頁。此文由張敏、劉麗文執筆，後來收入《張敏文集·考古卷》（文物出版社，2013 年）時抽換了部分圖版。關於此鼎的國別，學界一般認爲是徐國，但也有學者認爲是舒國，説見曹錦炎：《北山銅器新考》，《東南文化》1988 年第 6 期，第 42—44 頁；《遱邡編鐘銘文釋議》，《文物》1989 年第 4 期，第 57 頁；《關於遱邡鐘的"舍"字》，《東南文化》1990 年第 4 期，第 226 頁。

[②] 如唐鈺明：《銅器銘文釋讀二題》，《著名中年語言學家自選集·唐鈺明卷》，安徽教育出版社，2002 年，第 99 頁；孔令遠：《徐國青銅器綜合研究》，《考古學報》2011 年第 4 期，第 507 頁。

鹿四方,台(以)從攻(句)虘(吳)王。

茉(世)萬子孫,羕(永)寶用

鬶(享)。

第二行首字爲"甫",這一點没有問題。前人討論的焦點,主要集中在"甫"字後的此行第二、第三兩個字上。由於各家對字形的理解不同,在此基礎上産生的對此三字含義的解釋也有較大差異。程鵬萬先生曾詳細羅列諸家説法:

> 第二列前三個字,周曉陸、張敏先生釋爲"甫遽杳",他們認爲"遽杳"是人名,"人名前用甫,當爲時間副詞,以狀語作領格","遽杳"即尸眛,是吳王餘眛(周曉陸、張敏:《北山四器銘考》,《東南文化》1988 年第 3、4 期合刊,第 79 頁。江蘇省丹徒考古隊:《江蘇丹徒北山頂春秋墓發掘簡報》,《東南文化》1988 年第 3、4 期合刊,第 22 頁);曹錦炎先生釋爲"甫遽時",認爲"甫讀爲舖……'舖遽時'爲時稱名,當即典籍中的'舖時'"(曹錦炎:《北山銅器新考》,《東南文化》1988 年第 6 期,第 42 頁);商志䜭、唐鈺明先生釋爲"甫虡者","甫虡者是甚六的修飾語,其爲官職封爵名,還是國族地望名,抑或男子之美稱,尚待考索"(商志䜭、唐鈺明:《江蘇丹徒背山頂春秋墓出土鐘鼎銘文釋證》,《文物》1989 年第 4 期,第 55 頁)。李家浩先生認爲第二行第二字當釋爲"虖",鼎銘"甫(舖)虖(施)時"當是複合詞,指"舖時"或"日虖(施)"之時(原引者按:李家浩先生認爲:"舖時"、"日虖"是同一時分的異名,"舖"或"虖(施)"都是指日斜之時),相當於秦漢十二時的申時,即今天的 15 點到 17 點鐘(李家浩:《夫欧申鼎、自鐘與郘子受鐘銘文研究》,《俞偉超先生紀念文集·學術卷》,文物出版社 2009 年版,第 246 頁)。[1]

以上四種説法,除周曉陸、張敏先生將此三字分析爲"時間副詞＋人名"的説法影響相對較小外,其他三種説法都爲後來學者所部分采信。比如李家浩先生釋讀爲"甫(舖)虖時"並解釋成時分名的意見,就是在曹錦炎先生"舖遽時"説的基礎上發展而來。2006 年出版的《新收殷周青銅器銘文暨器影彙編》(下文簡稱《新收》")1250 號著録此鼎,釋文釋此三字爲"甫虡公",並列入所附"人名索引",[2]顯然也是吸收了商志䜭、唐鈺明先生的意見。上引程鵬萬先生文,則又結合後來發

---

① 程鵬萬:《甚六鼎銘研究二則》,《中國文字學報》第 6 輯,商務印書館,2015 年,第 65 頁。

② 鍾柏生、陳昭容、黃銘崇、袁國華編:《新收殷周青銅器銘文暨器影彙編》,藝文印書館,2006 年,第二册第 877 頁、附録第 389 頁。

表的銘文照片,對《新收》釋第三字爲"公"的意見作進一步説明,並信從李家浩先生將第二字釋作"虍"的意見,認爲"'甫虍公'當如商志覃、唐鈺明先生所説是'甚六的修飾語'"。①

至此,關於蓋銘第二行的前三字,至少有以下六種釋讀意見:(1)甫遞(尸)杳(昧),(2)甫(鋪)遞時,(3)甫虎者,(4)甫(鋪)虍時,(5)甫虍公,(6)甫虍公。通過觀察甚六鼎銘文的各種拓本、照片,我們發現以上釋讀的歧異,很大程度是由學者所據拓本的差異造成的。因此,要評斷這些歧異的是非,首先有必要對原拓本、照片上的相應字形再細作審察。這裏先對甚六鼎蓋銘文的刊布情況略作交代。

據參與墓葬發掘及文物修復工作的考古人員介紹,甚六鼎蓋在出土時破碎成五六十片,其中銘文所在的部分碎成四片,所幸尚無缺失。② 在鼎蓋出土之初,發掘者僅對銘文所在的部分蓋體殘片作簡單拼綴,然後製作拓本,故早期拓本右部的殘片拼接處都有明顯泐痕(見文末附圖一、二)。③ 直到 20 世紀 90 年代末,考古人員才將原先的殘片全部拼合,對鼎蓋作了完整修復及去銹處理,在此後製作的拓本中,原本的泐痕也隨之消失(附圖三、四)。④ 2008 年出版的《鎮江出土吳國青銅器》,公佈了修復後的蓋銘照片(附圖五)。⑤ 這些拓本、照片的清晰程度及所呈現的字形筆畫細節都存在明顯差異。現選取數種有代表性的拓本、照片(分別采自附圖一至五),將其中的第二行前三字摘出並放大,列表作一比較:

---

① 程鵬萬:《甚六鼎銘研究二則》,《中國文字學報》第 6 輯,第 65 頁。

② 商志覃、唐鈺明:《江蘇丹徒背山頂春秋墓出土鐘鼎銘文釋證》,《文物》1989 年第 4 期,第 55 頁。劉義茂:《從青銅甚六鼎的修復談傳統工藝與新技術結合的運用》,《東南文化》2000 年第 5 期,第 123—125 頁。

③ 附圖一采自江蘇省丹徒考古隊:《江蘇丹徒北山頂春秋墓發掘報告》,《東南文化》1988 年第 3、4 期合刊,第 23 頁。附圖二采自董楚平:《吳越徐舒金文集釋》,浙江古籍出版社,1992 年,第 328 頁。吳振武先生曾比較過甚六鼎蓋銘文的幾種早期拓本,詳見其《説甚六鼎銘文中的"以鹿四方,以從句吳王"句》,《簡帛》第 1 輯,上海古籍出版社,2006 年,第 1 頁。

④ 附圖三采自毛穎、張敏:《長江下游的徐舒與吳越》,湖北教育出版社,2005 年,第 375 頁。附圖四采自張敏:《江蘇丹徒北山頂春秋墓發掘報告》,《張敏文集·考古卷》,第 647 頁。此外楊正宏、肖夢龍主編《鎮江出土吳國青銅器》(文物出版社,2008 年,第 136 頁)、吳鎮烽編著《商周青銅器銘文暨圖像集成》(上海古籍出版社,2012 年,第五冊第 222 頁 2410 號)所收拓本也拓自修復後的鼎蓋,但筆畫細節的清晰程度不如以上兩書。

⑤ 楊正宏、肖夢龍主編:《鎮江出土吳國青銅器》,第 134 頁。此外前引《長江下游的徐舒與吳越》書前彩圖頁中也有一幅蓋銘照片,可惜尺寸太小,無從細審銘文筆畫。

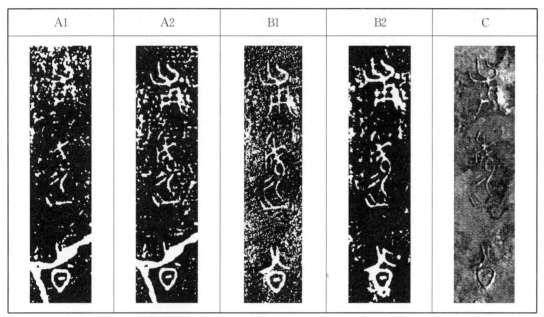

A1	A2	B1	B2	C

A1.《東南文化》1988 年第 3、4 期合刊 23 頁　　A2.《吳越徐舒金文集釋》328 頁

B1.《長江下游的徐舒與吳越》375 頁　　B2.《張敏文集》647 頁　　C.《鎮江出土吳國青銅器》134 頁

其中 A1、A2 爲鼎蓋修復前拓本,B1、B2 爲修復後拓本,C 爲修復後照片。不難看出,圖中第三字處於破碎拼接處,早期拓本 A1、A2 裏字形中上部的泐痕即由此産生。上文舉出的"杏""者""時"三種考釋意見,顯然都是依據此類拓本提出。《新收》逕釋此字爲"公"(所收拓本與 A1 相同),經程鵬萬先生據照片 C 詳作申説,也已經沒有疑問。以此作爲定點,回頭審視諸家考釋意見,將此三字解讀爲"時間副詞+人名"或時分名的説法自然也就不能成立。程先生采納李家浩先生釋"甫"下之字爲"虎"的意見,認爲"'甫虎公'就像楚簡裏的'魯陽公'一樣,是'甫虎'這個地方的地方長官",理解方向應該正確;但他同時承認,"可惜'甫虎'這個地名不可考",[1]這一問題還是没能得到比較完滿的解決。

　　從上文列出的拓本及照片來看,"虎"字之釋其實是有問題的。關於此字形體,李家浩先生解釋説:

　　　　細審銘文拓片,此字上部確實从"虎",但其下部是左側微向上翹的一橫,
　　與馬王堆漢墓竹簡、鳳凰山漢墓竹簡和關沮漢墓竹簡等"卑虎"之"虎"寫法十
　　分相似,當是"虎"字。[2]

可知李先生將此字釋爲"虎"的主要依據,是西漢早期隸書文字中的"虎"字寫法。關於古

① 程鵬萬:《甚六鼎銘研究二則》,《中國文字學報》第 6 輯,第 65—66 頁。

② 李家浩:《夫跌申鼎、自鐘與郳子受鐘銘文研究》,《俞偉超先生紀念文集・學術卷》,文物出版社,2009 年,第 241—
242 頁;後收入《安徽大學語言文字研究叢書・李家浩卷》,安徽大學出版社,2013 年,第 26 頁。本文據後者引用。

文字及秦漢文字中的"虎"字形體,前人已經討論得比較充分。① 從目前見到的資料看,早期古文字中的"虎",常將象老虎口中所出聲氣的"厂"寫在虎口附近,保留了較強的表意性;將"厂"寫成"L"形且置於虎旁下方的寫法,大概要遲至戰國時代出現,至少到秦漢之際才算比較普遍。② 甚六鼎爲春秋時器,文字規整秀麗,李家浩先生根據早期隸書中的寫法將此字釋爲"虎",似乎還缺少時代較早的類似寫法作爲證據。況且從上文所舉出的拓本 A2—B2 及照片 C 來看,此字下部"左側微向上翹的一橫"的上方明顯還有筆畫,雖然並不十分清晰,但大致可以看出是一"止"形,故將此字釋爲"虎"並不正確。

在目前已有説法中,我感到仍以商志醰、唐鈺明先生及《新收》釋"虛"之説爲優。

按照古文字結構的一般規律,"虛"應該是一個從止虎聲之字。③ "甫虛"或可讀爲"蒲姑"。"甫"爲"蒲"之聲符,自然可以通讀。古音"虎"屬曉母魚部,"姑"屬見母魚部,二字韻部同屬魚部,中古音都是遇攝合口一等模韻字;在聲母方面,從虎得聲之字的聲母一般都屬曉母,上古音曉母與見組聲母關係密切,傳世文獻及出土文字資料中都有不少曉母與見母相諧或通假之例。④ 傳世古書中以從虍(虎)得聲的"虜"爲聲旁的字,也常與以從古聲的"居"爲聲旁的字相通。⑤ 因此,我們將"甫虛"讀爲"蒲姑"應該問題不大。

蒲姑原是商周之際的東部方國,在傳世文獻中又寫作"薄姑""亳姑",西周早期卜甲中作"蒯姑",⑥塦方鼎中作"尃古"(《殷周金文集成》2739)。《左傳·昭公九年》記周景王的話説:"及武王克商,蒲姑、商奄,吾東土也。"《漢書·地理志》:"少昊之世有爽鳩氏,虞、夏時有季崱(蒯),湯時有逢公柏陵,殷末有薄姑氏,皆爲諸侯,國此地。至周成王時,薄姑氏與四國共作亂,成王滅之,以封師尚父,是爲太公。"可知蒲姑在西周初年已經歸順,到了武王逝世,成王繼位,蒲姑又起來叛亂,在周公東征時被伐滅,蒲姑國舊地也被封賜給齊太公。

前引《左傳·昭公九年》文杜預注:"樂安博昌縣北有蒲姑城。"《水經·濟水注》:"薄姑去齊城六十里……濟水又經薄姑城北。後漢《郡國志》曰:'博昌縣有薄姑城。'《地理書》曰:'吕尚封於齊郡薄姑。'薄姑故城在臨淄縣西北五十里,近濟水。史遷曰:'胡公徙薄

① 參看陳志向《"虎"字補釋》(《文史》2018 年第 1 期,第 265—274 頁)及所引諸文。

② 參看拙撰:《漢印研究二題》,復旦大學博士學位論文(指導教師:施謝捷教授),2015 年,第 122—124 頁。

③ 《汗簡》卷二之上虍部引《古論語》虐字古文亦作從虎從止之形,這種寫法應該是戰國以後產生的訛變形體,與本文所論之字無關。前人對戰國秦漢文字中"匕"變成"止"的現象多有討論,參看魏宜輝《説"建"》(《古文字研究》第 25 輯,中華書局,2004 年,第 278—279 頁)及所引諸文。

④ 參看李新魁:《上古音"曉匣"歸"見溪群"説》,《學術研究》1963 年第 2 期,第 92—102 頁(後收入《李新魁語言學論集》,中華書局,1994 年);潘悟雲:《喉音的上古來源》,《漢語歷史語音學》,上海教育出版社,2000 年,第 337—340 頁;葉玉英:《古文字構形與上古音研究》,廈門大學出版社,2009 年,第 404—405 頁。

⑤ 參看張儒、劉毓慶:《漢字通用聲素研究》,山西古籍出版社,2002 年,第 395 頁。

⑥ 李學勤:《論周公廟"薄姑"腹甲卜辭》,《文博》2017 年第 2 期,第 36—38 頁。

姑。'"蒲姑都城所在的漢晉時代博昌縣,在今山東博興縣附近。[1] 蒲姑被伐滅後,隨着遺族不斷南遷,蒲姑的遺迹在從山東南部至江淮流域東部的廣大區域都出現過。傳世文獻中可考的蒲姑遺迹,歸納起來主要有以下三處:[2]

(1)《漢書・地理志》琅邪郡下姑幕縣注:"或曰薄姑。"姑幕在今山東諸城縣西南。

(2)《左傳・昭公十六年》:"齊侯伐徐……二月丙申,齊師至于蒲隧。徐人行成。徐子及郯人、莒人會齊侯于蒲隧。"杜預注:"蒲隧,徐地。下邳取慮縣東有蒲姑陂。"《續漢書・郡國志》:"下邳國取慮,有蒲姑陂。"取慮在今江蘇睢寧縣西南。

(3)《越絕書・越絕外傳記吳地傳第三》:"蒲姑大冢。吳王不審名冢也,去縣三十里。"其地在今江蘇蘇州。顧頡剛已經指出,這裏的"蒲姑大冢"並非吳王的墳墓,而是蒲姑族遺迹。[3]

姑幕、取慮及蒲姑大冢所在之地,地理位置均在蒲姑舊居地以南,應該都是蒲姑氏向南遷徙過程中暫居,或是被分散的支族的留居之處,其地遂因此得名。值得注意的是,《左傳・昭公十六年》中處在徐國境内的蒲隧,即位於見於《漢書・地理志》臨淮郡及《續漢書・郡國志》下邳國的取慮。春秋時代的取膚盤、匜(《殷周金文集成》10126、10253)銘文中有"取膚(慮)上子商"。《元和姓纂》卷五"取慮氏":"徐偃王子食邑取慮,因氏焉。"取慮是徐國的重要都邑,而蒲姑陂就在取慮,可見蒲姑與徐的關係十分密切。蒲姑氏的南遷路綫正經過徐國所在的江淮之間東部地區,二者的活動區域相同。[4] 徐器甚六鼎銘文中的"蒲姑",顯然也與蒲姑氏的遷徙遺迹有關。據遱邧鐘鎛銘文,甚六爲"徐王之孫尋楚歖之子",以"蒲姑"作爲甚六的封邑,這在情理上也講得通。

最後附帶一提,江蘇六合縣程橋東周3號墓出土的羅兒匜,何琳儀先生定爲徐器,銘文中有"學卯公□夷之子",格式與甚六鼎銘"甫虍公甚六之妻"相同。"學卯"顯然也是縣邑之名,何先生讀爲"厹猶",其地西漢時屬臨淮郡,春秋時也在徐國境内。[5] 此說若

---

[1] 參看李濱陽:《蒲姑研究:歷史與未來》,李象潤、李靖莉主編:《濱州歷史與民俗文化論壇》,黃河出版社,2009年,第96—97頁。

[2] 參看顧頡剛:《周公東征史事考證・肆、奄和蒲姑的南遷》,《顧頡剛古史論文集》卷10《尚書大誥譯證》,中華書局,2011年,第780—783頁。

[3] 同上書,第783頁。

[4] 參看徐中舒:《蒲姑、徐奄、淮夷、群舒考》,《四川大學學報(哲學社會科學版)》1998年第3期,第65—68頁;顧頡剛:《周公東征史事考證・伍、徐和淮夷的遷、留》,《顧頡剛古史論文集》卷10《尚書大誥譯證》,第809—814頁。

[5] 何琳儀:《程橋三號墓盤匜銘文新考》,《安徽大學語言文字研究叢書・何琳儀卷》,安徽大學出版社,2013年,第89—91頁。

確,則可與甚六鼎銘合觀,爲我們確定"甫(蒲)虙(姑)公"的性質提供參考。

2018 年 8 月 5 日寫完,10 月 27 日修改

附圖(圖一至四爲原大 70%)

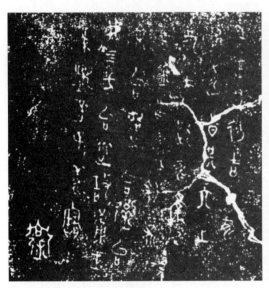

附圖一

附圖二

附圖三

附圖四

附圖五

故宫博物院藏梁伯戈铭文新释 *

石小力

（清華大學出土文獻研究與保護中心）

梁伯戈，原藏陳介祺、羅振玉，現藏北京故宮博物院。通高 17.5、欄高 9.4 釐米，重 0.28 公斤。援的前鋒呈圭角狀；上刃在援末揚起，與長欄的上端形成弧綫；下刃與胡自然相接；內爲長方形，有一長穿；欄上兩面各飾一獸頭，欄側有三長穿。欄側兩面鑄銘文 15 字。從形制和銘文風格來看，時代屬於春秋早期。

自王國維作《梁伯戈跋》，將其與虢季子白盤、兮甲盤、不嬰敦合稱爲"玁狁四器"之後，①此戈就成爲研究"鬼方"的重要材料。張永山先生進一步指出銘文不僅載有"鬼方"，還有常見於甲骨文的方國——"工方"，是研究殷周時期北方民族歷史不可多得的史料。② 銘文中到底有沒有所謂的"鬼方"和"工方"呢？近年出版的幾種故宮博物院所藏青銅器圖録，如《故宮青銅器》、③《故宮博物院藏文物珍品大系·青銅禮樂器》、④《故宮經典·故宮青銅器圖典》、⑤《故宮青銅器館》⑥等，都收録了梁伯戈較爲清晰的銘文照片（圖一）。今由這些清晰銘文照片以及近年古文字研究的新成果，可以糾正以前對此戈銘文的一些錯誤認識。

---

* 本文爲國家社科基金青年項目"新出楚簡與金文疑難問題研究"（項目批准號：16CYY032）的階段性成果。

① 王國維：《梁伯戈跋》，載《觀堂集林》，中華書局，1959 年，第 1212—1214 頁。

② 張永山：《梁伯戈銘文地理考》，載唐曉峰主編：《九州》第三輯（先秦歷史地理專號），商務印書館，2003 年，第 120—130 頁。

③ 故宮博物院：《故宮青銅器》，紫禁城出版社，1999 年，第 227 號。

④ 杜乃松主編：《故宮博物院藏文物珍品大系·青銅禮樂器》，上海科學技術出版社、商務印書館（香港）有限公司，2007 年，第 274 頁第 168 號。

⑤ 故宮博物院：《故宮經典·故宮青銅器圖典》，故宮出版社，2010 年，第 150 頁第 119 號。

⑥ 故宮博物院：《故宮青銅器館》，故宮出版社，2012 年，第 154—155 頁第 69 號。

图一　梁伯戈銘文照片(背面)　　　　　　图二　梁伯戈銘文摹本(背面)

　　1895 年，吴式芬最早公佈了梁伯戈銘文釋文"□敉方緣邶□北□□□宫行元用"，並定名爲"鬼方戈"。① 1898 年，方濬益發表了銘文拓本和較爲準確的銘文摹釋文字"梁伯作宫行元用(面)印敉方蠻□攻旁(背)"，訂正"鬼方戈"爲"梁伯戈"。② 戈背銘文，自方濬益釋作"印鬼方蠻□攻旁"之後，雖有一些學者補釋或提出新解，現在看來，並無新的突破。如張亞初先生將後三字釋作"印(抑?)攻旁(方)"，③張永山先生將"蠻"後缺釋之字釋作"印"，"印攻方"與"印鬼方蠻"對舉，據"鬼方"爲方國名而認爲"攻方"亦爲方國名，"攻方"即屢見於甲骨文的"𠙹方"。④

　　由於銘文所載個別文字被鏽所蝕，尤其背面部分，幾個關鍵字長期被誤釋或缺釋，導致了對整個銘文的錯誤解釋。下面根據新公佈的銘文照片(圖一)和筆者所做摹本(圖二)來討論銘文內容。

---

① 吴式芬：《攈古録金文》，清光緒二十一年(1895)刻本，卷二之二 12.3。
② 方濬益：《綴遺齋彝器款識考釋》，定遠方氏 1929 年刻本，30·13·1。
③ 張亞初：《殷周金文集成引得》，中華書局，2001 年，第 170 頁。
④ 張永山：《梁伯戈銘文地理考》，載唐曉峰主編：《九州》第三輯(先秦歷史地理專號)，第 120—130 頁。

先按筆者的理解寫出釋文：

　　沑(梁)白(伯)乍(作)宫行元用。(正面)

　　印(抑)敐(威)方繺(蠻)，盜(討)政(征)北旁(方)。(背面)

(《殷周金文集成》①11346)

沑(梁)白(伯)乍(作)宫行元用

梁，國名，方濬益認爲即見於《左傳》之梁國。《左傳》桓公九年："虢仲、芮伯、梁伯、荀侯、賈伯伐曲沃。"杜預注："梁國在馮翊夏陽縣。"《漢書•地理志》："馮翊夏陽縣，故少梁也。"今陝西省韓城縣南二十二里有少梁城，當即古梁國。秦穆公十九年(公元前 641 年)，梁被秦國所滅。《左傳》僖公十九年："初，梁伯好土功，亟成而弗處，民罷而弗堪，則曰：'某寇將至，乃溝公宫。'曰：'秦將襲我。'民懼而潰，秦遂取梁。"關於梁國族姓，據《左傳》僖公十七年"惠公之在梁也，梁伯妻之。梁嬴孕，過期"，梁嬴乃梁伯嫁給晉惠公的女兒，嬴爲母家之姓，據此可知梁國爲嬴姓之國。

宫行，劉心源讀爲"公行"。② 可從。公行，職官，掌管君主出行的兵車行列事。《左傳》宣公二年："及(晉)成公即位，乃宦卿之適子而爲之田，以爲公族，又宦其餘子，亦爲餘子，其庶子爲公行，晉於是有公族、餘子、公行。"杜預注："庶子，妾子也。掌率公戎行。"《詩•魏風•汾沮洳》："美如英，殊異乎公行。"鄭玄箋："從公之行者，主君兵車之行列。"類似的銘文如秦子戈(《集成》11353)："秦子作造公族元用。"公族，即公之同姓子弟，在此指由公族組成的王室親軍。③ 秦子戈(《集成》11352)："秦子作造中辟元用。"中辟，黃盛璋先生認爲是公族中將官帥。④ 秦子戈："秦子作造左辟元用。"(《考古與文物》2003 年第 2 期第 81 頁圖 2)左辟，王輝先生認爲指公族左將官帥。⑤由秦國兵器銘文中公族、中辟、左辟皆與軍制有關來推測，梁伯戈的"公行"也應該屬於軍制的一種，可能是由諸庶子組成的軍隊，此戈應爲梁國國君爲公行所造。

元用，春秋戰國兵器銘文習見，王人聰先生謂"元"訓寶，"用"與寶義近，"元用"是由兩個近義的詞素構成的同義並列複合詞，⑥其説大可不必，"元用"應該是一種省略形式，

① 中國社會科學院考古研究所：《殷周金文集成》，中華書局，1984—1994 年。下文簡稱"《集成》"。

② 劉心源：《奇觚室吉金文述》10.26，清光緒二十八年(1902)影印本。

③ 陳平：《秦子戈、矛考》，《考古與文物》1986 年第 2 期；陳平：《〈秦子戈、矛考〉補議》，《考古與文物》1990 年第 1 期；黃盛璋：《秦兵器分國斷代與有關制度研究》，《古文字研究》第 21 輯，中華書局，2001 年。

④ 黃盛璋：《秦兵器分國、斷代與有關制度研究》，《古文字研究》第 21 輯。

⑤ 王輝：《新見銅器銘文考跋二則》，《高山鼓乘集——王輝學術文存二》，2008 年，第 70 頁(原載《考古與文物》2003 年第 2 期)。

⑥ 王人聰：《釋元用與元弄》，《考古與文物》1996 年第 3 期，第 84—85 頁。

省略了自名"戈",①不省者如元用戈(《集成》11013):"元用戈。"周王叚戈(《集成》11212):"周王叚之元用戈。"徐王之子叚戈(《集成》11282):"徐王之子叚之元用戈。"周王孫季怡戈(《集成》11309):"周王孫季怡,孔壯元武,元用戈。""元"和"用"都是器名"戈"之修飾語,元,善之長也。用,就是使用的意思。

印㪀方纞

印,原形作  (🔻),上部所從"爪"旁稍殘,下從"卩",應釋"印",過去或釋"卬",不確,如春秋早期的曾伯黍簠(《集成》4632)"印"字作🔻,戰國楚簡作🔻(《清華壹·祭公之顧命》2)、🔻(《清華叁·周公之琴舞》5)、🔻(《清華伍·殷高宗問於三壽》9),與銘文上爪下卩的寫法一脈相承。印,上爪下卩,會按抑之意,卬,左爪右卩,會抬起、仰起之意,如戰國楚簡卬字作🔻(《上博五·三德》15)、🔻(《上博九·卜書》1)、🔻(《上博九·卜書》2)、🔻(《清華陸·子產》15),《說文》:"印,望欲有所庶及也。從匕、從卩。"大概是根據較晚的訛變字形立說,不足信據。㪀,從鬼從攴,王國維認爲即"畏"字古文。②可從。印㪀方纞,王國維讀爲"抑鬼方蠻",認爲此戈乃"梁伯伐鬼方時所作",以後的學者皆從之,此戈因此成爲研究"鬼方"的重要史料。今按,本句當讀爲"抑威方蠻","印"讀爲"抑",遏制,壓制。《史記·魏公子列傳》:"遂乘勝逐秦軍至函谷關,抑秦兵,秦兵不敢出。"抑秦兵即壓制秦兵。㪀,讀爲"威",震懾。《清華叁·芮良夫毖》13:"威襲方讎"。《詩·小雅·采芑》:"顯允方叔,征伐玁狁,蠻荊來威。"來,相當於"是","蠻荊來威"即"威蠻荊"之倒裝,震懾蠻荊之意。纞,讀爲"蠻",與"方"意近,皆指方國。"方蠻"當連讀,如史牆盤(《集成》10175):"方蠻無不即視。""方蠻"又稱"蠻方",如《詩·大雅·抑》:"用戒戎作,用遏蠻方。"晉公盞(《集成》10342):"左右武王,殷㪀(威)百蠻。""殷威百蠻"與"抑威方蠻"文意全同。通過上文的分析可知,本句"印㪀方纞"並無所謂的"鬼方",而應讀爲"抑威方蠻",即壓制和震懾方國之意。

盜(討)政(征)北旁(方)

"政"字過去皆誤釋爲"攻",該字原拓作:

《集成》11346

右從攴,左部稍有殘泐,細審拓片,上有一橫,但不見"工"字中間的豎筆和下部的橫

① 陳偉武:《兩周金文中的縮略語》,《愈愚齋磨牙集——古文字與漢語史研究叢稿》,中西書局,2014年,第410頁(原載《中國語言學報》第13期,商務印書館,2008年)。

② 王國維:《梁伯戈跋》,載《觀堂集林》,第1212頁。

筆,故釋"攻"非是。在新公布的照片中該字作:

《故宫博物院藏文物珍品大系·青銅禮樂器》第 168 頁

(摹本)

左部明顯从"正",此字應改釋爲"政",故張永山先生釋作"攻方"並與甲骨文的"舌方"聯繫起來所做推論的基礎就不復存在了。

接下來看"政"上之字。該字在所有公布的銘文拓片中皆不可辨識,過去或缺釋,或據文例釋作"印"。在新公布的照片中該字作:

《故宫博物院藏文物珍品大系·青銅禮樂器》第 168 頁

(摹本)

照片雖較爲模糊,但仍可辨識。字形分上、中、下三部分,下从皿,中从火,上部右半部分从欠、左半部分作)))形。該字與下列金文當爲一字:

(1) ：王令般貺米於盆丂求①,求用賓父己。

(般甗《集成》9299,西周早期)

(2) （ ）：文人授余純魯,用盆(討)不廷方。

(五祀𤰈鐘《集成》358,西周晚期)②

(3) （ ）：雩朕皇高惠仲盉父,盭龢于政,有成於猷,用會昭王、穆王,盆(討)政(征)四方,用伐楚荆。 (逑盤《新收》757,西周晚期)③

(4) ：以康奠協朕國,盆(討)百蠻,俱即其服。

(秦公鐘《集成》262、265,秦公鎛《集成》267—269,春秋早期)④

---

① "求"的釋讀參陳劍《金文字詞零釋(四則)》,載張光裕、黃德寬主編:《古文字學論稿》,安徽大學出版社,2008年,第143—146頁。

② 銘文圖片取自曹瑋主編《周原出土青銅器》(巴蜀書社,2005年)第10册第2029頁。

③ 銘文圖片取自《盛世吉金——陝西寶雞眉縣青銅器窖藏》(北京出版社,2003年)第34頁。

④ 字形取自《集成》268。

（5）![图]：盗作祖己旅寶彝。　　　　　　　　　（盗爵《集成》9066，西周早期）

戈銘之字與例（3）、（4）之字構形相同，可隷定作"盗"。例（3）、（4）過去學者多認爲與"盗"字有關，或者直接就釋讀爲"盗"字；例（2）李朝遠先生釋爲"貓"，李家浩先生據此讀爲"遏"或"逖"。① 蔣玉斌先生對上引例（1）—（4）之字做過詳細的討論，認爲該字當釋作"鑄"，以"潮"之初文爲聲，例（2）、（3）、（4）在銘文中用作征討之"討"。② 魏宜輝先生在討論"盗"字構形時，據古文字中"潮"之初文形體演變指出，"盗"之本形"盗"所從的"林"旁，是從"潮"之象形初文的一種變體演變而成的，"盗"是一個以"林（潮之象形初文）"爲聲符的形聲字，並將上引例（4）字讀作"召"。③ 張富海先生同意蔣玉斌先生把上引各字釋爲"鑄"，讀爲"討"，進一步論證後世的"盗"字是由表意的"鑄"字分化而來的一個字，上引各例亦可釋作"盗"。④ 按，綜合上引各家的意見，上引諸字應釋爲"盗"。《説文》八下次部："盗，私利物也。从次，次，欲皿者。"對"盗"字形的解釋是錯誤的，"盗"字是從甲骨文表意的"鑄"字分化而來的一個字。"鑄"字甲骨文作![图]、![图]，⑤金文"盗"字是在甲骨文寫法基礎上加注"潮"之初文爲聲符，這符合漢字形聲化的規律。"盗"字的演變過程如下：

（般觥）→（述盤）→（秦公鐘）→（石鼓文"籃"字所從）→（《説文》小篆）

因此，戈銘之字當釋爲"盗"，讀爲"討"，"討征"同義連文，又見於上引述盤，古書又作"征討"，即討伐，征伐。《左傳》昭公元年："日尋干戈，以相征討。"《國語·周語上》："有攻伐之兵，有征討之備。"

"政"後之字原作![图]，過去因拓本不清晰，各家皆漏釋，唯早期吳式芬摹作![图]，釋爲"北"，但他的意見沒有得到後來學者的承認，現據清晰照片可知，吳式芬的摹寫雖然不甚準確，但結構不誤，故該字應從吳説釋爲"北"。

① 李朝遠：《五祀𣪊鐘新讀》，載饒宗頤主編：《華學》第七輯，中山大學出版社，2004 年，第 107、110 頁；李家浩：《説"貓不廷方"》，載張光裕、黃德寬主編：《古文字學論稿》，第 11—17 頁。

② 蔣玉斌：《釋西周春秋金文中的"討"》，《古文字研究》第 29 輯，中華書局，2012 年，第 274—281 頁。

③ 魏宜輝：《説"盗"》，《語言研究》2014 年第 1 期，第 37—40 頁。

④ 張富海：《試説"盗"字的來源》，《中國文字學報》第 6 輯，商務印書館，2015 年，第 101—104 頁。

⑤ 劉釗主編：《新甲骨文編（增訂本）》，福建人民出版社，2014 年，第 777 頁。

戈銘最後一字作 ，被鏽所掩，方濬益摹作""，羅振玉《貞松堂吉金圖》①公布的銘文拓本作 ，較爲清晰，自方濬益以來皆釋爲"旁"，可從，字在銘文中讀爲"方"。銘文上一句已經出現"方"字，此處用"旁"表"方"，應是出於避複的需要。②

故戈銘最後四字當釋爲"盉（討）政（征）北旁（方）"，與上引述盤"盉（討）政（征）四方"文例相似。秦政伯喪戈有"戮政西旁（方）""竈（肇）専（撫）東方"之語，其中"西方、東方"與秦國的地理位置有關，反映了秦國在西方爲政，鎮撫東方諸侯的史事，③這證明把戈銘後二字釋爲"北方"是有相似文例支撐的。梁國的疆域，據吳鎮烽先生的研究，東至於河，北境、西境掩有梁山，南到新里以南，界接芮國，大約有今陝西韓城市南部、合陽縣全部以及澄城縣北部。④ 其四境西與秦國接壤，東爲晉國，南接芮國，皆爲周王朝之諸侯國，唯北方是戎狄之族，故戈銘乃言"討征北方"，這是由梁國的地理位置所決定的。

綜上，此戈背面銘文當讀作"抑威方蠻，討征北方"，前四字先泛言此戈爲壓制、震懾方國所用，後四字則爲較具體的目的，即討伐北方的戎狄。銘文內容與曾伯霥簠（《集成》04631、04632）"克逖淮夷，印（抑）燮（襲）繁陽"相似，先泛言征伐淮夷，後説具體的襲擊目標——繁陽。

整篇戈銘的大意是：梁伯製作了公行所用的頂好之戈，用來震懾方國，討伐北方的戎狄。

附記：本文完稿於 2016 年 12 月，曾在清華大學青銅器金文讀書會（2017 年 11 月 16 日）和文字、文獻與文明——第七屆出土文獻青年學者論壇暨國際學術研討會（中山大學，2018 年 8 月 18—19 日）上宣讀。鞠煥文先生《梁伯戈銘新釋》（載《古文字研究》第 32 輯，中華書局，2018 年）一文據故宮博物院網站公布的清晰照片亦對此戈銘文有討論，戈背銘文鞠文釋作"印（抑）敓（威）方蠻（蠻），鑄（討）政（征）北帝（狄）"，與本文對銘文的理解相合，唯戈銘最後一字釋"帝"，與本文不同，請讀者參看。

---

① 羅振玉：《貞松堂吉金圖》，墨緣堂影印本，1935 年，卷中六十四。

② 商周銘文中的同文避複問題，參徐寶貴：《商周青銅器銘文避複研究》，《考古學報》2002 年第 3 期，第 261—276 頁。

③ 董珊：《珍秦齋藏秦伯喪戈、矛考釋》，《故宮博物院院刊》2006 年第 6 期，第 113—114 頁。

④ 吳鎮烽：《先秦梁國考》，《文博》2008 年第 5 期，第 4 頁。

《湯處於湯丘》札記六則

高佑仁

（臺灣成功大學中國文學系）

（一）

簡 2 云"惜(懌)快以忍(恆)"，先談"惜"字，原整理者將"惜"讀作"舒"，郭倩文、①洪君好從之，②易泉接受釋"惜"字之説，③暮四郎將"惜"讀作"懌"。④ 王寧認爲"惜"當讀如字。⑤ ee(單育辰)將字改釋作"奮"，但認爲字"略有訛變"，⑥李爽從之。⑦

關於"籥"(以下用△表示)的隸定，如前所列，學界主要有"惜"、"慰(奮)"二説，就字論字，二説均與△字無法完全密合。"奮"字從"衣"，楚簡一般"衣"字作"衣"(望2.49)、"衣"(上博一·緇衣 1)，△字"田"形以上的結構與"衣"不盡相同，無論是衣領或是交襟的寫法均有差異。本篇的書手又見於《湯處於啻門》，該篇簡 8 有標準的"奮"字，構形作"奮"，亦與△字有一定距離。而"昔"字楚簡作"昔"(上博二·容成氏 13)、"昔"(上博二·子羔 1)，上半作"炎"，以四個"＾"組成，但△字卻不像有四個"＾"形。其次，△字"田"形中間的豎筆直貫而往上突出，這也與常見"昔"字不同，總之"惜"、"奮"二説均有缺憾。

---

① 王寧：《讀清華五〈湯處於湯丘〉散札》，復旦網，2015 年 4 月 21 日。

② 洪君好：《戰國竹書伊尹文獻研究》，臺灣中興大學中文系碩士論文，2017 年，第 45 頁。

③ 見武漢網"簡帛論壇"《〈湯處於湯丘〉初讀》3 樓(2015 年 4 月 10 日)。

④ 見武漢網"簡帛論壇"《〈湯處於湯丘〉初讀》8 樓(2015 年 4 月 11 日)。

⑤ 王寧：《讀清華五〈湯處於湯丘〉散札》，復旦大學出土文獻與古文字研究中心網站(以下簡稱"復旦網")，2015 年 4 月 21 日。

⑥ 見武漢網"簡帛論壇"《〈湯處於湯丘〉初讀》0 樓(2015 年 4 月 9 日)。

⑦ 李爽：《清華簡"伊尹"五篇集釋》，吉林大學碩士論文，2016 年，第 107—108 頁。

在目前所見的古文字中，以"田"和"心"作爲基本構形，且與"𤲪"構形相對接近者，也確實就屬"惜"與"憙"，再加上"𤲪"字上半的結構難以落實，因此學界朝"惜"與"憙"的釋字考慮，不能説没有道理。不過，二字在楚簡中都有實例，分作"𢛢"（清華簡祭公8）與"𢝫"（郭·性46），因此也無法通過偏旁制約來判斷它究竟是什麽字。應該説明的是，筆者認爲"𤲪"字"田"形上半的結構之所以難以分析，主要是因爲它是個將錯就錯的誤寫字，但究竟是"奮"還是"惜"的誤寫，已無法由字形判斷。

就文意來看，暮四郎讀作"懌"是個比較理想的方案，"懌"，喜悦，快樂。《尚書·康誥》："我維有及，則予一人以懌。""昔"古音心紐鐸部，"睪"見紐鐸部，聲近韻同。《墨子·尚同中》云"非高其爵、厚其禄、富貴佚而錯之也"，孫詒讓《閒詁》引畢沅云："'錯'，讀如舉'措'。"《墨子·尚同下》"非特富貴游佚而擇之也"，孫詒讓《閒詁》云："'擇'，當依《中篇》讀爲'措'。"[1]可見"昔"聲與"睪"聲相通。如果《湯丘》的"𤲪"是"惜"的誤寫，那麽宜將字讀成"懌"，"懌快"指（心情）悦快。

關於"忈"字，原整理者釋"恆"，訓爲"常"，[2]散宜凌從之。[3] 王寧（前説）、[4]郭倩文[5]釋"恆"，訓爲長久、持久。暮四郎、[6]李爽、[7]洪君妤[8]則釋作"極"，訓作"甚"。王寧（後説）認爲"恒"當讀爲"興"。[9] 楚簡"恆"常與"亟"相混，因此簡文的"忈"確實能讀爲"極"。不過，心情的愉悦是人的一種精神狀態，重點在於恆久而持續，而不應强調其"極"（"樂極"容易"生悲"），因此簡文讀"恆"會比"極"來得適當。

（二）

簡5云"君天王是（寔）又（有）臺僕（僕）"，沈建華認爲《墨子·貴義》中用"賤人"稱呼伊尹，而簡文改稱"臺僕"，並指出《左傳》昭公七年記楚國芊尹無宇的一段話，將人分

---

① （清）孫詒讓撰，孫啟治點校：《墨子閒詁》，中華書局，2001年，第86、91頁。

② 李學勤主編：《清華大學藏戰國竹簡（伍）》，中西書局，2015年，第137頁。

③ 散宜凌：《清華簡〈湯處於湯丘〉補説》，清華網，2015年4月13日，又見魏棟：《清華簡〈湯處於湯丘〉校讀記》，《管子學刊》2016年第1期，第104頁。

④ 王寧：《讀清華五〈湯處於湯丘〉散札》。

⑤ 郭倩文：《〈清華五〉、〈上博九〉集釋及新見文字現象整理與研究》，華東師範大學碩士論文，2016年，第121頁。

⑥ 見武漢網"簡帛論壇"《〈湯處於湯丘〉初讀》8樓，2015年4月11日。

⑦ 李爽：《清華簡"伊尹"五篇集釋》，第107—108頁。

⑧ 洪君妤：《戰國竹書伊尹文獻研究》，第45頁。

⑨ 見王寧：《讀清華五〈湯處於湯丘〉散札》，文後"學者評論欄"1樓，2015年4月21日。

爲十等，"臺僕"是最下等。①《左傳·昭公七年》云："人有十等，下所以事上，上所以共神也，故王臣公，公臣大夫，大夫臣士，士臣皂，皂臣輿，輿臣隸，隸臣僚，僚臣僕，僕臣臺。"可見"臺僕"確實是地位低下的奴隸。不過，沈建華將《墨子·貴義》的"賤人"與簡文的"臺僕"聯繫起來卻是不妥當的，因爲《墨子·貴義》中"賤人"指的是伊尹，而《湯處於湯丘》的"臺僕"是指爲湯代勞的下等人，與伊尹無關。簡文中"是"讀爲"寔"，通"實"。《古文苑·秦惠文王〈詛楚文〉》："是繆力同心。"章樵注："是，讀作寔。"《淮南子·修務》："故有符於中，則貴是而同今古。"高誘注："是，實也。"内容所以提及"臺僕"，是因爲伊尹生病之後，湯多次前往探望，所以方惟向湯勸諫，湯實有臺僕可供差遣，應先請臺僕代爲前往問疾。

簡文"女（如）思（使）呼"，"呼"原整理者讀"召"，②郭倩文從之。③ 王永昌將"女"改讀爲"若"，"呼"改讀爲"調"，並把整段語譯爲："現今小臣生病了，若使小臣調養（身體），（等到他）疾病稍癒，使小臣朝見（君王）並訊問他。"④洪君好從之。⑤ 李爽語譯作："您是君天王，應該有臺僕。現在小臣有病，如果要召見，（等小臣）疾病稍愈，朝見的時候問他，不也是受您的恩惠麼？"⑥王永昌、李爽等人的語譯都不夠精確，一個最大的問題是：前文方惟既然點名國君擁有"臺僕"，那麼肯定就是要指派臺僕代替國君進行某些動作，但在二人的語譯中，皆看不出爲何方惟要提醒湯"擁有臺僕"的作用與意義。

筆者認爲"女"讀作"如"是正確的，但應該訓作"不如"。古籍中這樣的用法很常見，清俞樾《古書疑義舉例·語急例》指出："古人語急，故有以'如'爲'不如'者。"《左傳·僖公二十二年》："若愛重傷，則如勿傷；愛其二毛，則如服焉。"孔穎達疏："若愛彼重傷，則不如本勿傷之；若愛其二毛，不欲傷害，則不如早服從之。"《公羊傳·隱公元年》："母欲立之，已殺之。如勿與而已矣。"可參。

隨着出土材料的陸續公布，楚簡中可看到大量"如"訓作"不如"的用例。《魯邦大旱》簡3云："孔子曰：'庶民知說之事鬼也，不知刑與德，女（如）毋愛珪璧幣帛於山川。'"《平王問鄭壽》簡2—3："鄭壽辭不敢答，王固訊之，答：'如毀新都、戚陵、臨昜……'"《姑成家父》簡9："女（如）出内庫之囚人而予之兵。"以上諸例沈培先生已有專文討論。⑦ 我

① 沈建華：《清華簡〈唐（湯）處於唐丘〉與〈墨子·貴義〉文本》，《中國史研究》2016年第1期，第21頁。

② 李學勤主編：《清華大學藏戰國竹簡（伍）》，中西書局，2015年，第137頁。

③ 郭倩文：《〈清華五〉、〈上博九〉集釋及新見文字現象整理與研究》，第124頁。

④ 王永昌：《清華簡文字釋讀四則》，《管子學刊》2016年第1期，第108頁。

⑤ 洪君好：《戰國竹書伊尹文獻研究》，第35頁。

⑥ 李爽：《清華簡"伊尹"五篇集釋》，第102頁。

⑦ 沈培：《由上博簡證"如"可訓爲"不如"》，武漢網，2007年7月15日。

們還可以找到幾個例子，《陳公治兵》簡 6：“王謂陳公：‘女入王卒而毋止師徒，毋亦善乎？’”此處陳公向楚王詢問，究竟是要“止師徒”還是“毋止師徒”？ 楚王認爲“不如”將師徒的兵力納入王卒中，以厚實楚王的兵力。“女（如）内（入）王卒”的“如”字以及後文的“毋亦善乎”一語（“毋亦善乎”猶今語之“不是很好嗎？”），顯露出楚王謙遜委婉的態度，表示陳公狂在楚國應有一定政治地位。[①]

清華陸《鄭武夫人規孺子》簡 5—6 云：“今虡（吾）君既（即）枼（世），乳＝（孺子）女（如）母（毋）智（知）邦正（政），誣（屬）之夫＝（大夫），老婦亦牉（將）丩（糾）攸（修）宮中之正（政），門檻之外母（毋）敢又（或）智（知）女（焉）。”原整理者認爲“女”字應作爲“汝”，指稱代詞。[②] 劉光將“女”改讀爲“如”，[③] ee（單育辰）認同此説，但將“如”訓爲“不如”。[④] 子居、[⑤]林清源師[⑥]則將“如”訓爲“如果”。王寧認爲“如”當訓爲“當”，[⑦]王瑜楨也認爲訓“當”：

> 本篇中的“孺子女毋知邦政，屬之大夫”，“女”字讀爲“如”，訓爲“當”，全句是説“孺子應該不要主掌國政”，就交給大夫們負責吧！ 這樣解釋，比較符合鄭武夫人在此時“規孺子”的語氣。當然，這種句法中的“如”，仍然是帶有一點委婉的語氣，和全然命令的句法是不同的。[⑧]

筆者認爲“孺子女毋知邦政，屬之大夫”一語應是政治語言，本篇的故事背景是鄭武公過世後，武夫人建議即位的莊公暫時先不要主持國政，轉交大夫處理朝事，自己垂簾聽政，這也就是所謂的“臨朝稱制”，此是何等敏感的政治問題，肯定影起國内外的高度重視。若依王寧之説，“如”訓爲“當”，“當”是肯定、必然之詞，甚至是一種强迫的命令。若武夫人擺明要求鄭莊公當個權力被架空的傀儡君主，難保興論將有“牝雞司晨”之譏，相信武夫人不敢用這樣直白的態度面對。在現實生活中，身處權力頂端的政治人物在處理高度敏感的政治問題時，常用巧妙而含蓄的語言來表達自己的立

① 高佑仁：《〈陳公治兵〉綜合研究》，《漢學研究》第卅三卷第四期（總號第 83 號），2015 年，第 299—336 頁。

② 李學勤：《清華大學藏戰國竹簡（陸）》，中西書局，2016 年，第 106 頁。

③ 清華大學出土文獻讀書會：《清華六整理報告補正》，清華網，2016 年 4 月 16 日。

④ 參《〈鄭武夫人規孺子〉初讀》0 樓，武漢網“簡帛論壇”，2016 年 4 月 16 日。

⑤ 子居：《清華簡〈鄭武夫人規孺子〉解析》，中國先秦史網站，2016 年 6 月 7 日。

⑥ 林清源：《〈清華陸・鄭武夫人規孺子〉通釋》，發表於中興大學歷史系、古代中國研究青年學者研習會主辦“古代中國研究青年學者研習會（五十四）—中臺灣場（一）”，2017 年 10 月 21 日。

⑦ 王寧：《清華簡六〈鄭武夫人規孺子〉寬式文本校讀》，復旦大學出土文獻與古文字研究中心網站，2016 年 5 月 1 日。

⑧ 王瑜楨：《〈清華大學藏戰國竹簡（陸）〉鄭國史料三篇研究》，臺灣師範大學博士論文，2018 年，第 113 頁。

場與態度,古今中外大率如此。因此,若改爲訓"如"爲"不如",則能展現一種婉轉的態度,軟中帶硬,有畫龍點睛之妙。言下之意,武夫人只是委婉地提供個想法,若最後莊公真的決定做虛位元首,那也是莊公自己選的。簡8"孺子女(如)恭大夫"的"如"亦也應一併理解爲"不如"。

回到《湯處於湯丘》,簡文的"君天王是(寔)又(有)臺僕(僕),今少(小)臣又(有)疾,女(如)思(使)呞",意思是説國君有臺僕,現在遇到小臣染疾,不如先派遣臺僕進行"呞","呞"目前學界有讀"召"與"調"兩種意見,均不適合,①"呞"該怎麼讀,還有待日後的考察,但它應該是指(請臺僕先行代爲)"問疾"、"慰問"一類的動作。這裡的"如",看得出來方惟勸諫國君時,采用的是一種委婉而含蓄的態度。

"少閒(聞)於疾,朝(召)而傸(訊)之",指俟伊尹病情改善,再"朝(召)而傸(訊)之"。關於"朝"字,學者們的説法分歧,原整理者"朝"讀如字,②馬文增、③王永昌、④洪君好⑤均從之。所謂"朝",是指臣下往見君王,若此則主語應爲伊尹,這從王永昌、李爽等人的翻譯即看得出來,但是從"朝而訊之"的文例可知,"朝"、"訊"兩個動詞的主語應該是一樣的,那麼既然"訊"(指慰問、問候)的主語是湯,則"朝"不宜作本字讀,而應改讀爲"召"。"朝"、"召"音近,《春秋·昭公十五年》"朝吳"之"朝",《公羊傳·昭公十五年》作"昭"。三晉文字常見"軺"字,⑥它是一個以"召"、"卓"(朝省聲)爲諧聲偏旁的雙聲字,可見"朝"、"召"音近可通。"召"在此指召見,俟伊尹病情稍癒,再召喚來慰問。而這段話在《墨子·貴義》原文作"若君欲見之,亦令召問焉","問"即"訊",因此《貴義》所謂的"召問",不正是《湯處於湯丘》的"朝(召)而訊之"嗎?

綜上所述,簡文"君天王是(寔)又(有)臺僕(僕),今少(小)臣又(有)疾,女(如)思(使)呞,少【四】閒(聞)於疾,朝(召)而傸(訊)之,不猷(猶)受君賜?"整體文義是:"方惟建議商湯,你有臺僕可效犬馬之勞,不如使臺僕代爲'呞',俟伊尹病痛康復後,再召請伊尹前來詢問病情,這不也是得到國君的恩賜嗎?"即方惟並不建議湯在不適宜的時間探病。

---

① 讀"召"之所以不妥,一者伊尹剛重病不起,此刻不可能即召喚他前來;二者後方的"朝"應讀"召"則"呞"應作他解。讀"調"(調養)爲王永昌之説,他把"女思呞"讀爲"若使調",即"若使小臣調養身體"。如前文所言,"女"應讀"如",且"呞"的主語應是臺僕而非伊尹。

② 李學勤主編:《清華大學藏戰國竹簡(伍)》,中西書局,2015年,第137頁。

③ 馬文增:《清華簡〈湯處于湯丘〉新釋、注譯、析辯》,武漢網,2015年5月19日。

④ 王永昌:《清華簡文字釋讀四則》,《管子學刊》2016年第1期,第108頁。

⑤ 洪君好:《戰國竹書伊尹文獻研究》,第35頁。

⑥ 湯志彪:《三晉文字編》,作家出版社,2013年,第1025—1026頁。

（三）

簡 5 云"含（今）君進（往）不以時，逗（歸）必夜"，其中"不以時"一句，學者沒有多做訓釋，僅能通過各家的語譯體會學者們的理解：

作　者	語　　　　譯
馬文增	現在您隨時就去①
李　爽	現在您去小臣那裏不分時候②
洪君好	現在您一天到晚往小臣那裏去③
王　寧	現在您去不論時候④
吳昌哲	今天君王您往見小臣都不按常規時間⑤

"不以時"即習語所謂"不時"，⑥古籍中"不時"有兩種用法：

1. 不合時、不適時

《左傳・襄公十八年》："天道多在西北。南師不時，必無功。"《後漢書・劉陶傳》："臣敢吐不時之義於諱言之朝，猶冰霜見日，必至消滅。"李賢注："不時謂不合於時也。"

2. 隨時、時時

《三國演義》第一○一回："吾將不時更換，軍又訓練不熟：其必出二也。"

前述學者們的語譯其實也有這兩種用法的差異，李爽、王寧、吳昌哲采用"不合時"（即第一種用法），馬文增、洪君好則采用"隨時、臨時"（即第二種用法）。從簡文"湯反返（復）見少（小）臣"中的"反復"來看，方惟勸諫前，湯肯定不只一次驅車探望伊尹，但就文意而言，方惟批評湯"往不以時，歸必夜"，是認爲湯在不適宜的時間探病，怕歸程時遭遇鬼祟，而非認爲湯探病的次數太多。可見本文是采用"不合時"（即第一種用法）的説法，馬文增、洪君好等人的意見並不理想。

---

① 馬文增：《清華簡〈湯處于湯丘〉新釋、注譯、析辯》。

② 李爽：《清華簡"伊尹"五篇集釋》，第 102 頁。

③ 洪君好：《戰國竹書伊尹文獻研究》，第 52 頁。

④ 王寧：《讀清華五〈湯處于湯丘〉散札》。

⑤ 吳昌哲：《〈清華大學藏戰國竹簡(伍)・湯處於湯丘〉研究》，臺灣師範大學碩士論文，2017 年，第 95 頁。

⑥ 關於"不時"的用法可參陳劍《説"時"》，"先秦經典字義源流國際學術研討會"論文，2015 年 10 月 3—4 日，香港浸會大學饒宗頤國學院。

（四）

　　簡文 6—7 云："能亓（其）事而旻（得）亓（其）飤（食），是名曰'昌'。未能亓（其）事而旻（得）其飤（食），是名曰'喪'。"吳昌哲語譯成："如果他的能力與俸禄可以相匹配，那國家就能昌盛；如果此人的能力與俸禄不能相配，那麼國家就會喪亡。"①把"能"理解爲"能力"，而"事"的意義則似乎没有顧及。李爽語譯成："能夠勝任其事而得到俸禄，這叫美善；不能勝任其事而得到俸禄，這叫禍喪。"②李爽將"能"訓爲"勝任"，比理解爲"能力"更爲理想，《尚書·西伯戡黎》："乃罪多參在上，乃能責命于天？"《孟子·告子下》："我能爲君辟土地，充府庫。"《史記·田敬仲完世家》："不救寡人，寡人弗能拔。"司馬貞索隱："能，猶勝也。"均是其例。不過，李爽對於"事"字亦没有進一步説明，它其實就是"職事"之"事"。"能其事"，一詞見於《禮記·祭統》："明其義者，君也；能其事者，臣也。不明其義，君人不全；不能其事，爲臣不全。"《淮南子·兵略訓》："凡此五官之於將也，猶身之有股肱手足也。必擇其人，技能其才，使官勝其任，人能其事。"文中的"事"均指職事。

　　本處的"旻（得）"非常值得留意，楚簡一般的"旻（得）"字，其"貝"旁皆已訛變成"目"，或於"目"形右下添加飾筆。考察"得"字的演變脈絡，會發現西周中期的史墻盤"能"（集成 10175），應是所見最早將"貝"寫成"目"的例子。目前所見時代最晚從"貝"的"得"，見於西周晚期的"能"（師望鼎／集成 2812）、"能"（大克鼎／集成 2836）、"能"（虢叔旅鐘／集成 238），諸字下半已改"又"爲"手"。到了春秋時代，"得"字的"貝"旁基本上都已經類化成"目"，戰國東土六國文字亦大抵如此。

　　清華簡中《湯處於湯丘》、《湯在啻門》二篇出自同一人之手，二篇共計出現五次從"貝"從"又"之"旻（得）"，可見這是該書手的特殊風格，但這種從"貝"的"得"在楚簡乃至戰國文字中皆極爲罕見。這種寫法究竟是怎麼來的？劉偉浠認爲是源自西周中晚期虢弔鐘一類從"貝"的寫法。③ 需要留意的是，與清華簡時代接近的秦文字資料中，卻有着

---

① 吳昌哲：《〈清華大學藏戰國竹簡（伍）·湯處於湯丘〉研究》，第 96 頁。

② 李爽：《清華簡"伊尹"五篇集釋》，第 102 頁。

③ 劉偉浠認爲："（《湯處於湯丘》）有些文字帶有存古現象，如'得'字，本從貝從又，甲骨文作能，金文作能（師望鼎能（虢弔鐘）能（克鼎），楚文字一般有兩種省形寫法能（上博一·孔子詩論 07）和能（郭店·語叢三 47），而三晉文字上面貝形皆演變爲目形。一般情況下，'貝'形已逐漸演變成'目'形，但於《湯處於湯丘》四見，於《湯在啻門》一見，皆作能形，顯然是源於虢弔鐘'貝'形寫法。"劉偉浠：《清華大學藏戰國竹簡（五）研究綜述》，《牡丹江師範學院學報》（哲社版）2016 年第 4 期（總 194 期），第 83—84 頁。

大量從"貝"的"得"字,例如戰國中晚期秦駰玉版作"![得字]"(乙•正)、"![得字]"(甲•正),前者從"貝",後者省成"目"形,又如![得字](故宮 439)![得字](陶彙 5.429)![得字](秦陶 252),均是從"貝",《説文》小篆"![得字]"則是由"貝"訛變成"見"。由上述資料可知,秦文字系統中的"得",基本上是以從"貝"爲主流的。

過去楚簡"得"字以從"目"爲主,使人誤以爲從"貝"的"得"是秦文字所獨有,但是新出材料《湯處於湯丘》《管仲》《政邦》中都出現從"貝"的"得"字,[①]可見過去因文字資料不足而導致有所誤判。換言之,在戰國時代至少秦、楚二系均保留了從"貝"的古體寫法。

(五)

簡 11 云"女(如)幸余閞於天畏(威),朕隹(惟)逆訓(順)是耆(圖)","閞"與金文中"閠"有關,先將相關資料列出:

(1)　無不![閠字]于文武耿光。　　　　　　　　　　　　　(毛公鼎/集成 2841)

(2)　今予唯![閠字]乃先祖考有恭(功)于周邦。

　　　　　　　　　　　　　　　　　(四十二年逑鼎/文物 2003 年第 6 期 17 頁)

(3)　皇列侯乃![閠字]朕毛父,用辛改(?)作爲寶尊。　(陞簋/通鑑 05138[②])

(4)　如幸余![閠字]於天威,朕唯逆順是圖。　　　　　　　(《湯丘》簡 11)

(5)　燕君子噲睿弅夫悟,長爲人主,![閠字]於天下之物矣。(中山王鼎/集成 2840)

(6)　予不敢閉于天降威用,文王遺我大寶龜,紹天明即命。　(《尚書•大誥》)

朱德熙、裘錫圭認爲中山王鼎(5)讀爲"閑",訓爲"習"。[③]劉洪濤將毛公鼎(1)、四十二年逑鼎(2)、中山王鼎(5)聯繫起來,釋作"閠"讀爲"閑(嫻)"。[④]《湯丘》原整理者釋爲"閞"讀作"關",[⑤]單育辰認爲《湯丘》(4)寫法與金文毛公鼎(1)、中山王鼎(5)的"閠"是同

① 參李學勤主編:《清華大學藏戰國竹簡(肆—陸)文字編》,中西書局,2017 年,第 45、72 頁。李學勤主編:《清華大學藏戰國竹簡(捌)》,中西書局,2018 年,第 178 頁。

② 見 2007 年月陝西韓城市昝村鎮梁帶村兩周墓地(M586:39、40)。

③ 朱德熙、裘錫圭:《平山中山王墓銅器銘文的初步研究》,《文物》1979 年第 1 期,第 48 頁。

④ 劉洪濤:《釋虢季子白盤銘的"經擁四方"》,《中國文本研究》第 24 輯,上海書店出版社,2016 年,第 45—49 頁。

⑤ 李學勤主編:《清華大學藏戰國竹簡(伍)》,第 138 頁。

一個詞，①"閑"與"閈"都是見紐元部，聲韻可以相通。筆者認爲以上説法都是有道理的，文例均讀爲"閑"（讀"嫻"亦通），訓爲"習"。

　　薛培武則利用(1)、(2)、(4)、(5)等資料，進一步考察《尚書•大誥》(6)"予不敢閉于天降威用"之"閉"，他認爲"閉"乃"閈"的異文，並提出兩個方案：一是直接將"閉"理解爲"閈"的訛誤字。二是古籍中"閉"、"閈"有異文的關係，進一步利用楚簡中的"干"與"戈"易混，而"閉"本從"必"得聲，偶寫作從"戈"，主張"閈"字到了楚簡時代誤寫成從"戈"的"閉"是可能的。薛培武認爲"第一種操作較直接，且容易實現的。第二種操作需要歷時的演變系統的佐證"。

　　筆者認爲"![字]"、"![字]"均與"閈"無關，目前所見確定的"閈"都是秦漢文字（詳後），《大誥》的"閉"並非"閈"之訛。而第二種説法則是利用古籍異文與楚簡構形類化現象，對"閉"字進行解讀。我們先將古籍中"閈"與"閉"的異文情況羅列如下：

1. 《墨子•備城門》"爲閨門兩扇，令各可以自閉"，道藏本、吳鈔本"閉"作"閈"。
2. 《墨子•備城門》"行棧内閈"，孫詒讓《墨子閒詁》云："'閈'即'閉'字，疑當作'閈'，王羲之書《黄庭經》'閉'字如此作，與'閈閒'字異。"
3. 《左傳•襄公三十一年》"高其閈閎"，《釋文》引沈云："閈，閉也。"②

　　薛培武認爲楚簡"干"與"戈"訛混，而楚簡"閉"本從"必"得聲，偶爾寫作從"戈"，由此將"閉"與"閈"聯繫起來，就楚簡構形理論來看，有一定的道理。可是，並沒有證據顯示上述諸條異文（包括《尚書•大誥》）都是經由楚簡傳抄而來。古文字中"干"與"才"的構形差異不算小，而《墨子》中的道藏本、吳鈔本肯定都是秦以後傳抄刊刻而造成的異文，"閉"、"閈"二字很有可能是在隸楷階段以後才發生錯訛，請看以下字例：

閉			閈		
![字]	![字]	![字]	![字]	![字]	![字]
唐•李羨墓誌	唐•崔公墓誌	唐•王夫人師墓誌	北魏•常季繁墓志	魏•元颺墓誌	隋•張通妻陶貴墓誌

---

① 見武漢網"簡帛論壇"《〈湯處於湯丘〉初讀》19 樓，2015 年 4 月 15 日。單育辰：《清華大學藏戰國竹簡（伍）釋文訂補》，戰國文字研究的回顧與展望國際學術研討會論文集，第 237—238 頁。

② 《故訓彙纂》的"閈"存二音，除 hàn 外，還依據上述編號 2、3 的兩條書證，獨立 bì 一音，事實上是没必要的。參宗福邦、陳世鐃、蕭海波主編：《故訓匯纂》，商務印書館，2003 年，第 2396 頁。

續　表

閉			閈		

唐 · 韓愈書白鸚鵡賦	唐 · 圓測法師佛舍利塔銘	唐 · 蕭勝墓志	唐 · 張行滿墓誌	唐 · 安神儼墓誌	唐 · 武騎尉韓節墓誌

“閉”、“閈”在石碑資料中，構形十分接近，差異在“閉”字“才”旁豎筆往上突出，而“閈”字的“干”豎筆則連接第一横筆，不貫穿横筆。由此看來，晚近文字的“閉”、“閈”確實存在錯訛的條件。

除此之外，許舒絜研究傳抄古文《尚書》的異文情況，她指出“木”字少寫右半筆畫即是“才”字，傳抄《尚書》中存在大量“才”、“木”偏旁相混之例。比如《伊訓》“檢身若不及”之“檢”，内野本、足利本作 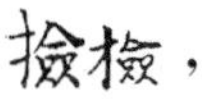，上圖本（八）[1]作 。《説命上》“若濟巨川，用汝作舟楫”之“楫”，敦煌本 P2643 作 ，上圖本（元亨本）作 。[2]《畢命》“雖收放心閑之惟艱”之“閑”，上圖本（八）作“”，[3]以上諸例原有偏旁的“木”均訛寫爲“才”。如果《畢命》“雖收放心閑之惟艱”之“閑”可以寫成“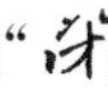（閉）”，那麽《尚書 · 大誥》“予不敢閉于天降威用”的“閉”，完全有可能是“閑”在傳抄過程中所造成的誤寫。總的來説，筆者認爲《尚書 · 大誥》的“閉”確實是訛字，但訛誤的時間恐怕不會太早。

再有的問題是：“”（2）、“”（3）的構形該怎麽理解？二字均从“門”从“十”形，“十”形最容易聯想到的是“甲”字，因此有不少學者認爲“”就是“閘”，[4]但也有學者釋作“閈”。[5] 其中周忠兵的説法值得留意，其云：

> 从門从，繫聯相關古文字字形，可知其應釋爲盾。古文字中的盾，其象形寫法作（秉盾簋）或（小臣宅簋），進一步簡化則作（逆鐘）

① “上圖本（八）”乃室町時期後期寫本（1336—1573）全，每半第八行，行大字二十，有松田本生印記，今藏上海圖書館。

② “上圖本（元亨本）”指日本元亨三年（1323）藤原長賴之手寫本。

③ 参許舒絜：《傳鈔古文〈書〉字之研究》，臺灣師範大學博士論文，2011 年，第 307 頁。

④ 董珊：《略論西周單氏家族窖藏青銅器銘文》，《中國歷史文物》2003 年第 4 期，第 40—50 頁。李零：《讀楊家村出土的虞逑諸器》，《中國歷史文物》2003 年第 3 期，第 25 頁。

⑤ 孫亞冰：《眉縣楊家村卌二、卌三年逑鼎考釋》，《中國史研究》2003 年第 4 期（總 100 期），2003 年，第 25—32 頁。

或□（五年師簋甲），即中間的方形變作橢圓形或粗橫劃，這就與□所從的□一致了。再進一步簡化，作□（史戎鼎，戎字所從），則與甲字基本無別了。逨鼎、X簋銘中所從的盾即是此類最簡省的甲字形。此外，逨鼎銘中恰好也有戎字，作□、□、□形，其所從的盾也作甲字形，與□中的盾完全一致，這亦可爲我們將□中的□看作是盾提供很好的佐證。①

周忠兵不將“□”與“甲”聯繫，而改釋作從“盾”，這個觀點很有啓發性。先暫時不管“□”是不是“盾”，青銅器銘文中“□”（干）常與“□”、“□”偏旁替換，例如“博”字作“□”、“□”、“□”（多友鼎／集成2835），“□”（虢季子白盤／集成10173），字明顯從“干”。但又可作“□”（戜簋／集成4322）、“□”（卅二年逨鼎甲）、“□”（子犯編鐘）、“□”（師袁簋／集成04313），字形則從“□”與“□”。

再來，該如何理解“博”字中的“□”或“□”，裘錫圭認爲子犯編鐘“□”所從的“□”應是“‘博’字本從象盾形的‘冊’，‘冊’亦即干戈之‘干’之本字，干、戈皆爲戎器，從‘戈’、從‘冊’、從‘干’同意”。② 林澐則認爲“□”是“□”的簡化，應讀“盾”，“冊”則象貫穿豎立的貝形，“□”與“冊”是來源不同的兩個字。③ 陳劍、蘇建洲則認爲“□”或“□”都應釋作“干”，蘇建洲指出宗人簋銘文的“□戈”（《商周青銅器銘文暨圖像集成續編》第二册0461號），比對虞簋“易介冑干戈”（《集成》4167），則“□”即“干”字。而“□五覜”，則是師獸簋銘文的“□（干）五錫”（《集成》4311），④通過文例比對，釋“干”之説很有道理。

回到本處的疑難字，毛公鼎的“□”與四十二年逨鼎的“□”以及隥簋的“□”，其實就是一字，均應隸定作“閈”，讀爲“閑”，與“閘”並無關係。事實上目前確定的“閘”字均爲秦漢文字，例如“□”（璽彙5328）、“□”（璽彙5329）、“□”（漢印文字徵12-04）、“□”（馬王堆帛書·老甲076），是一個比較晚出的構形。

---

① 周忠兵：《釋西周金文中的“楯”》（待刊稿），見馬軼男：《芮國有銘銅器整理與研究》，吉林大學碩士論文（指導教師：周忠兵教授），2017年，第117頁。

② 裘錫圭：《也談子犯編鐘》，《裘錫圭學術文集》（第三卷），復旦大學出版社，2012年，第87—88頁。

③ 參林澐：《説干、盾》，《古文字研究》第22輯，中華書局，2000年，第93—95頁。

④ 此爲陳劍於彰化師大國文系“出土文獻專題研究”課程上的意見。參蘇建洲：《西周金文“干”字再議》，復旦網，2017年2月12日。

（六）

簡 13 有“禺（偶）汖（離）”一詞，原整理者將之上讀，文例爲“民人皆綒（眢）禺（偶）汖（離），夏王不得其圖”，[①]此後學者們也基本采取這樣的斷讀，把“禺（偶）汖（離）”一詞上讀。[②] 這個説法的缺點是，“綒禺汖”應該是用以形容民人在亂世中的反應，但就語感來説，將三字連讀並不通順。因此程薇將“禺汖”獨立二字爲一句，並改讀爲“虞離”。[③] 筆者認爲“綒（眢）禺（偶）汖（離）”三字連讀，固然不順，但將二字獨立成一句，也不妥當。“禺汖”其實可以下讀並連接“夏王”，湯提出“有夏之德何若哉”之問，伊尹的回應應是：

> 有夏之德{職}，使貨以惑{職}，春秋改則{職}，民人趣忒{職}。刑無攸赦
> {魚}，民人皆眢{幽}，偶離夏王{陽}，不得其圖{魚}。

這段話四個字一句，十分工整。“禺汖”一詞，原整理者讀爲“偶離”，王寧認爲指“結伴逃離”，[④]吳昌哲認爲指“雙雙逃離”，[⑤]實大同小異，全句意即人民遭此亂世，皆紛紛逃離夏王，簡文“夏王”應與“偶離”連讀，並作爲受詞。此外，韻腳的押韻現象也可以作爲考察的重點，原考釋者已經指出，句中“德”、“惑”、“則”、“忒”等字都押職部韻。[⑥] 緊接着，“赦”、“圖”均爲魚部，而“王”則是陽部，魚陽對轉，[⑦]二部可以諧韻，可見“王”字作爲韻腳是可行的。簡文“不得其圖”的主詞應是“民人”，“圖”指圖謀、設法改變，面對夏禍，人民只能離開夏王，無法改變現狀，因此才有後文湯的“戡夏”之問。

---

① 李學勤主編：《清華大學藏戰國竹簡（伍）》，第 135 頁。

② 王寧：《讀清華五〈湯處於湯丘〉散札》。洪君妤：《戰國竹書伊尹文獻研究》，第 36 頁。李爽：《清華簡“伊尹”五篇集釋》，第 113 頁。郭倩文：《〈清華五〉、〈上博九〉集釋及新見文字現象整理與研究》，第 128 頁。王永昌：《清華簡文字釋讀四則》，《管子學刊》2016 年第 1 期，第 107—108 頁。

③ 程薇：《“民人皆眢禺麗”補説》，《出土文獻》2015 年第 1 期，第 215—219 頁。

④ 王寧：《讀清華五〈湯處於湯丘〉散札》。

⑤ 吳昌哲：《〈清華大學藏戰國竹簡（伍）·湯處於湯丘〉研究》，第 77 頁。

⑥ 李學勤主編：《清華大學藏戰國竹簡（伍）》，第 138 頁。

⑦ 參陳新雄：《古音研究》，臺北五南書局，1999 年，第 443—444 頁。

戰國楚簡中的"羿"字以及古書中若干"反／返"的含意

［日］宮島和也

（日本學術振興會／東京大學人文社會系研究科）

一、關 於 "羿" 字

戰國楚簡中出現"𢾶[1]羿"字,關於此字的釋讀曾經存在過較多的分歧。[2] 最近李守奎先生[3]指出這個字應釋爲"樊"的省體,以下 5 例[4]用爲移動動詞且讀作"反"或"返",[5]表示"從……返回"的意思:[6]

(1) 須左司馬之羿(返)行,將以問之。　　　　　　　　　（包山簡 130 號簡背）

(2) 昭王瘧逃寶。……羿(返)逃寶,王命䢵之胯毋見。

（上博簡《昭王與龔之胯》7 號簡）

---

① 清華簡《赤鵠之集湯之屋》5 號簡,引自清華大學出土文獻研究與保護中心編,李學勤主編:《清華大學藏戰國竹簡》（叁）下册,中西書局,2012 年,第 207 頁。

② 其他學者的意見可參看陳劍:《楚簡"羿"字試解》,《戰國竹書論集》,上海古籍出版社,2013 年,第 353—384 頁。

③ 李守奎:《〈楚居〉中的樊字及出土楚文獻中與樊相關文例的釋讀》,《古文字與古史考——清華簡整理研究》,中西書局,2015 年,第 40—48 頁。

④ 除了上舉的例子以外,"羿"還見於上博簡《容成氏》41 號簡,李先生讀爲"判"。參見李守奎:《〈楚居〉中的樊字及出土楚文獻中與樊相關文例的釋讀》,《古文字與古史考——清華簡整理研究》,第 45—46 頁。

⑤ "反"、"返"在古漢語中往往通用,以下若無特別需要,皆用"返"。

⑥ 在此,簡號表示"羿"出現的簡。以下若無特別需要引用出土資料時直接用通行字。

(3) 王居蘇溝之室,彭徙羿(返)譚關致命。　　　　(上博簡《王居》1 號簡)①

(4) 湯往□【駐】。……湯羿(返)駐,小臣饋。(清華簡《赤鵠之集湯之屋》5 號簡)

(5) 羿(返)瘰,享薦狀一佩玉環。　　　　　　　　　　　(天星觀簡)

(1)的"羿(反)行",李先生認爲表示"從出行回來"之義而指出"反行"見於《左傳》桓公二年:②

(6) 凡公行,告於宗廟;反行,飲至,舍爵策勳焉,禮也。

就(2)(3)(4),從前後文來看表示"從某地(逃寶、譚關、駐)回來"應該是没問題的。③ 然而關於(5)似有商榷的餘地,就此例李先生認爲"瘰"是地名,在新蔡簡中有表示"到'瘰'去,回來"的例子:④

(7) 爲君貞,將逾取(趣)菌(瘰),還返,尚毋有咎。　　　　(新蔡簡甲一 12)

就"將逾取菌"的理解,學者之間似乎還存在較大的分歧,⑤即使(7)的"菌(瘰)"是一個地名,也似乎不能直接證明(5)的"菌"也是地名。⑥ 由於天星觀楚簡尚未正式公開,不知簡文真正情況如何,但根據朱曉雪先生的整理,⑦天星觀簡中還見 4 例"羿饋",朱先生也把"羿"讀爲"返",如:⑧

(8) 義懌占之:恆貞吉,稍有戚於趾,有祟,以其故敓之,舉禱道一豢,羿(返)
　　 饋。舉禱宫地主一羖,使攻解於强死。

如果例(8)的"羿"也表示"返",後面"饋"無法認爲是出發地。同樣根據朱文,例(5)的上下文如下:⑨

---

① 釋文參見陳劍:《〈上博(八)·王居〉復原》,《戰國竹書論集》,第 439—446 頁。

② 李守奎:《〈楚居〉中的樊字及出土楚文獻中與樊相關文例的釋讀》,《古文字與古史考——清華簡整理研究》,第 45 頁。

③ (4)的"湯"所"往"的地方文字殘缺,但是應該可以補充後文的"駐",參見黄傑:《初讀清華簡(叁)〈赤㲄(從鳥)之集湯之屋〉筆記》,簡帛網,2013 年 1 月 10 日。

④ 李守奎:《〈楚居〉中的樊字及出土楚文獻中與樊相關文例的釋讀》,《古文字與古史考——清華簡整理研究》,第 45、48 頁。

⑤ 參見武漢大學簡帛研究中心、河南省文物考古研究所編著:《楚地出土戰國簡册合集(二)》,文物出版社,2013 年,第 69 頁;宋華强:《新蔡葛陵楚簡初探》,武漢大學出版社,2010 年,第 69—74 頁。

⑥ 可注意新蔡簡和天星觀簡出土地相差比較遠。

⑦ 朱曉雪:《天星觀卜筮祭禱簡文整理》,簡帛網,2018 年 2 月 2 日。

⑧ 引文基本上參見朱文,而據我理解有所調整。

⑨ 釋文亦有所改動。

(9) 占之：恆貞吉，將有惡於車馬下之人，有祟。以其故祝之，羿(返)菖，享薦
　　　狄一佩玉環。司命、司禍、地主各一吉環。享薦大水一佩玉環。

可見，"羿(返)菖"語境與"羿(返)饋"相似，頗有可能(5)的"菖"並非地名而其語義類似
於"饋"(朱文把"菖"讀爲"廩")，"羿(返)菖"、"羿(返)饋"應係祭祀的方式。《禮記·祭
義》有"反饋樂成，薦其薦俎，序其禮樂，備其百官"一句，[1]應當與此有關。就此《祭義》的
"反饋"，鄭注云："天子諸侯之祭，或從血、腥始，至反饋，是進熟也。"孔疏云："反饋樂成
者，此天子、諸侯之祭，血腥而始，及至進是設饌進熟，合樂成畢。"孫希旦則云："愚謂反
饋者，天子諸侯之祭，既行朝踐之禮於堂，乃反於室而行饋食之禮也。"也許如鄭注所云
"羿(返)菖"、"羿(返)饋"也表示"進熟"之類的意思，而就此"反/返"的真正含義，待考。

二、傳世文獻中若干"返"之語義

　　根據上述認識重新看傳世古書，我們還發現了若干"返"可能像(2)—(4)那樣，"返"
字之後直接帶表示起點的賓語。
　　《墨子·非攻下》有以下一段話：

(10) 武王踐功，夢見三神曰："予既沈漬殷紂于酒德矣，往攻之，予必使汝大堪
　　　之。"武王乃攻狂夫，反商之周，天賜武王黃鳥之旗。王既已克殷，成帝之
　　　來，分主諸神，祀紂先王，通維四夷，而天下莫不賓，焉襲湯之緒，此即武
　　　王之所以誅紂也。[2]

關於其中"反商之周"，各家有不同的看法。譬如吳毓江《墨子校注》根據縣眇閣本作"反商作
周"，山田琢先生則據《墨子斠注補正》認爲"周"是"政"之誤。[3] 但是如果認爲此"反"是〈返
自〉之義的話，就不必將"之"改爲"作"或者將"周"改爲"政"了，"反商"即"從商邑回來"的意
思，這句話的意思是"武王去攻狂夫(即紂王)，從商邑返回往宗周，天給武王黃鳥的旗子"。[4]
　　此外，《禮記·樂記》有孔子對"賓牟賈"這個人說的以下一段話，和(10)有點相似：

(11) 且女獨未聞牧野之語乎？武王克殷反商，未及下車而封黃帝之後於薊，

---

① 此句《孔子家語·曲禮公西赤問》作"反饋樂成，進則燕俎，序其禮樂，備其百官"。
② 吳毓江撰，孫啓治點校：《墨子校注》，中華書局，1993年。
③ 山田琢：《墨子上》(新釋漢文大系50)，明治書院，1975年，第243頁。
④ 鄔可晶先生認爲這一句話和《烈女傳·殷紂妲己》"頌曰，妲己配紂，惑亂是脩。……遂敗牧野，反商爲周"的
　　"反商爲周"同義，"反"是"覆滅"的意思。參見鄔可晶：《〈孔子家語〉成書考》，中西書局，2015年，第253頁。

封帝堯之後於祝,封帝舜之後於陳;下車而封夏后氏之後於杞,投殷之後於宋,封王子比干之墓,釋箕子之囚,使之行商容而復其位。庶民弛政,庶士倍禄。濟河而西,馬散之華山之陽而弗復乘,牛散之桃林之野而弗復服,車甲衈而藏之府庫而弗復用,倒載干戈,包之以虎皮,將帥之士使爲諸侯,名之曰建櫜。然後天下知武王之不復用兵也。①

關於"反商"一語,鄭注云"反商當爲及字之誤也",孔疏亦云"及商者,反當爲及,言武王牧野克殷已畢,及至商紂之都也",都認爲"反"是"及"的誤字。最近李守奎先生根據清華簡《繫年》中的"克反商邑"一句來解釋此"反"是"顛覆"的意思,與"克"同義,②鄔可晶先生也贊同李先生的看法,並且指出《孔子家語》作"武王克殷而反商之政"是後代人不明這個《樂記》的"反"的意思而改寫的。③ 但此"反商"的意思也有可能和(10)一樣是"從商邑回來",即武王勝殷以後,從商邑返回往宗周,在路上還没下車便開始行封建之事,表現武王有太多事要處理,很忙的樣子。④ "返"不一定含"回到"之意,如(12)子大叔還没到鄭國之前便死在路上了:

(12) 反自召陵,鄭子大叔未至而卒。　　　　　　　　　　　　(《左傳》定公四年)

三、帶起點賓語的"返"

還留下的問題是,如(13),古漢語中"返"的賓語一般表示移動的終點(goal),⑤如果要表示起點(source)的話,則如(14)(15)必須用"自"(以下爲了論述的方便,用{返}來表示"返"這個詞,而且需要分開指稱帶終點賓語的{返}和帶起點賓語的{返}的時候將前者稱爲{返 G},後者稱爲{返 S}):

(13) 及公子返晉邦,舉兵伐鄭,大破之,取八城焉。　　　　(《韓非子·喻老》)

(14) 子曰:"吾自衛反魯,然後樂正,雅頌各得其所。"　　　　(《論語·子罕》)

(15) 反自召陵,鄭子大叔未至而卒。　　　　(《左傳》定公四年)＝(12)

① 孫希旦撰:《禮記集解》,中華書局,1989 年。

② 李守奎:《據清華簡〈繫年〉"克反邑商"釋讀小臣單觶中的"反"與包山簡中的"鈑"》,《古文字與古史考——清華簡整理研究》,第 199—200 頁。

③ 鄔可晶:《〈孔子家語〉成書考》,第 253—254 頁。

④ 清華簡《繫年》"克反商邑"的"反",與此"反商"的意思不同,似當從李守奎先生的解釋。

⑤ "返"的賓語也表示被使役者(causee),參見宋亞雲:《漢語作格動詞的歷史演變研究》,北京大學出版社,2014 年,第 113 頁。又,"返"和表示終點的賓語之間,偶或有"于/於"介入:

　　(a) 孟子自齊葬於魯,反於齊,止於嬴。《孟子·公孫丑下》

或如(16)(17)，與(1)等同樣表示"作某個活動後從那裡回來"之類意思的時候也需要"自"：

(16) 公至自圍許。　　　　　　　　　　　　　　　《春秋經》僖公二九年）

(17) 楚公子元歸自伐鄭。　　　　　　　　　　　　《左傳》莊公三十年）

由此可見，像(1)—(4)和(6)那樣不用"自"而表示〈返自〉、直接帶表示起點的賓語，是相當特殊的。李守奎先生就(3)的"舁（返）逃賓"認爲"'返逃賓'義同'返自逃賓'同義結構，還是誤脱介詞'自'，還可以進一步研究"，①而後來云"目前所見的位移動詞'舁'，後面的賓語都是出發地，相當於'返自'，曾侯乙鎛銘有'返自西陽'的句法，②'舁'與'返'用法不同，這種特殊的語法現象值得關注"。③

此問題現在尚難以給出明確的解釋，在此擬提出一些解釋。即，因爲由於某種原因"自"不被使用，{返}産生出{返 S}的用法。④　如果就上述(10)(11)本文的理解屬實，

---

① 參見李守奎：《〈楚居〉中的樊字及出土楚文獻中與樊相關文例的釋讀》，《古文字與古史考——清華簡整理研究》，第 47 頁。

② 李先生所指的應是以下例子：

(b) 惟王五十有六祀，返自西陽，楚王酓章作曾侯乙宗彝。（楚王酓章鎛《集成》00085）

此器年代爲楚惠王 56 年（公元前 433 年），比在此所舉的其他資料早一些。

③ 參見李守奎：《〈楚居〉中的樊字及出土楚文獻中與樊相關文例的釋讀》，《古文字與古史考——清華簡整理研究》，第 48 頁，此句見於 2015 年版所加的"編按"部分。

④ 其實類似於在此討論的{返 G}和{返 S}，存在有些移動動詞似乎可以帶起點、終點賓語的現象［就(c)(d)的"逃"，參見黄錦章《移動動詞與上古漢語的類型學特徵》，《華東師範大學學報（哲學社會科學版）》2008 年第 1 期，第 104—105 頁］：

(c) 伍子胥逃楚而之吳，果與伯嚭之戰，而報其父之讎。（《戰國策·燕策二》）

(d) 居二年，二弟出走，公子夏逃楚，公子尾走晉。（《韓非子·外儲説右上》）

(e) 予方將與造物者爲人，厭則又乘夫莽眇之鳥，以出六極之外，而遊無何有之鄉，以處壙垠之野。（《莊子·應帝王》）

(c)的"逃"表示"從楚國逃走"，(d)則表示"逃走到楚國"；(e)"出"一般帶起點賓語，然而(e)的"六極之外"並非是起點。

但是就此還需要注意的是，(c)的語境爲如下：

(f) 伊尹再逃湯而之桀，再逃桀而之湯，果與鳴條之戰，而以湯爲天子。伍子胥逃楚而之吳，果與伯嚭之戰，而報其父之讎。今臣逃而紛齊、趙，始可著於春秋。且舉大事者孰不逃？桓公之難，管仲逃於魯。陽虎之難，孔子逃於衛。張儀逃於楚，白珪逃於秦。望諸相中山也，使趙，趙劫之求垈，望諸攻關而出逃。外孫之難，薛公釋戴，逃出於關，三晉稱以爲士。故舉大事，逃不足以爲辱矣。

由此可見，此處似乎以"於"字的有無來區分帶起點賓語的"逃"和帶終點賓語的"逃"。其實"逃"表示"往某處躲避"時大多用"于/於"，似乎表示"從某處逃走"是無標記的、表示"往某處逃走"是有標記的用法，(d)也許是省略"於"的（亦可注意"公子夏逃楚"與"公子尾走晉"構成對句）。另外就(e)，"六極之外"不是明確的終點，也可以理解爲移動的方向，似乎有所差異。

(10)的"反商之周"、(11)的"克殷反商"都是四字句,有可能係與韻律節奏有關的特殊情況;①就(1)(6)的"反行",其實除了(6)以外,"反行"一語在傳世古書當中猶可見數例,如:

> (18) 吳王夫差乃告諸大夫曰:"孤將有大志於齊,吾將許越成,而無拂吾慮。若越既改,吾又何求? 若其不改,反行,吾振旅焉。"　　（《國語·吳語》）
>
> (19) 大會同,造于廟,宜于社,過大山川,則用事焉;反行,舍奠。
>
> 　　　　　　　　　　　　　　　　　　　　　　　（《周禮·春官·宗伯》）

由此可見,"反行"似乎已經凝固爲一個詞,或是一個固定的説法。② 另外(2)(頗有可能(4)亦是)前面已經出現〈到X〉的記載,那麼比較容易把"返X"理解爲〈返自X〉之義。

因此我認爲,有可能在這種比較特殊的語用環境中,或者在已有比較强的語境支持的情況下,產生出{返}的{返S}用法,不用"自"也可以表示〈返自〉了。③

最後附帶一提,在楚系文字中已經出現過用"反/返"來表示{返}的例子,如:

> (20) 歲罷(一)返。（鄂君啓車節）
>
> (21) 黄鳥則困而欲反其故也。（上博簡《孔子詩論》9 號簡）④

目前用"𨑩"來表示{返}只見於戰國楚簡中,有可能用"反/返"來表示{返}是比較傳統的、古老的用字,用"𨑩"則是後來出現的比較新的用字(或許此用字本來是考慮表示與一般{返}性質不同的{返}的)。而且值得重視的是,上舉(1)—(3)、(5)是所謂"楚國内

---

① 承蒙郭永秉教授的提醒。

② 或許這些"反行"並不表示"從出行回來"而是"把軍隊返回"之義,比如(18)與《尚書·大禹謨》"班師振旅"相似(此承大西克也教授的指教)。

③ 除此之外,目前我認爲還有如下可能性。第一,{返}本身本來可以表示〈到……返回〉〈返自〉之義,後來用"自"來表明{返S},(1)—(4)等不用"自"來表示〈返自〉是其痕迹或者殘留(承蒙郭永秉教授的指教);第二,{返G}和{返S}本是不同兩個詞:"返"與"樊"聲母、聲調不同,比如 Schuessler 先生分別構擬爲＊pan?、＊ban(參見 Schuessler, Axel. *Minimal Old Chinese and Later Han Chinese: A Companion to Grammata Serica Recensa*, University of Hawai'I Press, 2009),亦有可能用"𨑩(樊)"來表示{返S},其用字本來考慮{返G}和{返S}語音之不同。如果此看法屬實,也許可以説,除了在語法層次用"自"來表示〈返自〉之義以外,也有可能通過構詞手段來引申出〈返自〉之義的詞(即{返S})。

④ 此句的解釋參看季旭昇主編:《上海博物館藏戰國楚竹書(一)讀本》,北京大學出版社,2009 年,第 29、37 頁,"返故"理解爲"返回故國"。

部文獻"①的例子，因此用"舁"來表示｛返｝這個用字也有可能是戰國楚地書面語的一個特徵。這種用字習慣上的問題，亦當繼續關注。

　　附記：郭永秉教授、羅盛吉先生審閱本文初稿並提出寶貴意見，在此謹致謝忱。本文得到 JSPS 科研費 JP18J10189 的資助。

---

① 是指包山簡、新蔡簡等爲了楚國人在楚國内部所用的文獻，以及上博簡中的所謂"楚王故事"等與楚國有密切關係的文獻（參見大西克也：《秦の文字統一について》，渡邊義浩編：《中國新出資料學の展開》，汲古書院，2013 年，第 130 頁、第 147 頁注 15）。雖然其範圍稍微不同，魏慈德先生也把類似文獻稱爲"楚人楚事簡"，見魏慈德：《新出楚簡中的楚國語料與史料》，五南圖書出版，2014 年，第 69 頁。

説表示"死"義的"世"字

——附《容成氏》"各得其世"解

郭永秉

(復旦大學出土文獻與古文字研究中心)

　　"世"的"死"義,不見載於《漢語大詞典》等大型古漢語語詞工具書的單字義項,但是《漢語大詞典》的"蚤世"一條,卻明明顯示"世"有"死"義:

> 猶早死。蚤,通"早"。《國語·周語中》:"叔孫之位,不若季孟,而亦泰侈焉,不可以事三君。若皆蚤世猶可,若登年以載其毒,必亡。"宋曾鞏《〈王子直文集〉序》:"然不幸蚤世,故雖有難得之材,獨立之志,而不得及其成就。"易宗夔《新世説·傷逝》:"陸麗京與沈駿明,素無深好,聞沈負才蚤世,乘醉造其家,哭之失聲。"①

《漢語大字典》的第一版也没有爲"世"列出"死"義,但是 2010 年修訂出版的《漢語大字典》九卷本第二版,爲"世"字所列的第十八義項爲:

> 通"逝"。去世,死亡。《左傳·昭公三年》:"則又無禄,早世隕命,寡人失望。"《後漢書·桓帝紀》:"詔曰:'曩者遭家不造,先帝早世。'"②

這一條確認了"世"有"死"義,是一個重要的進步;但把"蚤(早)世"的"世"通作"逝",恐怕是在語音和用字習慣上不好解釋的疑難,何況如結合後文會討論的"即世""就世"等與"死"相關的詞來看,"世"是否可以通"逝"就更成問題了。因此《漢語大字典》第二版的這個義項其實仍然没有徹底解決問題。

① 漢語大詞典編纂處:《漢語大詞典》,漢語大詞典出版社,1986—1993 年,第八卷第 862 頁。
② 漢語大字典編輯委員會:《漢語大字典》第二版,四川辭書出版社,2010 年,第一卷第 16 頁。

我認爲,從古文字資料和古漢語詞義引申的角度看,"世"字有"死"義,是可以確定下來的。除了"蚤世"之外,作這一判斷所牽涉的一條重要材料,見於《清華大學藏戰國竹簡(陸)·鄭武夫人規孺子》記載的鄭武夫人對莊公所説的一段話的核心内容:

> 今虖(吾)君既某(世),乳＝(孺子)【五】女(如)母(毋)智(知)邦正(政),詎(屬)之夫＝(大夫),老婦亦牆(將)丩(糾)攸(修)宫中之正(政),門檻之外母(毋)敢又(有)智(知)女(焉)。

武夫人的意思是要求莊公在武公過世後,放棄國家政事的管理,由大夫執政,而她自己也只管宫中之事,不問朝政。原整理者在"既"字之後用尖括號括注"即",並解釋道:

> 即世,亦見清華簡《繫年》第二章"武公即世",整理者注:"即世,意爲亡卒,見《左傳》成公十三年、十六年,襄公二十九年,昭公十九年、二十六年等,如成公十三年'穆、襄即世',杜注:'文六年晉襄、秦穆皆卒。'"①

可見整理者將此"既"字視爲"即"的誤字,"既世"也就是戰國文獻常見的"即世"。這個意見,不能説没有道理,不必遠説金文中並非普遍現象的"既"訛作"即"之例(據統計僅見二例),②就是戰國簡當中,也有來自郭店簡《老子》丙組非常直接明確的例證:

> 大上下智又(有)之,亓(其)即(次)新(親)譽之,亓(其)既〈即(次)〉愧(畏)之,亓(其)即(次)灸(侮)之。③

所以,儘管例子談不上普遍,但"既""即"容易相混是不能否認的現象。學者之所以没有對《鄭武夫人規孺子》的釋讀提出不同意見,一方面可以説是在這一認識的背景下,很容易往常見的"即世"一語上面去靠,另一方面或許是覺得"既世"的"世"字不好説通文義。但如果我們像文章開頭所説,把"世"字的意思理解爲"死","既世"就完全不必認爲是誤抄,因爲先秦秦漢古書中"既死""既没""既卒"一類的話是很常見的:

> 伯有既死,使大史命伯石爲卿。　　　　　　　　(《左傳》襄公三十年)
>
> 魯有先大夫曰臧文仲,既没,其言立。　　　　　(《左傳》襄公二十四年)
>
> 魏文侯既卒,起事其子武侯。　　　　　　　　　(《史記·吴起傳》)

所以我們下面就要論證"世"的"死"義是如何起來的。這自然先要從究竟應該如何理解古書中"即世""就世"的含義談起。

---

① 清華大學出土文獻保護與研究中心編,李學勤主編:《清華大學藏戰國竹簡(陸)》,中西書局,2016年。

② 張新俊:《甲骨文"即""既"補釋》,《故宫博物院院刊》2015年第1期,第70頁注3。

③ 荆門市博物館:《郭店楚墓竹簡》,文物出版社,1998年,圖版第9頁,釋文注釋第121頁。

　　我其實不是很清楚主張把"既世"改讀爲"即世"的學者,是怎樣理解"即世""就世"的詞義及結構的。按照一般的理解,"即""就"義同,表示赴就、趨向之義,如果不將"世"理解成"死"或與此有關的意義,那麼這兩個作爲"死"之代稱的詞,如何能表達出"死"的含義,就頗難説得圓滿。當然,也有像韋昭這樣的學者,是把"就"理解成"終"的:

　　　　《國語·越語下》:"先人就世,不穀即位。"韋昭注:"就世,終世也。"

按照韋説,"就"後面的這個"世"是表示人一生、一輩子的"世",在典籍舊注當中,對"世"確實有"終身"一類的理解。

　　　　《吕氏春秋·觀世》:"賢主知其若此也,故日慎一日,以終其世。"高誘注:
　　"没世爲世。"

畢沅校曰:"疑是'没身爲世'。賢主時以其亡爲憂也。"陳奇猷先生認爲:"畢校是。高注《用民》云'終一人之身爲世',即没其身爲一世之意,可爲畢説之證。"①所以韋解對於"就世"一詞而言似乎可通(《爾雅·釋詁》:"就,終也。""終身"即死亡的婉稱),但是對"即世"一詞卻無論如何都難以解釋了,因爲"即"字並沒有終、竟的含義。因此,我認爲韋解是有問題的。

　　不過上引高誘的注卻很值得注意,没身爲"世",這個"世"很容易引申出表示死亡的"世"。上博簡《曹沫之陣》簡9有"没身就世"一語,高佑仁先生從舊説主張"就世"的"就"是終、竟之義,這雖然不能爲我們所同意,但他認爲"没身就世"表示"壽終正寢"的意思則基本是正確的。②　"没身"的"終身"義既可以引申出"死亡"義,那麼"世"引申出"死亡"之義也就是很自然的了。

　　日本學者高木智見先生,對中國上古時代"世"的意義進行過仔細而深入的研究,他認爲指稱死亡的"即世""就世",其"世"的意義與血族譜系之"世"有關:

　　　　當時的人們明確認識到作爲至上命題的人神共同體的存續,或者説血族
　　生命力的跨時繼承過程,實際上是通過每個人的生命力的連鎖繼承實現的。
　　本章第一節論證了"世"字有兩個意思。比如説舜的"世"是由"百世"的積累形
　　成的。祭祀祖先的活動,就是通過體驗和感受此類表示一個世代的"世"與表
　　示這些世代積累結果的血族的長期存續(人神共同體)的"世",從而確認自己

①　陳奇猷:《吕氏春秋新校釋》,上海古籍出版社,2002年,下册第971頁。
②　高佑仁:《談〈曹沫之陣〉的"没身就世"》,簡帛網,2006年2月20日,引自劉志基、董蓮池、王文耀主編:《古文字考釋提要總覽》第一册,上海人民出版社,2008年,第590頁。

在長期存續過程中所處位置的一個重要機會。

與這個"世"字相關,表示死的意思的"即世"和"就世"兩個詞語,是一個對認識當時的血族意識極富啟發意義的表現,毋庸諱言,如何表達死,是了解表達者所屬的社會構造與世界觀的一個重要手段,也是研究古代問題時不可錯漏的問題。眾所周知,古代中國表示死亡的詞語是跟身份相關的。比如天子是"崩"、諸侯是"薨"、大夫是"卒"、士是"不祿"、庶民是"死"。……

關於死的表達方法當時還有"獻公即世"、"文公即世"、"穆、襄即世"(均出自《左傳》成公十三年)、"子西即世"(《左傳》襄公二十九年)等用於外交辭令的鄭重的説法。《國語·越語》中還有"先人就世,不穀(王公自稱)就位"這樣的"就世"的説法。"即"與"就"如同"即位"和"就位"一樣,意思相通,是一組同義字,意思是到達某個地方或者達到某種狀況,或者説佔有某個位置。因此,"就世"可以解釋成佔有那個叫做"世"的地方或者位置。而如果是表示死亡的意思的話,那麼這裡的"世",當然肯定就是上邊分析的兩個"世"的意思中表示血族連續的那個"世"了。所以,"就世",可以看成死後即佔據始祖以來祖先譜系中末端的位置。

這一點通過下一個史料可以證明。《國語·楚語上》云,楚恭王臨終時就自己的謚號留下遺言:"唯是春秋所以從先君者,請爲'靈'若'厲'。"《左傳》襄公十三年對這個遺言有更詳細的記載:"唯是春秋窀穸之事,所以從先君於禰廟者,請爲'靈'若'厲'。"總之是讓給自己追謚靈王或厲王之類的惡謚。就是説,指的是在祭祀的時候,像甲骨卜辭中的世系一樣,接着始祖以來的先公、先王的謚號,唸唱自己的謚號。

綜上所述,春秋的祭祀活動,在宗廟唸唱始祖以來的"世",是子孫們認識創造了自己血族歷史的每一位祖先謚號的機會,另外,也是確認處於這種"世"最末端的自己的存在的一個機會。把死用"即世"表達,就是以原中國時期人們的這種血族意識爲背景的。①

這可能是目前我所見到的有關"即世""就世"詞義該作何理解的最認真嚴肅的討論了,應當説這些意見很有啟發性,關於"即""就"表示的是到達(某個地方、某種狀況)的意思,也無疑是正確的。但是高木氏將"死亡"與列於血族系譜末端位置(以稱呼謚號爲標

---

① ［日］高木智見著,何曉毅譯:《先秦社會與思想——試論中國文化的核心》,上海古籍出版社,2011年,第102—103頁。

誌)聯繫,恐怕有較大猜測成分。例如並非所有古人都有謚號,其所舉鄭國的子西(公孫夏)就並没有謚號的記載,至於是否在血族系譜中佔據末端位置、使得血族連續,也並不是必須要通過"死"來達成的,而反應是與生俱來便已造就的事實。更何況對本文一開頭舉出有"蚤(早)世"的説法,更可顯示出這一種解釋的脆弱性。因此"即世""就世"的"世"恐怕不能如高木氏這樣理解。

儘管如此,高木氏在其書第一章中,着眼於"世"字字形來分析其字義演變及分類,我認爲是有意義的。他引録了戴家祥《金文大字典》(學林出版社 1995 年)的下列字形:

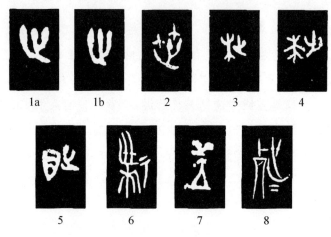

圖 17　散見於金文的"世"字字形

1a. 多友鼎　1b. 同簋　2. 祖日庚簋　3. 獻彝　4. 趞尊
5. 師遽彝　6. 欒書缶　7. 陳侯午敦　8. 舒蠻壺

對這些字形與其所表示的字義的關係進行了説解,他注意到中山國銅器銘文中從"歺(歹)"旁的"世"字寫法可以説十分重要,高木氏認爲:

圖 17-8 附加了意思是死或者屍體的意符"歹"。《金文大字典》認爲强調了世系延續的意思,白川静《字統》認爲"包含了世代的觀念",兩者的觀點都稍嫌曖昧。我們在思考通過死强調"世"的意思的時候,馬上想起的就是前面引用過的《晏子春秋》有關人神共同體是由生與死的連鎖繼承所維持的記載(本書第 55 頁)。就是説,作爲世代繼承的世系的"世",當然不僅涉及人的生,還是以人的死爲前提形成的。如果説附加了"立"字的 17-7 把重點放到新世代的開始,强調了繼世的意思,那麼,附加了"歹"的 17-8,就是把重點放到舊世代的終結上,强調了繼世的意思。①

① 〔日〕高木智見著,何曉毅譯:《先秦社會與思想——試論中國文化的核心》,第 73 頁。

正如高木氏所言,中山器的"𣲖"字所从"歺(歹)"旁與死義有關,他把从"歺(歹)"與世代繼承的世系之"世"聯繫起來,認爲强調"舊世代的終結",也很有啓發性,但是"舊世代的終結"其語義核心是"終結",它如何與"世"這個詞發生聯繫,是高木氏没有從語言學上作透徹解釋的。按照古文字學者的一般看法,這種从"歺(歹)"的"世",是因爲"人生至死爲一世",①張政烺先生在考釋中山國胤嗣𡭫盗壺銘時曾指出:

> 從歹之字多有死亡意,古人謂終一人之身爲世,《論語·衛靈公》"君子疾殁世而名不稱焉"(皇侃疏:"没世,謂身没以後也。"),《墨子·節用中》"是以終身不厭,殁世而不倦",《戰國策·秦策》"負芻必以魏殁世事秦",其例甚多。世字在西周金文中行用已廣,戰國時,隨着語義的分化造此新字,大約因意義不大,終歸淘汰。②

其説將"𣲖"字與"終一人之身"爲"世"聯繫,極有啓發性。不過我認爲,似不如直接認爲這就是爲表示死亡義的"世"所造的專字來得直截了當。

熟悉戰國文字的人都知道,戰國楚地往往把"世"寫作"喋"形,此形嚴格來説與"掩喋"之"喋"(此字《廣韻》音直葉切)只是同形關係,戰國文字的"喋"是一個从"歺(歹)"从"枼(世)"、"枼(世)"亦聲的形聲兼會意字,它應當就是表示"死亡"義的"世"的專字。在上博簡中,這個字就有一種从"死"的寫法,一個就是前舉的《曹沫之陣》"没身就世"之"世",另一個則在上博五《季康子問於孔子》篇用作"世三代之傳史"的"世"(表示"繼承"義):

《曹沫之陣》9　　　　《季康子問於孔子》14

《曹沫之陣》所从"死"的"人"旁訛變爲"力"。③ 這種"薨"字的寫法可以説明,戰國文字中"喋、𣲖(世)"所从的"歺(歹)",確實是"死"旁的簡省。我認爲這些字形是在"世"的"死"義變得非常常用以後被造出來的分化字(類似由"𣪍(没)"分化出"殁"字),並逐漸地在戰國文字中部分取代了"世(枼)"的功能,甚至很多表示"一世""人世"和"繼承"義的"世"往往也用這一類字來記録,這在文字學上可以看成是一種假借現象了,《曹沫之陣》的"薨"則是一個難得的用作本義的例子。

"就世"的"就",我認爲本來是就止、趨向的意思,"就世""即世"的詞義,可結合"即命"

①　王輝:《古文字通假字典》,中華書局,2008年,第639頁。

②　張政烺:《中山國胤嗣𡭫盗壺釋文》,《古文字研究》第1輯,中華書局,1979年,第245頁。

③　徐在國:《上博楚簡文字聲系(一~八)》,安徽大學出版社,2013年,第七册第2838—2839頁。

(見《左傳》文公六年)來作分析。"命"指人一輩子生命的過程,接近、趨向人走過一輩子的生命的境地也就是趨向於死,所以把"死"叫作"即命",但"命"最終没有引申出"死"的意思,這顯然是因爲"生命"與"死"的詞義不可兼容於一語中間;而"世"由"世代""一世"的意思引申出"死"的意思,卻是十分合理的,所以後來這個意義在"世"當中凝固下來,成爲一個獨立的義位,在本文開頭所舉的"蚤世""既世"等語中可以得到證明。"世"由"一世"、"世代"的意思引申出"死"義的過程,應該説不是一種具有規律性和普遍性的過程,它還需要在字義引申的内在邏輯規律之外,受到其他一些促發和感染性因素影響,我們不排除"世"的"死"義從其本義引申出來的過程中,也受到了"没世""違世"一類詞的影響的可能性,①但畢竟需要把"没世""違世"的詞義分析跟"就世""即世"稍加區別。②

古人大概與今人一樣,將"死"視爲一種忌諱語,儘量在各種場合用委婉的表達來代替"死"這個詞,"世"就是這樣一個在東周以後逐漸發展出來的替代詞。根據《死雅》一書,與"就世""即世"結構類似且也表示"死"之諱稱的有"就死地""即杳冥"等等。③

最後附帶談楚簡中的一個"殜"字的理解。上博簡《容成氏》4—5 號簡有一段描述有虞週統治時盛況的話(用寬式釋文):

> 於是乎不賞不罰,不型(刑)不殺。邦無飢人,道路無殤死者。上下貴戔(賤),各得亓(其)✦✦。

整理者李零先生釋爲"殜(世)",解釋爲"指每個人都能盡享天年"。④ 後來的學者異説頗多,此不舉例分析。我認爲從字形結構上看,這個字釋成"殜(世)"是没有問題的(字形與郭店簡《尊德義》25 號簡"殜"字完全一致⑤),把右邊隸定爲"枼"也好"枽"也好,都將致全字不成其字("殢"字雖見於《可洪音義》,但是相當於晚出的"磲"字俗體,其來源估計難以上推到先秦,且"各得其殢"文義難通,故此釋不可信),皆不足取。但是李零先生把"各得其世"理解爲"每個人都能盡享天年"也不能在字義上落實,所以疑慮仍存。

"各得其世"的"世"顯然不能理解爲本文所主張的"死"義,因爲上下貴賤的"得其

---

① 我們知道,"就"字後來因爲受到"就世"之"世"的詞義感染影響,有了"終"的意思,並在中古以後出現了專表"終"義的"歾"字(見《玉篇》《廣韻》等)。

② "就世""即世"的含義,在當時一般人的理解中可以説就是"赴幽冥",與"没世""違世"(《左傳》文公六年)雖然都是死的代稱,但其結構與詞義構成互相略有不同。承胡敕瑞先生賜教,按照本文的看法,"没世"也完全可能應分析爲"没(殁)"加"世"組成的一個同義複詞,而並不是述賓結構的詞。

③ 鮑延毅編:《死雅》,中國大百科全書出版社,2007 年,第 492、900 頁。

④ 馬承源主編:《上海博物館藏戰國楚竹書(二)》,上海古籍出版社,2002 年,第 254 頁。

⑤ 李守奎:《楚文字編》,華東師範大學出版社,2003 年,第 253 頁。

死"意味着都是得善終,不能言"各",也就是説得善終並没有彼此的區別(如説成"皆得其世"似乎尚可通)。《容成氏》的這個"世",應該是繼世、繼承的意思(《書·吕刑》:"遏絶苗民,無世在下。"孫星衍疏:"無令嗣世在下土也。"[1]),文義是説,在虞迥統治時,人無論身份高低貴賤,都能得其繼嗣之人。前舉高木氏的意見中認爲,戰國文字中从"立"字的"甏(世)"字"强調了繼世的意思",這是有道理的,此字應當就是爲"立後""繼承"義(前舉《季康子問於孔子》"甏(世)三代之傳史、上博簡《子羔》5 號簡"昔者【禪】而弗殜(世)"之"甏、殜(世)"即用此義[2])的"世"造的形聲後起字。承鄔可晶兄賜告,陳侯因齊敦銘文(《集成》4649)中"纂嗣桓、文"的"嗣"寫作"銅",[3]此字應即立嗣、繼嗣之"嗣"的形聲專字,造字意圖與"甏"字一致,可以作爲高木氏意見的佐證。《容成氏》此處簡文没有用"甏"而用"殜"來表示繼嗣,應該是文字的地域性特點使然,我們現在看到的"甏"是齊國的用字,楚文字未見。

《左傳》等書裡常常説道"若以先臣之故,而使有後,君之惠也"、"公子從吾言而飲此,則必可以無爲天下戮笑,必有後乎魯國"、"臧孫達其有後於魯乎"、"蒍氏之有後於楚國也宜哉"之類的話,古人無論貴賤,有無後嗣繼承都是一件大事(《孟子·離婁上》"不孝有三,無後爲大"),路上没有年幼早殤的兒童,則意味着人皆能安然活到成年以後,這便意味着所有人都能有其後嗣繼承家業,所以《容成氏》的這幾句話是前後相銜、具有内在邏輯的。

"高低貴賤,各得其世",雖是善政的結果,卻也明顯是埋下了父子相授的伏筆,與《容成氏》1 號簡所描述的遠古帝王階段"皆不授其子而授賢"、《子羔》所謂"昔者【禪】而弗世"的禪讓階段是不同的,高低貴賤之人都想從血緣角度來安排繼嗣之後人,這是導致禪讓這種君長推選制度瓦解的根本。《容成氏》的學派性質經多位學者論證,已可確認與墨家有密切關聯。墨家强調無等差的"兼愛"(這一點後來被孟子批評爲"無父"),極力主張尚賢、禪讓(甚至有不少學者認爲禪讓説即起源於墨家),所以《容成氏》對這一變化的觀察自然就有其獨到之見。《容成氏》32 號簡敘述虞迥受禪讓上臺前説了一句"德速衰【矣】",我以前懷疑是迥對其前任"始爵而行禄"的批評,[4]但畢竟我們發現,從迥之後,傳到堯,傳到舜,其實都是在有虞氏内部傳位。迥、堯的關係,《容成氏》語焉不詳(大概不是不願意明説,從上下文看,或許只是與迥生前没有指定繼任者有關),但《唐虞

---

① 孫星衍:《尚書今古文注疏》,中華書局,2004 年,第 523 頁。

② 參看裘錫圭:《〈上海博物館藏戰國楚竹書(二)·子羔〉釋文注釋》,《裘錫圭學術文集·簡牘帛書卷》,復旦大學出版社,2012 年,第 475 頁。

③ 董蓮池:《新金文編》,作家出版社,2011 年,中册第 1447 頁。

④ 郭永秉:《帝系新研》,北京大學出版社,2008 年,第 56 頁。

之道》14 號簡明確交代"古者堯生於天子而有天下",過去對此也有種種理解,①大概都不可信,兩相對照就知道,迥、堯極有可能就是父子關係。只不過堯後來是在有虞氏内部選了一個舜讓位,没有傳給自己兒子罷了。舜的偉大,是在於他把位子禪讓給治水的臣下禹,但在禹之後,因爲皋陶的不受禪讓而死、啟攻殺益自代,舜禹禪讓之舉的再續徹底遭到破產,中國就完全進入了家天下和朝代更替的循環過程。這大概就是迥所謂"德衰"的過程,這話也許並非僅僅是評價前任,也是對歷史大勢的前瞻和預判。

附記:承鄔可晶兄閲看小文並提出寶貴意見。在"文字、文獻與文明——第七屆出土文獻青年學者論壇暨國際學術研討會"會議召開期間,承張富海兄賜告《漢語大字典》第二版爲"世"字所列的義項,得補疏漏;2018 年 9 月 15 日在中國社科院語言所主辦的"第四屆出土文獻與上古漢語研究學術研討會"上,又承胡敕瑞先生賜教,記此一併鳴謝。

① 郭永秉:《帝系新研》,第 63—64 頁。

靈王所"遂"者究竟爲何國？*

——《靈王遂申》再考

[日] 海老根量介

（東京大學大學院人文社會系研究科）

一

上博簡《靈王遂申》收録於《上海博物館藏戰國楚竹書》第 9 册，[1]自其内容公布以來，學界已有不少優秀的研究。在吸收這些研究成果的基礎上，筆者曾經發表過《靈王遂申》的譯注。[2] 以下是釋文：[3]

霝（靈）王欥（既）立，繡（申）、賽（息）不慭。王歃（敗）郙（蔡）霝（靈）医（侯）於呂，命繡（申）人室出，取郙（蔡）之器。醫（執）事人夾郙（蔡）人之軍門，命人毋敢徒出。繡（申）坐（成）公津（乾），丌（其）子虎未毐（蓄）頏（髮），命之道（逝）。虎众（三）徒出，醫（執）事人志=（志之）。虎韏（乘）一肇=（肇（棧）車）駟，告報（執）事人："尖=（少（小）人）學（幼），不能吕（以）它器。昊（得）此車，或（又）不能馬（御）之吕（以）遝（歸）。命吕（以）丌（其）策遝（歸）。"報（執）事人許之。虎秉策吕（以）遝（歸），至敵（擊）縶（濫），或（又）弃丌（其）策女（焉）。坐（成）公懼丌（其）又（有）取女（焉），而逆之京（境），爲之蒞（怒）："塞（舉）邦書

---

* 本文寫作得到日本學術振興會（JSPS）科學研究費補助金（18K12524）的支持。

① 馬承源主編：《上海博物館藏戰國楚竹書（九）》，上海古籍出版社，2012 年。

② 海老根量介：《上博楚簡〈靈王遂申〉譯注》，《出土文獻と秦楚文化》第 7 號，2014 年。

③ 本文基本根據《上博楚簡〈靈王遂申〉譯注》所載的釋文，一部分内容參照拙稿刊行以後發表的研究，做了細微修改。又參見海老根量介：《上博楚簡〈平王與王子木〉譯注》，《出土文獻と秦楚文化》第 8 號，2015 年，第 204 頁；海老根量介：《春秋中～後期の申の復國問題について》，《史學雜誌》第 125 編第 1 號，2016 年，第 9—10 頁。

（盡）隻（獲），女（汝）蜀（獨）亡（無）旻（得）。”虎不旮（答）。或（又）爲之慈（怒）。

虎旮（答）曰：“君爲王臣，王牀（將）迷（墜）邦，弗能歪（止），而或（又）欱（欲）旻（得）女（焉）。”坚（成）公與虎逅（歸），爲袼。▬

《靈王遂申》首尾完整，除了一些文字的釋讀以外，①全文文意比較容易把握。至於《靈王遂申》的最後一段内容，學者們之間現在還存在較大的意見分歧，結尾“成公與虎歸，爲袼”也很籠統，難以理解。此處大家意見紛紜的原因是，對於“王將墜邦”的“邦”的理解不同，這甚至影響到全篇的主旨。

先回顧一下以往研究。管見所及，關於此“邦”的解釋有如下三種説法：

（1）申國。整理者陳佩芬先生介紹此篇内容説“楚王將在不斷的使申國滅亡”，②可見她認爲此“邦”指申國。曹方向先生指出“全篇最後一簡，成公之子擔憂‘王將遂邦弗能止’，意思是靈王將把申當成楚國封域之内的地方”，③他似乎也認爲“邦”指的是申國。高佑仁先生基於“舉邦盡獲”與“王將墜邦”的兩個“邦”指同一國的立場，指出此“邦”只能是申國。④

（2）楚國。清華大學出土文獻讀書會將虎的最後發言解釋爲：“王將墜楚邦，君爲王臣而不能止其禍，而又取蔡器。”⑤他們認爲此“邦”是楚國。

（3）蔡國。蘇建洲先生認爲“將墜邦”很可能是指將要滅蔡而言。⑥ 鄭威先生論：“簡文中，楚王命申人取蔡器之時，虎稱‘王將墜邦’，即楚王將要攻滅蔡國。”⑦他認爲“邦”是蔡國。最近曹方向先生指出此“墜邦”不僅和滅蔡有關，恐怕還暗示了楚靈王遷

① 比較有争論的是文中“虎”、“乾”字的理解。此外，學者們還圍繞《靈王遂申》所見“申”是申國還是申縣，“申成公”或“申成公乾”到底是何種人物進行討論。本文認爲“申”指申國，“申成公乾”是申的國君，申國當時是屬於楚國的服從小國之一。具體的論證請參見海老根量介：《上博楚簡〈靈王遂申〉譯注》，《出土文獻と秦楚文化》第 7 號，第 18—22 頁；海老根量介：《上博楚簡〈平王與王子木〉譯注》，《出土文獻と秦楚文化》第 8 號，第 202—206 頁；海老根量介：《春秋中～後期の申の復國問題について》，《史學雜誌》第 125 編第 1 號，第 9—31 頁。

② 馬承源主編：《上海博物館藏戰國楚竹書（九）》，第 157 頁。

③ 曹方向：《上博九〈靈王遂申〉通釋》，簡帛網，2013 年 1 月 6 日。

④ 季旭昇、高佑仁主編：《〈上海博物館藏戰國楚竹書（九）〉讀本》，萬卷樓，2017 年，第 77 頁。

⑤ 清華大學出土文獻讀書會：《〈上博九·靈王遂申〉研讀》，清華大學出土文獻研究與保護中心網站，2013 年 4 月 1 日。

⑥ 蘇建洲：《上博九〈靈王遂申〉釋讀與研究》，《出土文獻》第 5 輯，中西書局，2014 年，第 117—118 頁。

⑦ 鄭威：《〈靈王遂申〉與春秋後期楚國的申縣》，《江漢考古》2017 年第 5 期，第 118 頁。

邑的決策。①

筆者舊文譯注中曾提出自己的意見，即贊成清華大學出土文獻讀書會的説法，認爲"邦"指的是楚國。如上所述，把"邦"釋爲楚國的看法屬於少數派，但是我的意見目前没有變化。其實，在我們看來，"邦"認爲申國或蔡國的意見有句法上的難點，此"邦"只能解釋爲楚國。以下詳論。

二

"王將述邦"的"述"字讀爲"遂"或"墜"是大家一致認可的釋讀。至於"遂"或"墜"的意思，從前面的敘述來看，大部分學者都理解爲"滅亡"。因此，對於將"邦"解釋爲申國、蔡國的學者來講，"墜（遂）邦"意味着"滅亡申 /蔡國"。但是，此"墜（遂）"是否真的可以理解爲"滅亡"的意思呢？

首先，我們從傳世文獻中尋找與《靈王遂申》"王將墜邦"類似的句法。《國語 · 楚語下》云：

> 吴人入楚，昭王出奔，濟於成臼，見藍尹亹載其孥。王曰："載予。"對曰："自先王莫墜其國，當君而亡之，君之過也。"遂去王。

韋昭注："墜，失也。"吴國攻入楚國時，藍尹批判昭王説，先王没有失去自己的國家，但是昭王亡之。又《墨子 · 法儀》云：

> 暴王桀紂幽厲，兼惡天下之百姓，率以詬天侮鬼，其賊人多，故天禍之，使遂失其國家，身死爲僇於天下，後世子孫毁之，至今不息。

這裏的"遂"與"失"並列，很明顯"遂"也有"失"的意思。由於桀紂幽厲施行暴政，天賜下災難，使他們喪失自己的國家。可見，這些例子中的"墜""遂"都是"失"的意思，"墜其國""遂失其國家"都意味着"喪失自己的國家"。

其實，相似的"墜（遂）A"的句法不勝枚舉。西周金文與《尚書》中多見"墜命""墜厥命"等語。在此舉出一些例子。大盂鼎銘文云：

> 我聞殷述（墜）令（命），隹（唯）殷邊（邊）医（侯）田（甸）雩（與）殷正百辟，率肄（肆）于酉（酒），古（故）喪自（師）。

---

① 曹方向：《上博簡〈靈王遂申〉再研究（稿）》，中國出土資料學會平成30年度第1回大會論文，東京：成城大學，2018年7月7日，第7頁。

陳佩芬先生也引用此例,指出"'述命'即'遂命',爲喪失天命"。①《尚書·酒誥》云:"今惟殷<u>墜厥命</u>,我其可不大監撫于時。"此例與大盂鼎銘文一樣,敘述殷喪失自己的天命。《尚書·召誥》云:

> 嗚呼。天亦哀于四方民,其眷命用懋,王其疾敬德。相古先民有夏,天迪從子保,面稽天若,今時既<u>墜厥命</u>。今相有殷,天迪格保,面稽天若,今時既<u>墜厥命</u>。

這裏也意指現在夏、殷已經失去自己的天命。又《尚書·君奭》云:

> 周公若曰:"君奭。弗弔,天降喪于殷,<u>殷既墜厥命</u>,我有周既受。我不敢知曰:'厥基永孚于休。'若天棐忱,我亦不敢知曰:'其終出于不祥。'嗚呼。君已曰時我,我亦不敢寧于上帝命,弗永遠念天威,越我民。罔尤違,惟人。在我後嗣子孫,大弗克恭上下,遏佚前人光在家。不知天命不易,天難諶,乃其<u>墜命</u>,弗克經歷嗣前人恭明德。在今予小子旦,非克有正,迪惟前人光,施于我沖子。"

此例説明殷喪失天命而周替代殷受命,可是如果周也疏忽恭敬謹慎的話,也會喪失其天命。總而言之,這些金文和《尚書》中的"墜命""墜厥命"等詞語,都具有夏、殷、周等國家失去自己的天命的意思。

《左傳》也有"墜命"的例子。襄公十一年條有如下記載:

> 四月,諸侯伐鄭。……鄭人懼,乃行成。秋,七月,同盟于亳。范宣子曰:"不慎,必失諸侯。諸侯道敝而無成,能無貳乎。"乃盟。載書曰:"凡我同盟,毋蘊年,毋壅利,毋保姦,毋留慝,救災患,恤禍亂,同好惡,獎王室。或間兹命,司慎、司盟,名山、名川,群神、群祀,先王、先公,七姓十二國之祖,明神殛之,俾失其民,<u>隊命亡氏</u>,踣其國家。"

此"隊(墜)命"出現在盟誓的載書中。"隊命"與"亡氏"並列,"命"指的似乎不是天命而是生命。這裏説的是,如果誰違背盟誓的話,諸神使那個人失去生命。其實"墜 A"的句法在載書中比較多見,《左傳·僖公二十八年》云:

---

① 馬承源主編:《上海博物館藏戰國楚竹書(九)》,第 164 頁。陳先生在此正確地指出"遂"是"喪失"的意思,但她也認爲"遂邦"即"亡國",這可能因爲她還引用了《説文·辵部》"遂,亡也",受到了這種解釋的影響。不過,蘇建洲先生已經指出《説文》的"遂"並非滅亡的意思,而是逃亡之意,參見氏著:《上博九〈靈王遂申〉釋讀與研究》,《出土文獻》第 5 輯,第 104 頁。

> 衞侯聞楚師敗,懼,出奔楚,遂適陳,使元咺奉叔武以受盟。癸亥,王子虎盟諸侯于王庭,要言曰:"皆獎王室,無相害也。有渝此盟,明神殛之,<u>俾隊其師</u>,無克祚國,及其玄孫,無有老幼。"

與前例同樣,這裏也記述在某人或某國違背盟誓時,明神會使他失去他的軍隊。另外,《左傳·昭公十九年》云:

> 是歲也,鄭駟偃卒。子游娶於晉大夫,生絲,弱。其父兄立子瑕。子產憎其爲人也,且以爲不順,弗許,亦弗止。駟氏聳。他日,絲以告其舅。冬,晉人使以幣如鄭,問駟乞之立故。駟氏懼。駟乞欲逃,子產弗遣。請龜以卜,亦弗予。大夫謀對。子產不待而對客曰:"鄭國不天,寡君之二三臣札瘥夭昏,今又喪我先大夫偃。其子幼弱,其一二父兄懼<u>隊宗主</u>,私族於謀,而立長親。……"

關於"隊宗主",正義曰:"大夫繼世爲一宗之主,恐隊失之也。"也就是說,駟氏的父兄害怕失去自家的"宗主",沒選年幼的絲而選立駟偃之弟子瑕作爲後繼。另外正義引服虔云:"祐主藏於宗廟,故曰宗主。"按照這個理解,"隊宗主"指喪失(斷絕)自家宗廟的祭祀。類似的例子見於《墨子·非命下》:

> 昔三代暴王桀紂幽厲,貴爲天子,富有天下,於此乎,不而矯其耳目之欲,而從其心意之辟,外之歐騁、田獵、畢弋,內湛於酒樂,而不顧其國家百姓之政,繁爲無用,暴逆百姓,<u>遂失其宗廟</u>。

三代暴王隨心所欲放縱不羈,不顧百姓,最後失去了自己的宗廟。

如上所述,"墜(遂)"有時候與"失"並列,其意思爲"失去"。文獻中"墜(遂)"經常構成"(主語)墜(遂)其A"的句式,其意思是"(主語)失去自己的A",而A前沒有"其"的"(主語)墜(遂)A"型也跟"(主語)墜(遂)其A"型一樣,基本上都意味着"(主語)失去自己的A"。也就是說,"(主語)墜命"和"(主語)墜其命"都具有"(主語)喪失自己的命(天命或生命)"的意思。

但是,有些例子還需要進一步分析。《國語·晉語二》有如下記載:

> 秦穆公許諾。反使者,乃召大夫子明及公孫枝,曰:"夫晉國之亂,吾誰使先,若夫二公子而立之? 以爲朝夕之急。"大夫子明曰:"君使縶也。縶敏且知禮,敬以知微。敏能竄謀,知禮可使。<u>敬不墜命</u>,微知可否。君其使之。"

韋昭注:"墜,失也。"此處"墜命"意味着"失去(即敗壞)主君的命令"。上面我們討論"墜A"都是"(主語)失去自己的A"的意思,至於此例,我們卻似乎可以整理爲"(主語)失去他人的A"。但是,我們認爲此例也還是可以理解爲"(主語)失去自己的A"的構造。主君之命，一旦下達給臣下，那同時也就成爲臣下的命。我們應該考慮"殷墜命"，殷喪失的是天命，而天命本來是天賜給殷的。那麼，"殷墜（天）命"既是"殷失去自己的命"，又是"殷失去他人（天）（賜予）的命"。不論我們把"命"視爲"天賜下的命"還是"從天那裏得到的命"，現在"命"屬於主語（殷），這一點是没有變化的。《國語・晉語二》的"墜命"也與此相同，可以理解爲"（主語）失去（屬於）自己的 A"。

其實，"墜（遂）"並不是完全没有"滅亡"的意思。《荀子・正論》云：①

> 古者天子千官，諸侯百官。以是千官也，令行於諸夏之國，謂之王。以是百官也，令行於境内，國雖不安，不至於廢易遂亡，謂之君。

文中"國雖不安，不致於廢易遂亡"的意思是"雖然國家不安定，但是還不至於（君主）廢黜（國家）滅亡"。此外，馬王堆帛書《黄帝四經》中也有如下記載：②

> 國失亓（其）次，則社禝（稷）大匡。奪〔之〕而无予，國不遂亡。
> （《經法・國次》第 9 行上、下）
> 奪之而无予，亓（其）國乃不遂亡。　（《十大經・行守》第 58 行上）

"奪而无予，國不遂亡"的意思是，攻奪他國的領土而不分封給賢者，那麼這個被攻占的國家就不會滅亡。③ 以上兩例的主語是"國"。且上述《荀子・正論》的"廢易遂亡"雖然是名詞，"遂亡"的動作主體也是"國家"。可見，"墜（遂）"的確有"滅亡"的意思，但這個意思的"遂"都出現在和"亡"構成的同義連文——"遂亡"中，而且"遂亡"不帶賓語。這一點與"墜（遂）A"、"墜（遂）其 A"的"墜（遂）"不一樣。

在此我們總結以上討論的内容。首先，"墜（遂）A""墜（遂）其 A"的"墜（遂）"都是"失去"的意思，似乎没有"滅亡"的意思。並且，不管"墜（遂）A"還是"墜（遂）其 A"，都是"（主語）喪失自己的 A"的意思，而没有"（主語）喪失他人的 A"的意思，更没有"（主語）滅亡他人的 A"的意思。"滅亡"意思的"墜（遂）"只出現在"（主語）遂亡"的句法中，且一般不帶賓語。因此，將"墜（遂）A""墜（遂）其 A"的"墜"理解爲"滅亡"，恐怕不太合適。

在上分析結果的基礎上，我們應該怎麼理解"王將墜邦"？這裏的主語是"王"，A 是"邦"。既然如此，那麼此句應該理解爲"王即將喪失自己的邦"。"王"是楚王，那麼很自然，"邦"就非楚國莫屬。"墜邦"不可能是"王滅亡他人之邦"的意思。因此，我們認爲

---

① 該文承蒙蘇建洲先生告知。
② 該文釋文與行數從裘錫圭主編：《長沙馬王堆漢墓簡帛集成》（肆），中華書局，2014 年，第 130、169 頁。
③ 參見陳鼓應注譯：《黄帝四經今注今譯》，臺灣商務印書館，1995 年，第 85、385 頁。

“邦”指楚國，而不是申國或蔡國。

<h1 style="text-align:center">三</h1>

　　我們已經了解“王將墜邦”意味着“楚王即將喪失楚國”。那麼，應該怎麼理解最後虎的發言內容？

　　關鍵在於“君爲王臣”這個句子。“君”指成公乾。如果王有不是的地方，王臣應該諫諍王。因此，虎的意思是説：“如今靈王做了不少壞事，失去了國內諸侯和人民的支持，他恐怕很快連自己的國家都保不住。成公乾既然是靈王的臣下，本來應該諫諍靈王，阻止他喪失楚國才對。可是成公乾不但没有這樣做，反而與靈王一起做壞事，想要獲得蔡人之器。這成何體統？”我們知道其後靈王遭遇率領陳、蔡等勢力的王子棄疾的叛亂，喪失了自己的國家和生命。“墜邦”正指此事，就是靈王喪失楚國。①

　　那麼，我們簡單地解讀一下全篇內容。此篇開頭説：“靈王既立，申、息不憖。”根據《左傳》，申、息常常構成“申息之師”，他們是楚國攻打中原地區諸國時的主要兵力。② 在《靈王遂申》中，靈王利用申人收集蔡人的器物，可見申國當時也繼續扮演着楚國攻擊他國之尖兵的角色。而靈王因不斷滅掉陳、蔡等服從小國，謀殺臣下吞併其邑等虐政而聞名。我們推測，靈王攻滅他國等施行暴政的時候，強迫申、息當作楚國的爪牙，所以“申、息不憖”。

　　在此篇中，成公乾不願意去取蔡器，但無法拒絶靈王的命令，無可奈何派遣自己的幼子虎。他估計即使尚未成年的兒子不能拿東西回來，楚王也會放過他。這是他的小小抵抗。結果出乎意料，楚的執事人控制嚴密，虎不得不拿一根馬鞭。但是他在回程中

---

① 高佑仁先生不贊成將“邦”視爲“楚”之説，指出：“從成公乾父子一連串的不合作行爲，可知二人的政治態度是站在楚靈王的對立面，藉此也呼應文章一開頭‘靈王既立，申息不憖’的政治氛圍，因此成公乾父子二人實無須關心楚王是否將會墜邦邦。”（參見季旭昇、高佑仁主編：《〈上海博物館藏戰國楚竹書（九）〉讀本》，第77頁）對此筆者不能認同，虎之所以強調成公乾“爲王臣”的立場，是因爲成公乾也應該關注靈王和楚國的情況。其實成公乾其人出現在上博簡《平王與王子木》和《説苑・臣術》等，前者中他對楚國王子講“吾先君莊王”的故事，後者中他議論楚國下一個令尹的調動，可見他帶有比較明顯的“楚臣”性質。

② 參見安倍道子：《成王後期、穆王期における楚の對外發展》，《東海大學紀要文學部》第35輯，1981年，第20—21頁。

扔掉了馬鞭,空手返回。成公乾擔心虎拿到蔡器,便到申國邊界迎接他。① 成公乾看到虎没有拿東西,可能內心高興,因爲他兒子的行動符合他的期望,但同時又害怕他的真實想法被靈王知曉,所以假裝發怒。於是虎向成公乾回答的内容就是我們前面所討論的"君爲王臣,王將墜邦,弗能止,而又欲得焉"。虎可能不知曉他父親的真意,反而誤認爲他樂於參與靈王的暴政,並企圖從中獲益。

此文最後一段是:"成公與虎歸,爲袼。②"關於"袼"字的釋讀,學者們還没有達成一致意見。陳佩芬先生舉出上博簡《昭王毁室》的"袼"和包山簡的"袼"的例子,指出兩者都是祭名。③ 前者指落成的祭祀,而後者指祭禱祖先。後者出現在卜筮祭禱簡,墓主左尹邵𣄼向父母供奉犧牲、酒食等以解除禍祟、祈求保佑。筆者認爲《靈王遂申》的"袼"與包山楚簡的"袼"相關,也指祭禱祖先。那麼,爲什麼成公乾父子回到申國之後進行祭禱祖先呢?

我們已經知道,此後靈王遭遇叛亂而喪國身亡,而成公乾父子也預見靈王不久將會失去楚國。因此,父子擔憂楚國即將發生大災難,申也可能會被牽連,所以祈禱他們的祖先請求保佑申國,實行了"袼"的祭禱。④ 蘇建洲先生曾經指出:"第五支簡云'城(成)公與虎逤(歸),爲袼(落?)'也令人感到比較唐突。不排除簡文殘缺,或是屬於本篇的內

---

① 關於"逆之京",學者們的見解分歧很大,多數意見把"京"理解爲地名。郭永秉先生指出此處可能讀爲"逆之亭","亭"指邊境之亭(參見氏著:《"京"、"亭"、"亳"獻疑》,《出土文獻》第 5 輯,第 162 頁)。鄭威先生則認爲把"亭"理解爲供行人休息的停留之所比較合適,但也同時指出:"作爲行旅停留場所的'亭'在秦漢史料中較爲習見,春秋戰國時期的楚人是否這麼稱呼,仍有疑問。"(參見氏著:《〈靈王遂申〉與春秋後期楚國的申縣》,《江漢考古》2017 年第 5 期,第 121 頁)春秋時期的國家基本上還停留在"城市國家"的階段,没有像戰國時期的"領域國家"那樣國家與國家犬牙交錯,文書行政和郵驛制度也還没有十分發達。因此,無論邊境之亭還是行旅停留之亭,出現在春秋時期的故事裏是不太合適的。《左傳》等記載中,迎某人於國境的例子常見,我們暫且將"京"讀爲"境"。但是需要注意,當時的國境與戰國以後的情況不一樣。齋藤道子先生指出,對春秋時期的"國"而言,從"竟(境)"到"國"的城牆有一天以內的路程,即大約 20—25 公里。參見氏著:《春秋時代の"國"——"國"空間の性質とその範圍——》,《東海大學紀要文學部》第 71 輯,1999 年,第 80—82 頁。

② 郭永秉先生告知,鄔可晶先生認爲"袼"字所從不像是"各",而是"弇",疑讀爲"掩"。該字上部比較模糊,還不確定到底爲何字,本文暫且從原隸定爲"袼"。

③ 馬承源主編:《上海博物館藏戰國楚竹書(九)》,第 164 頁。

④ 嚴格來講,古代文獻中常見的"祭祀"與"禱祠"是兩碼事,與指四時常祭的"祭祀"不同,"禱祠"指因事起祭的臨時行爲,目的是爲了解除災難。例如《周禮·春官·大祝》:"國有大故、天裁,彌祀社稷,禱祠。"意思是説,如果國家遇到天災、病疫、兵燹等災難,舉行禱祠(參見楊華:《出土簡牘所見"祭祀"與"禱祠"》,《四川大學學報(哲學社會科學版)》2018 年第 2 期,第 88—89 頁)。筆者認爲《靈王遂申》最後一段與此相同,成公乾父子察覺到馬上會遇到兵燹,爲了解除災難、祈求保佑而舉行了"袼"的禱祠。

容被歸於它處而尚未公布？待考。"①不過，如上所述，最後一段的文意其實是很通順的，此篇內容無疑是完整的。

　　至於《靈王遂申》的主旨，按照筆者的理解，此篇通過成公乾父子的行動與對話來描述靈王的暴政及其導致靈王喪國身亡的結果，是一種預言故事。另外蘇建洲先生引用陳劍先生的意見指出此篇主旨是描寫虎的"幼慧"，成公乾派遣虎有試而觀子、借之教子的意圖，②我認爲這種看法也不無道理。值得關注的是成公乾向虎假裝發怒道"舉邦盡獲，汝獨無得"，對此虎的回答是"君爲王臣，王將墜邦，弗能止，而又欲得焉"。在我看來，"舉邦盡獲"和"王將墜邦"，"汝獨無得"和"又欲得焉"是互相對應的。成公乾不想協助靈王的暴政，但不得不遵命，於是派遣幼子虎，采取消極不合作的態度，這都是爲了保衛申國而做的努力。所以他講到"邦"時，其實指的是申國。虎如父親暗中所期待的那樣空手而歸，這也是爲了申國。向父親回答時他言及的"邦"指楚國，可見他的眼光還是關注於楚國，細緻地考慮作爲楚臣對楚王應盡的職責。換言之，成公乾只顧申國，而虎不僅考慮申國，還考慮到楚國。③ 如此，虎的聰慧可能遠遠超乎成公乾的預料。

---

① 蘇建洲：《上博九〈靈王遂申〉釋讀與研究》，《出土文獻》第 5 輯，第 94 頁。

② 蘇建洲：《上博九〈靈王遂申〉釋讀與研究》，《出土文獻》第 5 輯，第 108、118—119 頁。

③ 前文所述，高佑仁先生基於兩個"邦"指同一國的立場上，指出此"邦"只能是申國（參見季旭昇、高佑仁主編：《〈上海博物館藏戰國楚竹書（九）〉讀本》，第 77 頁），我認爲兩個"邦"未必指同一國，相反兩個"邦"分別指申國、楚國是有特殊意圖的。

《越公其事》補釋(四則) *

何有祖

（武漢大學歷史學院、簡帛研究中心）

　　《清華大學藏戰國竹簡(柒)·越公其事》,①記載了越王勾踐兵敗後教化改革、勵精圖治的過程,頗具價值。本文在時賢研究的基礎上,對文本做了進一步推敲,不妥之處,敬請方家指教!

一

　　1 號簡:乃史(使)夫＝(大夫)住(種)行成於吳币(師)

　　整理者:住、種均爲舌音,韻部對轉,楚文字"主"聲與"重"聲多相通之例。《國語·越語上》:"大夫種進對曰……遂使之行成於吳。"

　　今按:整理者已指出簡文"住"與"種"通作,可從。《國語·越語上》由大夫"種"行成於吳。而《國語·吳語》:"乃命諸稽郢行成於吳,曰:'寡君句踐,使下臣郢不敢顯然布幣行禮,敢私告於下執事曰……'"提及由"諸稽郢"行成於吳。二者或因吳、越各有所記而有別,或本是一人的異寫,因證據不足,暫待考。但簡文"大夫住"與《國語·越語上》"大夫種"相合,似表明本篇內容與《國語·越語上》是同一個系統,可能由中原文化背景的人所書寫或經手修改,《國語·吳語》保留"諸稽郢",與越兵器銘文所見"者旨"氏相合,②似是保留較多越文化的因素。

---

* 本文寫作得到國家社科基金青年項目"戰國秦漢簡帛所見《國語》類文獻整理與研究(12CZS008)"資助。

① 李學勤主編:《清華大學藏戰國竹簡(柒)》,中西書局,2017 年。

② 參看曹錦炎:《記新發現的越王不壽劍》,《文物》2002 年第 2 期。

二

39 號簡：凡鄹（邊）鄙（縣）之民及又（有）管（官）帀（師）之人或告於王廷，曰：“初日政（征）勿若某今政（征）砫（重），弗果。”

整理者：政重，指政令煩苛沈重。不果，完成不了。“政”或讀爲“征”，亦通。王磊指出，讀“征”爲是。“征”即“賦税”的意思。[1] 王寧先生指出，其中的“政”亦當讀“征”，指徵收賦税。“勿”字均當讀爲“物”，《詩·烝民》“有物有則”，毛傳：“物，事也。”“政（征）勿（物）”即徵收賦税之事。下文言“此勿（物）”猶言“此事”。此文意思是有人舉報説：“以前的時候徵收賦税的事情是像某個樣子的，現在徵收得太重，完不成。”[2]

今按：整理者在“某”下斷句，當連讀作“初日政（征）勿若某今政（征）砫（重）”。初，原先、早也。《左傳》隱公元年：“初，武公娶於申。”杜預注：“初，乃表追叙前事副詞。”孔穎達疏：“杜以爲凡倒本其事皆言初。”勿，不。《論語·雍也》：“犁牛之子，騂且角，雖欲勿用，山川其舍諸？”皇侃疏：“勿，猶不也。”海老根量介先生面告，“勿”有表主觀意願的“别”的意思。相同用法的“勿”也見於《論語·衛靈公》“勿施於人”之“勿”。若，相當。《孟子·滕文公上》：“布帛長短同，則賈相若。”勿若，即不相當或别一樣。“某”是“鄹（邊）鄙（縣）之民及又（有）管（官）帀（師）之人”的自稱。

“初日政（征）勿若某今政（征）砫（重）”因“勿”用法的不同似有兩種理解，其一，勿相當於不，那麼此句大意是以前的徵賦不和我現在的徵賦一樣重，即現在的徵賦重。還有一種理解是，以前的徵賦不要和我現在的徵賦一樣重。這種理解，似在説徵賦重的情況一直没有什麼改變。弗果，指建言越王勾踐應予以改變這種狀況，但没有結果。

三

44 號簡：王乃遬（趣）徒（使）人戠（察）睛（省）成（城）市鄹（邊）還（縣）尖=（小大）、遠伲（邇）之嘼（匄）、蓉（落）。

整理者：遬，即“趣”字。《説文》：“疾也。”《國語·晉語三》：“三軍之士皆在，有人坐待刑，而不能面夷，趣行事乎！”睛，即“靚”，讀爲“省”。《禮記·禮器》“禮不可不省也”，

① 王磊：《清華柒〈越公其事〉劄記六則》，簡帛網，2017 年 5 月 17 日。
② “ee”《清華柒〈越公其事〉初讀》，王寧於 2017 年 5 月 1 日在 116 樓的發言。

鄭玄注："省，察也。"餀，《説文》："飽也。从勹，畟聲。民祭，祝曰：'厭餀。'"字見作册矢令簋（《集成》四三〇〇）、毛公旅鼎（《集成》二七二四）等銅器銘文。簡文中讀爲"勼"。《説文》："聚也。从勹，九聲。讀若鳩。"古書中多作"鳩"，如鳩聚、鳩集等。茖，古書多作"落"，零落。《史記·汲鄭列傳》："鄭莊、汲黯始列爲九卿，廉，内行脩絜。此兩人中廢，家貧，賓客益落。"程浩先生指出《越公其事》簡 44、45 的"𤅲"字與"察"聯用，應讀作"省察"之"省"。①

今按： 整理者、程浩先生把"𤅲"讀作"省察"之"省"，可從。上博簡《容成氏》3 號簡"凡民俾敂者，教而謀之，飲而食之，思（使）役百官而月青之"，其中"思（使）役百官而月青之"的"青"，整理者讀作"請"，孫飛燕先生讀作"省"，訓作省察。引《淮南子·主術》"月省時考"等文獻爲證，②可以參考。

四

75 號簡：雪（越）公亓（其）事（次）。

整理者： 越公其事，形式上與簡文没有間隔，末端符號很像篇尾標志，但文義與上文不相連屬，當是概括簡文内容的篇題。王輝先生認爲，"越公其事"亦爲夫差所言，"事"當讀爲使，"越公其使"意即越公你役使、驅使（我）吧，也就是任你處置的意思。石小力將《國語·越語上》"余何面目以視於天下乎？越君其次也"與這裏的"孤余奚面目以視於天下？越公其事"對應起來，可信。"次"當讀爲恣，"越君其恣也"意即越君你請隨意吧。③ 孟蓬生先生 2017 年 4 月 29 日認爲，"越公其事"即"越君其次"。網友"瑲瑝"2017 年 4 月 30 日舉出清華簡《鄭文公問太伯》甲篇簡 8"桑宔（次）"，乙篇簡 7 作"桑事"，爲此説之佐證。④

今按： 王輝先生、石小力、孟蓬生先生及網友"瑲瑝"意見頗具啓發意義，我們這裏贊同把"越公其事"讀作"越君其次"的意見。次，可指位次。《書·胤征》："沈亂於酒，畔官離次。"可理解作朝堂之位。《鄭文公問太伯》簡 2 有"白（伯）父是（實）被複（覆），不亯

① 程浩：《清華簡第七輯整理報告拾遺》，《出土文獻》第 10 輯，中西書局，2017 年，第 130—137 頁。
② 孫飛燕：《〈容成氏〉文本整理及研究》，清華大學博士學位論文，2010 年，第 120—121 頁。此條材料蒙張富海先生告知，謹致謝忱！小文漏引，謹向孫先生致歉！
③ 王輝：《説"越公其事"非篇題》，復旦大學出土文獻與古文字研究中心網，2017 年 4 月 28 日；王輝：《説"越公其事"非篇題及其釋讀》，《出土文獻》第 11 輯，中西書局，2017 年，第 239—241 頁。
④ 孟蓬生及網友"瑲瑝"的意見均見王輝《説"越公其事"非篇題》的文後評論區，http://www.gwz.fudan.edu.cn/Web/Show/3016。

(穀)以能與邊(就)宩(次)",其中的"次",整理者引申爲朝堂之位,簡文"就次"指繼嗣君位。"越君其次"之"其",可用爲表示祈使語氣的副詞。《左傳》隱公三年:"吾子其無廢先君之功!""越君其次"之"次",與"無廢先君之功"相當,也與《鄭文公問太伯》簡2"就次"相當,可知"次"在這裏用作動詞。次,可指駐留、止歇。《廣雅·釋詁》卷四:"次,舍也。"王念孫疏證:"爲舍止之舍。"[1]《書·泰誓》:"惟戊午,王次於河朔。"孔傳:"次,止也。"次,還可指行軍在一處駐留兩宿以上。《左傳》莊公三年:"凡師一宿爲舍,再宿爲信,過信爲次。"越王勾踐率軍隊攻下吳都後自當長久佔據,説"越公其次"似也是很自然的説法。

　　附記:小文寫作得到張富海先生、海老根量介先生指教,謹致謝忱!

---

① 　王念孫著,鍾宇訊點校:《廣雅疏證》,中華書局,2004年,第131頁。

《鄭武夫人規孺子》補探 *

林宏佳

（臺灣大學中國文學系）

　　《清華大學藏戰國竹簡（陸）》①自 2016 年出版至今不過兩年餘，其首篇《鄭武夫人規孺子》除整理者李均明釋文、注釋外，學界也提出許多修訂、增補意見，尤其武漢大學"簡帛網"簡帛論壇，《〈鄭武夫人規孺子〉初讀》論壇下的回文，②精彩熱烈，相當程度上推動了學界對本篇的認識。然而，簡帛論壇下本身的回文即已六十餘則，反覆往來，至爲煩複，再加上其他各處散見的意見，更加不利於統整研究。王瑜楨《〈清華大學藏戰國竹簡（陸）〉鄭國史料三篇研究》、③林清源《〈清華陸·鄭武夫人規孺子〉通釋》、④石兆軒《清華六〈鄭武夫人規孺子〉研究》⑤是目前最新的研究成果，對於前此各家在簡序調整、字詞考釋、文意申講等的成果已有較好的引録、吸收與辨析，故本文引用以上揭三家爲主，一般不再重複引述。

　　以下，謹就筆者管見所及，對簡文理解提出一些個人的看法。爲方便參照，對於要討論的句子或詞彙，會先引録較完整的段落，每段引文最後標示之簡序，僅表示該引文所在之簡號，未必包含該簡全部簡文。從整理者釋文到《通釋》釋文，不論簡序編聯、字

---

*　本文爲科技部 2018 年度專題研究計劃"鄭器鄭事簡及其相關問題研究"（MOST107‐2628‐H‐002‐005）之部分成果。

①　清華大學出土文獻研究與保護中心編：《清華大學藏戰國竹簡（陸）》，中西書局，2016 年。以下簡稱《清華六》。

②　《清華六〈鄭武夫人規孺子〉初讀》，簡帛網，武漢大學簡帛論壇·簡帛研讀，www.bsm.org.cn/bbs/read.php?tid=3345。

③　王瑜楨：《〈清華大學藏戰國竹簡（陸）〉鄭國史料三篇研究》，臺灣師範大學博士論文（指導教師：季旭昇教授），2018 年。以下簡稱《三篇》。

④　林清源：《〈清華陸·鄭武夫人規孺子〉通釋》，2017 年 11 月 3 日修訂三稿。以下簡稱《通釋》。又，此文電子檔蒙林先生 2018 年 7 月 11 日電郵賜寄，謹此申謝。

⑤　石兆軒：《清華六〈鄭武夫人規孺子〉研究》，臺灣大學中國文學系碩士論文（指導教師：林素清教授、林宏佳副教授），2018 年。以下簡稱《研究》。

句點斷、文字釋讀等都已有較大的差異,《通釋》已對這些差異已做了非常詳盡的説明,故以下引簡文以《通釋》釋文爲準,如有調整,則於調整處下劃線,並視情況出注説明或出條討論,出條討論時於待討論的字句後加[一]、[二]等編號識别。

一

　　莫(鄭)武公羾(卒),既麳(殍)。① 武夫人訊(規)乳=(孺子)曰:"昔虚(吾)先君女(如)邦牺(將)又(有)大事,杣(必)再三進夫=(大夫)而與之慮(偕)【簡1】恩(圖)。既昃(得)恩(圖),乃爲之毀(稽)恩(圖)——所邸(賢)者,女(焉)繡(申)之以龜筴(筮)[一],古(故)君與夫=(大夫)龘(歡)女(焉),不相昃(得)晋(惡)[二]。"【簡2】

[一] 乃爲之稽圖——所賢者,焉申之以龜筮

　　本段是簡文中鄭武夫人對孺子談話中的第一段。學者對"毀圖"之"毀"的訓解,與整個句子的句讀頗相參差。《三篇》支持訓爲"批評"的意見(第89頁),對此《通釋》已指出:"古書'毀'字,用於言論,可有貶抑詞'誹謗'的意思……但未見用作中性詞'批評'的例子。"(第18頁)《研究》補充説,"毀"的毀謗義乃是從其使動用法引申而來,"即(用言語的方式)使之毀"(第100頁)。

　　《通釋》接受蔣偉男在馮勝君《説毀》之基礎上,訓爲"改造"之説,並云:

　　　　本篇竹書"毀"字也應理解爲"改造"義,若要講得更貼切一些,或可引申詮釋作"修訂"義。"乃爲之毀圖"應作一句讀,"得圖"與"毀圖"語意相對,前者是"獲得謀略",後者是修訂謀略。古書"賢"字常有"多於"、"勝過"一類意思,簡文"所賢者"意即"(各種圖謀中)最優者"。(第19頁)

"得圖"與"毀圖"相對,故"乃爲之毀圖"應作一句讀,其説可從。但"毀"是否具有"改造"或"修訂"義,仍可進一步討論。《研究》指出,馮勝君所提"毀"具有改造、改成義的例子中,除《鄂君啟節》"以毀於五十乘之中"之"毀"應改讀爲"計",即"將前面所説的牛、馬、儓、擔徒等折算爲相當於車輛的單位後,一併計入在其特許的五十乘免徵税的額度之中"外,其他大多都屬"毀……爲……"的結構,因而:

---

① 殍,整理者云:"義爲暫厝待葬。"(《清華六》,第105頁)《研究》則認爲:更精確地説,簡文殍前有"既"修飾,應指"大殮入棺的整個大斂儀式"(第93頁),可從。

　　　　其所謂"改造"、"改作"之義其實是從此結構而來,並不是"毀"單獨就具有

　　改造、改作之義。在此一結構中,"毀"仍是毀壞,虧損之義,而"爲"則是製作、

　　造作之義,結合起來便是"損壞 A 來製作 B"的意思,如此才産生"改造"、"改

　　作"的理解,單"毀"字仍是毀壞之義。(第 102 頁)

其説可從,單獨的"毀"字恐無改造或修訂之義。

　　再者,即使"毀"有改造或修訂義,也與簡文語境不甚切合。簡文所述得圖的過程,
首先是"再三進大夫而與之偕圖"。在此階段,衆人針對邦之大事提出各種應對的計策,
到"既得圖"時,君意已有所采擇,故稱"得圖"。"毀圖"是在"得圖"之後,通過"申之以龜
筮"確認所得之圖不但是君所認爲的較佳策略,更是神明也予以認同的。如此,對於計
策被采納的大夫而言,如果執行成效不善,因計策也是神明所認同的,故不必獨自擔負
責任;至於計策未被接受的大夫,因神明也没有采納,對君也就不會心生怨懟,因而可以
得到"故君與大夫歡焉,不相得惡"的結果。

　　在以上的過程中,"申之以龜筮"的作用是在"確認"君意所屬的計策就是要執行的
計策,而不是要再對計策做出修正;簡文在"毀圖"後面説"所賢者,爲申之以龜筮",即是
對如何"毀圖"的具體説明,"申"字《通釋》釋爲"再度"(第 19 頁),誠是;"申"既是"再
度",所"申"的即是上句的動詞"賢",這也可驗證龜筮的目的是要再度確認,而不是要修
訂所得的計策。《研究》從張宇衛之説,讀"毀"爲"稽",訓爲考校、覈驗義(第 103 頁),即
指君意在諸大夫所提的諸種策略中有所選擇之後,再以龜筮確認君所選擇的方案確爲
最佳方案,當較符合簡文此處之脈絡。

　　賢,前引《通釋》已指出常有"多於"、"勝過"一類意思,"所賢者"意即"(各種圖謀中)最
優者"(第 19 頁),可從。不過上古漢語"賢"大多用於形容人,《研究》舉《禮記·內則》"若富
則具二牲,獻其賢者於宗子"鄭注:"賢猶善也。"《吕氏春秋·順民》:"得民心則賢於千里之
地。"以及陳劍考釋《柞伯簋》時提出的"有賢獲則取"等爲例(第 106 頁),可資補充。

[二] 君與大夫歡焉,不相得惡

　　簡文蠿字,整理者讀爲"晏",程少軒已指出"歌月元三部,其開合兩呼至少在非唇音
部分有嚴格的界限",[1]蘇建洲亦明白指出"'宛'與'晏'從未互通,二者有開合的不
同"。[2] 單育辰通讀爲"婉",頗爲學者所從,《研究》則認爲在以下辭例中:

---

① 程少軒:《試説戰國楚地出土文獻中歌月元部的一些音韻現象》,《簡帛》第 5 輯,上海古籍出版社,2010 年,第
　　160 頁。

② 2017 年 6 月 28 日覆林清源函,見《通釋》,第 7 頁,注 17。

女子十年不出，姆教婉娩聽從，執麻枲，治絲繭，織紝組紃，學女事以共衣服，觀於祭祀，納酒漿、籩豆、菹醢，禮相助奠。　　　　　　　　　《禮記·内則》

孝子之有深愛者，必有和氣；有和氣者，必有愉色；有愉色者，必有婉容。

《禮記·祭義》

午之少也，婉以從令，游有鄉，處有所，好學而不戲。　　《國語·晉語七》

君令而不違，臣共而不貳，父慈而教，子孝而箴，兄愛而友，弟敬而順，夫和而義，妻柔而正，姑慈而從，婦聽而婉，禮之善物也。

《左傳·昭公二十六年》

"婉"字"作爲女子、孝子、少年、婦人的要求，都是地位相對較低者"（第 110 頁），簡文此處所描寫的是"君與大夫𡠗焉"，𡠗指涉的對象同時包括君、臣雙方，"婉"字在這部分就没那麼理想。

簡文𡠗，《研究》從張宇衛説讀"歡"（第 112 頁）。張宇衛就聲韻關係指出𡠗應讀爲曉母元部的"歡"，《研究》進一步補充："楚文字中的'𡠗'往往與傳世文獻从'宛'之字相通，《方言》云：'俒，歡也。'俒與歡音近且義通，大概是同源字。"（第 112 頁）

在聲韻關係外，《研究》也舉了一些傳世文獻中"歡"字用於君臣關係的例子，不過例子的時代都稍晚。先秦文獻中，"歡"字用於君臣關係者，如：

魯執政唯强，故不歡焉而後遣之，且其狀方上而鋭下，宜觸冒人。

《國語·周語》[1]

其民之親我也，歡若父母；好我，芳若芝蘭。　　　　《荀子·王制》[2]

景公賜晏子邑，晏子辭。田桓子謂晏子曰："君歡然與子邑，必不受以恨君，何也？"　　　　　　　　　　　　　　　　　　《晏子春秋》[3]

《國語》、《晏子春秋》之例是君對臣，《荀子》之例則是民對君，可見"歡"字在君、臣雙方均可使用。《周語》的例子中，"不歡"的原因即在"魯執政唯强"，正與簡文"得惡"相同。若不嫌時代稍晚，《史記·魏其武安侯列傳》"（灌夫、魏其侯）兩人相爲引重，其游如父子然，相得驩甚、無厭，恨相知晚也"、《後漢書》"君臣交歡，無纖介之隙"，與簡文的敍述方式可説只有用字的不同而已。以上，都可看出古籍言君臣關係時，與"惡"相對的往往正是"歡"字。

---

[1]　徐元誥撰，王樹民、沈長雲點校：《國語集解》，中華書局，2002 年，第 71 頁。

[2]　王天海：《荀子校釋》，上海古籍出版社，2005 年，第 406 頁。

[3]　張純一：《晏子春秋校注》，中華書局，2014 年，第 307 頁。

二

"①乳=(孺子)女(如)共(供)夫=(大夫),虞(且)以教(校)女(焉)[一]。女(如)及三戠(歲),幸果善之,乳=(孺子)亓(其)②童(重)③旻(得)良【簡8】臣,三(四)鄑(鄰)以虘(吾)先君爲能敘。女(如)弗果善,歾(死)④吾先君而孤乳=(孺子),亓(其)辠(罪)亦趹(足)⑤婁(數)也。邦人既畫(盡)䎽(聞)之,乳=(孺子)【簡10】或(又)延(誕)告虘(吾)先君,女(如)忍,乳=(孺子)志=(之志)亦猶趹(足),虘(吾)先君⑥朼(必)牺(將)相乳=(孺子),以定奠(鄭)邦之社褄(稷)。"乳=(孺子)拜,乃虘(偕)臨[二]。自是【簡11】旮(期)以至肭(葬)日,乳=(孺子)母(毋)敢又(有)智(知),女(焉)詎(屬)之夫=(大夫)及百執事人,虘(皆)思(懼),各共(供)⑦亓(其)事。夒(邊)父訬(規)夫=(大夫)曰:"君共(恭)而【簡12】不言,加鈺(重)於夫=(大夫),女(汝)⑧訢(慎)鈺(重)。"【簡13】

[一]孺子如供大夫,且以校焉

共,在本篇四見;此外,簡14"今君定,鞤而不言"之"鞤",整理者與簡12+13邊父規大夫之詞"君共而不言"之"共"皆讀爲"拱",可以一併參看,列表如下:

---

① 本段自"孺子如供大夫"以下,仍承上文屬鄭武人規孺子之詞,原本不必再加引號。但"以定鄭邦之社稷"爲告孺子之詞結束,勢必需有下引號,故在此另加上引號。

② 其,《通釋》以爲猶"將",並引《尚書·微子》"今殷其淪喪"爲例(第9頁,注44)。其、將均可用於未來時標記,〈微子〉之例巫雪如認爲屬於"帶預期或推測色彩的未來時標記",見氏著:《先秦漢語"其"之未來時與情態語義發展重探》,臺大中文系第374次學術討論會,2018年3月28日,第22頁。

③ 重,《通釋》謂當讀爲平聲,多之義(第9頁,注45)。按,讀平聲是,唯"重"在此當爲"再次"之意。即先君已得,孺子復得。

④ 《通釋》讀爲責(第25—28頁),此從何有祖、沈培逕讀爲"死",分見何有祖:《讀清華六札記(二則)》,《出土文獻》第10輯,2017年,第119—121頁;沈培:《從釋讀清華簡的一個實例談談在校讀古文獻中重視古人思想觀念的效用》,"出土文獻與傳世典籍的詮釋國際學術研討會"論文,復旦大學出土文獻與古文字研究中心主辦,2017年10月14—15日。此字从"次"的原因,筆者猜測是其次之次,與字義的分化有關。"死"本即生死之死,簡文此處則在表示以某人爲死者,亦即降低某人的地位,故从次足義,以與一般的生死之死區分。本簡之歾與《說文》訓爲"死而復生"之歾,當僅是同形字而已,用法並不相同。

⑤ 《通釋》以爲此字从次聲,讀爲積(第28—32頁)。此從整理者逕讀爲"足"。

⑥ 此處斷句暫從《研究》(第83頁)。

⑦ "各共"、"君共"之"共",本文分別讀爲"供"、"恭",已見上則討論。

⑧ 《通釋》讀爲"如",訓爲"當"(第10頁,注59)。按,此字亦可讀爲"汝",可以表現對大夫的親切叮嚀之意。

編　號	簡　號	簡　　文
A	7	媚妒之臣躬共其顏色
B	8	孺子如共大夫且以教焉
C	12	屬之大夫與百執事人，皆懼，各共其事
D	12+13	邊父規大夫曰：君共而不言
E	14	今君定，畀而不言

A 整理者括讀爲"恭"，此爲恭敬之"恭"，各家均同，不必再論。D 整理者注云：

> 共，讀爲"拱"。拱默，古習語。見《漢書·鮑宣傳》，《潛夫論·賢難》作"共默"（第 108 頁）。

E 則僅括注爲"拱"，蓋與 D 相同。《通釋》從之，並主張 B、C 用法也相同，在討論到 C 時，云：

> "各共其事"的"共"字，學者皆從《原考釋》讀爲"恭"。此説固然可通，惟由上文"皆懼"一語，以及簡 14"今君定，拱而不言，二三臣事於邦，惶惶焉，如宵措器於屏藏之中，毋措手趾"等語推敲，此時正當太后與國君爭權之際，國君又抱持"拱而不言"的曖昧態度，夾在中間的群臣，害怕淪爲政爭犧牲品，基於不做不錯的畏罪心理，自然會趨向消極敷衍的態度，在這種特殊政治氛圍下，本簡"共"字宜讀爲"垂拱"之"拱"（第 35 頁）。

然而，垂拱之"拱"一般都是就君而言的，如《研究》所舉下列諸例（第 167 頁）：

> 不思不慮、不憂不圖，利身體、便形軀、養壽命，垂拱而天下治。
>
> 《管子·任法》
>
> 王拱而朝天下，後者以兵中之。　　　　　　《韓非子·内儲説上》
>
> 大王拱手以須，天下遍隨而伏，伯王之名可成也。　　《戰國策·秦策一》

C 所談的對象是大夫，似不宜解爲"拱"；B 則需斷讀爲"孺子如共"，才可能讀爲"拱"。

　　如果再觀察上舉《管子》、《韓非子》、《戰國策》等"拱"字用例，"拱"除了只用於君，用於君時都會和治天下或稱王伯同時並陳，"拱"主要在於表現君的簡易無爲，不必勞碌操煩即可得治天下、稱王伯的成果，重在其"不必有爲"；至於類似《左傳·襄公二十九年》"政由甯氏，祭則寡人"[1]的"不能有爲"，恐怕不會使用"拱"字，故 B~D 各則可能也都不

---

[1] 《十三經注疏·左傳注疏》，藝文印書館，2001 年，第 630 頁。本文引用十三經皆用此本，以下僅注書名、頁數。

適合讀爲"拱"。D、E兩則都讀爲"恭"應當比較適合。

至於C,若讀爲"恭",可能也未盡妥適。簡文自"孺子如毋知邦政"至"以定鄭邦之社稷"可分爲兩層:

1. 孺子如毋知邦政……以亂大夫之政:談的是鄭武夫人提出如果孺子委政於大夫,自己也不會干預政務,處理的是武夫人自己與政務的關係。

2. 孺子如供大夫……以定鄭邦之社稷:延續上一段的内容,談的是如果孺子委政於大夫,孺子對大夫仍有一定的控制力,處理的是孺子與大夫的關係。

話語的主題一直都是希望孺子委政於大夫,若讀爲"孺子如恭大夫",一方面是偏離主題,另外,此句既是武夫人希望孺子做的事,"孺子如恭大夫"就顯得孺子對大夫有什麽不恭的傾向或作爲,武夫人才需要提出這一期望了。《通釋》謂武夫人對孺子的規誡辭並非要"教導他待人處事要如何恭敬有禮"(第8頁,注39),其質疑是也。

C讀爲供職之"供"或許是比較理想的。相對於"拱"只用於君,"供"只用於臣,如《詩經·大雅·召旻》:"昏椓靡共,潰潰回遹。"《正義》解"昏椓靡共"云:"此昏奄椓毁之小人,無供其職事者。"《巧言》"匪其止共,維王之邛",《正義》云:"此小人好爲讒佞者,非於其職廢此供奉而已,又維與王之爲病害也。"[1]《尚書·舜典》:"垂,汝共工",《傳》:"共,謂供其職事"[2]等皆可見之,"汝共工"的句式尤其與"各共其事"完全相同。

至於B,如前所述,讀爲"恭"並不適合此處語境,若斷爲"孺子如共,大夫且以教焉",又與"拱"强調的君不必有爲情況不同,故應斷爲"孺子如共大夫,且以教焉"。B與C相同,都是就大夫而言的,也可讀爲"供",唯當解爲使動用法,即使大夫供,其語意與上一段所説的"孺子如毋知邦政,屬之大夫"相同,以此承接下一句"且以教焉"。"且",並且;"以",用也。"教",王寧云:

　　"教"當讀爲"效",即效驗之"效",《廣雅·釋詁五》"稽、效,考也",即考驗、考察義。此二句是説孺子應當尊重大夫們,且要考察他們。所以下文説"如及三歲,幸果善之"如何如何,"如弗果善"如何如何,正是考察之謂。[3]

教、校皆見母幽部,"教"自可讀爲"校",即考察、考校之意,古籍習見。"且以校焉","焉"代指前句的"供大夫",即大夫供職的情況。此句承上"孺子如供大夫",説的是孺子若將國政委交給大夫,正好可以趁此機會觀察大夫,作爲之後評比考校的基礎,而具體的考

① 《毛詩注疏》,第698、424頁。

② 《尚書注疏》,第45頁。

③ 王寧:《清華簡六〈鄭武夫人規孺子〉寬式文本校讀》,復旦大學出土文獻與古文字研究中心,www.gwz.fudan.edu.cn/web/show/2784,2016年5月1日。

校即下文"幸果善之"、"如弗果善"兩種情況。"善之"是以之爲善,屬於人的判斷,主詞即承上"孺子如供大夫"之"孺子"而省。

簡而言之,A"媚妒之臣躬共其顔色"、D"邊父規大夫曰:君共而不言"之"共"與 E"今君定,鼻而不言"之"共"或"鼻"皆當讀爲"恭",C"孺子如共大夫且以校焉"、D"屬之大夫與百執事人,皆懼,各共其事"之"共"則當讀爲"供",爲供職之供。

[二] 孺子拜,乃偕臨

本處簡文"皆"本作膚,整理者括注爲"皆",羅小虎則云:

> "皆"似當讀爲"偕","俱、一起、偕同"之意,從語法上看,"偕"字後面一般接動詞,而"臨"爲"吊臨","偕"字與之搭配,在語法上也很合適。[①]

此僅就語法而言,提出亦可讀爲"偕",《通釋》從之,並就情理推之云:

> 讀爲"皆",僅表示武夫人、莊公都曾到武公靈前哭吊,但他們有可能分別前往;若讀爲"偕",則是强調武夫人偕同孺子一起去奔喪。本篇竹書以過半的篇幅,詳細記録武夫人的規誡辭,規誡結束"孺子拜",此一"拜"字應理解作"拜謝",表示孺子同意接受武夫人規誡。下文"乃"字用於動詞性謂語前面,表示動作、行爲或事情具有前後相承的關係,由此逆推可知,"武夫人規孺子"、"孺子拜"與"乃偕臨"這三件事情,應當發生在同一天,"孺子拜"表示莊公接受鄭武夫人規誡,母子二人已就君權轉移事宜達成協議,此時武夫人理當會帶着年幼的莊公一同去哭吊武公。因此,就簡文敘事情境來看,此一"皆"字當讀爲"偕"。(第 9 頁,注 53)

其説誠是。唯更可説明者,《通釋》所謂"孺子拜"之"拜"表示接受,於古禮有徵,可補充以下例證。《書·皋陶謨》載:

> 皋陶曰:"允迪厥德,謨明弼諧。"禹曰:"俞! 如何?"皋陶曰:"都! 慎厥身,修思永。惇敘九族,庶明勵翼,邇可遠,在兹。"禹拜昌言曰:"俞!"[②]

《傳》於"禹拜昌言俞"下云:"以皋陶言爲當,故拜受而然之。"《正義》亦解云:

> 禹乃拜受其當理之言,曰"然",美其言而拜受之。

---

① 《清華六〈鄭武夫人規孺子〉初讀》,簡帛網,武漢大學簡帛論壇·簡帛研讀,www.bsm.org.cn /bbs /read.php? tid＝3345,第 53 樓,2016 年 6 月 16 日。

② 《尚書注疏》,第 59—60 頁。下引孔《傳》、《正義》見第 60 頁。

"拜"即表示"受",①故"孺子拜"誠如《通釋》所説,已表示孺子接受武夫人的提議。

三

　　君戮(葬)而舊(久)之[一],於上三月少(小)祥[二],夫=(大夫)聚昏(謀),乃史(使)暴(邊)父於君曰:"二三老【簡13】臣,史(使)戠(禦)寇(寇)也專(布)恩(圖)於君。昔虗(吾)先君史(使)二三臣,归(抑)杲(早)寿(前)句(後)之以言[三],思(使)群臣昃(得)執女(焉),虞(且)【簡9】母(毋)交於死。今君定,龏(恭)②而不言,二三臣炅(事)於邦,遑=(惶惶)女=(焉,女一如)宵昔(措)器於巽(屏)贊(藏)之中,母(毋)乍(作)③手止(趾),訇(殆)於【簡14】爲獸(敗),者(胡)盗(寧)君? 是又(有)臣而爲執(設)辟④[四],幾(豈)既臣之臄(獲)辠(罪),或(又)辱虗(吾)先君,曰'是亓(其)偉(蓋)臣也'⑤?"【簡15】

[一] 君葬而久之

　　"君共而不言……久之於上三月",整理者皆歸入邊父告大夫之辭,"小祥"則爲大夫聚謀的時間點,⑥學者頗多從之,具體理解雖未盡一致,但多認爲與延長葬期有關。此説既難以對"上三月"提出合理的解釋,而邊父之所以規大夫,是因爲莊公在武公葬後仍不執政,引發大夫"皆懼"的憂慮,所謂"皆懼"亦即後文所説,因代君執政而來的"毋作手趾"。是故,此時叮囑於大夫最直接自當是對大夫的"各供其事",若叮囑大夫慎重君葬或君喪,都無益於解決大夫的恐懼,邊父的回答就顯得無關緊要了。

　　再就簡文敘事而言,鄭武夫人在之前已提出希望孺子委政於大夫三年(如及三歲),孺子此後也就"毋敢有知焉,屬之大夫及百執事人",鄭武夫人的目的早已達到,何必再拖長葬期進行鬥争呢? 若説鄭武夫人"門檻之外毋敢有知焉"僅只是口頭宣示,實際上則趁莊公不言期間干預政務,這一方面難以解釋在簡文的最後,爲何呈現了莊公本人以

① 此段經文的解釋,是2003年筆者在周鳳五先生講授《尚書》時所聞,謹誌於此,以念先師。

② 共,《通釋》讀"拱",本文讀"恭",已見前文。

③ 作,《通釋》括讀爲"措",並引王寧説(第11頁,注68)。《研究》指出上古漢語皆作"無所錯手足",簡文如讀爲"毋措手足",難以解釋爲何省去"所"字,故"作"當如字讀,"作手止"即使手止動作之意(第121頁),可從。又,簡文此處用"作",與後文君答邊父"畜孤而作"之"作"互相呼應,如字讀爲是。

④ "設辟",《研究》解爲"設下捕鳥獸的陷阱"(第228頁),可從。

⑤ 此處斷句從《研究》(第84頁)。

⑥ 《清華六》,第104—105頁。

堅決的態度支持守喪三年的決定(關於此點,另詳後文)?另一方面,就《左傳》隱公元年所載,武姜有爲叔段請制邑之事,如果武夫人確實於莊公守喪期間干政,則趁此期間直接將制封給叔段即可,何必等莊公實際執政後再請求呢?

邊父告大夫之辭,王寧讀至"汝慎重",[①]可從。自"君葬而久之"開始則是簡文對事件過程的敘述。全篇簡文以對話爲主,對話呈現人物的想法,其間則以不同的時間點切割,可簡述如下:

時　間　點	人物與事件摘述
鄭武公既殯	鄭武夫人規孺子
偕臨～葬日	孺子毋敢有知,屬之大夫及百執事人。皆懼,各恭其事
(葬日～祔祭)	(武公葬後,莊公仍不執政)邊父規大夫
上三月小祥	君葬而久之,大夫聚謀(返政於君)

邊父規大夫的時間,簡文無説,依禮書所載推之,當在葬日至祔祭之間。《士喪禮》"三虞。卒哭。明日以其班祔",《注》於"三虞"下云:

> 虞,喪祭名。虞,安也。骨肉歸於土,精氣無所不之。孝子爲其彷徨,三祭以安之。朝葬,日中而虞,不忍一日離。[②]

《禮記·雜記》:"士三虞,大夫五,諸侯七。"[③]是依禮,葬日初虞,次數依地位而異,虞祭後行卒哭祭,卒哭之明日即"以其班祔"。虞祭爲安神祭,則自虞祭起武公在喪禮中已非生者,至祔祭則正式成爲鬼神。若因死者仍在殯期,孝子不忍執政,則在虞至祔祭間,隨着死者已逐漸失去生者的身份,孝子已宜執政。簡文未在此特別敘述時間,則邊父規大夫當即在葬日,莊公已宜執政而仍未執政,故又特別叮囑大夫。大夫在受叮囑後,可預期仍會維持前面"皆懼,各供其事"的恐懼心理代行執政,後文"毋作手趾"亦足爲證。

簡文"君葬而久之"即承此記録大夫的心理感受,係就大夫的角度立言,主詞則承下文"大夫聚謀"而省。[④]

[二] 於上三月小祥

"小祥"爲居喪一年的時間點,"上"在此當是"前"之意。《經義述聞》"兩服上襄"

---

① 王寧:《清華簡六〈鄭武夫人規孺子〉寬式文本校讀》,復旦大學出土文獻與古文字研究中心,http://www.gwz.fudan.edu.cn/web/show/2784,2016年5月1日。

② 《儀禮注疏》,第473頁。

③ 《禮記注疏》,第749頁。

④ 主詞探下省之例,可參見俞樾等:《古書疑義舉例五種》,中華書局,2005年,第38—39頁。

條云：

> 《鄭風·大叔于田》篇"兩服上襄,兩驂鴈行",《箋》曰:"襄,駕也。上駕者,言爲衆馬之最良也。"家大人曰:鄭以"上襄"爲衆馬之最良,則"上襄"二字意不相屬。予謂"上"者,前也,"上襄"猶言前駕,謂並駕於車前,即下章之"兩服齊首"也。"鴈行"謂在旁而差後,如鴈行然,即下章之"兩驂如手"也。"上襄"與"鴈行"意正相對。若以"上襄"爲馬之最良,則與"鴈行"迥不相涉矣。古者"上"與"前"同義,《易》言"上古",謂前古也;《孟子》言"上世",謂"前世"也;《禮記》言"扱上衽",謂前衽也。《吕氏春秋·安死》篇曰"自此以上者,亡國不可勝數",高注:"上,猶前也。"《微子》曰"我祖底遂陳于上,我用沈酗于酒,用亂敗厥德于下","上"、"下"即前、後也。①

是"於上三月小祥"即在小祥前三個月。《通釋》嘗引萬麗華説,據《左傳》明確記載鄭國國君下葬時月的六個例子,其中四位都是"三月而葬",可知鄭國國君是以"三月而葬"爲正禮(第 10 頁,注 55)。② 據此,若鄭國國君以三月而葬爲正禮,至小祥前三個月,則大夫在武公葬後,又以"皆懼,各供其事"的心情代君執政了半年。對於擁有權力的人而言,終其一生或許都嫌其短暫,何況只有半年呢? 只是大夫們自覺"毋作手趾,殆於爲敗"而在心理上認爲半年已經很久,希望可以儘早結束代行執政,因此才會有下文使邊父告於君,希望君能親自執政的請求。

[三] 早前後之以言

本句《通釋》從紫竹道人之説:

> 簡 9:"昔吾先君使二三臣,抑早前後之以言,思(使)群臣得執焉……"乍看之下,"前後之以言"不好懂。"前後"猶"先後",《詩·大雅·緜》"予曰有先後"毛傳:"相道前後曰先後。"《韓非子·外儲説左下》講孔子弟子子皋爲獄吏,"刖人足",那個刖危對子皋説:"然方公之獄治臣也,公傾側法令,先後臣以言,欲臣之免也甚,而臣知之。""先後臣以言"似與簡文"前後之以言"語合。武姜對鄭莊公説:"從前俺們先君支使二三臣子,則早早地用話教導他們,使得群臣能

---

① (清)王引之撰,虞思徵、馬濤、徐煒君校點:《經義述聞》,上海古籍出版社,2016 年,第 303—304 頁。"上"之訓"前",另可參"匹馬卓上"條,第 589—590 頁。又,子居已引《吕氏春秋》高誘注提出"上"爲"前"意,但解爲"之前"則又多了代詞"之"了。子居:《清華簡〈鄭武夫人規孺子〉解析》,中國先秦史網,http://xianqin.byethost10.com /2016 /06 /07 /338,2016 年 6 月 7 日。
② 萬麗華説見氏著:《左傳中的先秦喪禮研究》,中央民族大學出版社,2011 年,第 183—187 頁。

夠各守其職……"①

認爲"前後"有教導之意，《三篇》又徵引賈誼《新書·傅職》所見，先後與輔相、左右、宣翼、監行等詞義性質相近，都是輔導教育之意，"早前後之以言"意謂"早早地指用言語仔細地教導吩咐"（第 161 頁）。

《研究》已指出在《韓非子》的例子中，"先後臣以言"一句"已經是在公堂之上，審判的過程之中，此時犯罪的事實已成，無論如何教導，都不能達到'欲臣之免'的結果，可見'先後'不能理解爲'教導'"（第 214—215 頁），其説誠是。再者，即使"前後"有教導之意，用言語仔細地教導吩咐臣子，實非國君職責所在，《三篇》所引《新書》的文字總結於"此傅人之道也"，即賢人輔佐君王之道，要教導他人的是賢人而非君王，是此説恐不符合君臣互動的實際。

《通釋》讀"抑早"爲"輯曹"，"輯"爲協調、和諧、整合等義，"曹"則指"分科辦事的官署或部門，如兵曹、刑曹等"，自"昔吾先君使二三句"至"毋交於死"讀作：

> 昔吾先君使二三臣輯曹，前後之以言。

語譯爲：

> 從前先君武公主政時，（當國家發生重大事件）就會指派親信大臣出面協調相關部會，整合出明確可行的政策（做爲群臣施政的依據）。（第 37 頁）

又謂"其內容可與簡 1—2 武夫人規誡辭所言'昔吾先君，如邦將有大事，必再三進大夫而與偕圖'的情況相呼應"（第 36—37 頁）。但"輯"字主要應是和諧之意，似難直接理解爲整合、協調之意。再者，依譯文所示，邦有大事時，是武公使親信大臣出面協調相關部會，協調者是大夫，這樣和簡 1—2 所示武公是"再三進大夫而與之偕圖"，武公本人也參與其中的記述不一致了。

簡文"前後之"之"之"指大夫，"前之"即使大夫前、"後之"即使大夫後，則"前後"蓋猶"進退"之意，進即采納，如《禮記·檀弓》載：

> 知悼子卒，未葬；平公飲酒，師曠、李調侍，鼓鐘。杜蕢自外來，聞鐘聲，曰："安在？"曰："在寢。"杜蕢入寢，歷階而升，酌，曰："曠飲斯。"又酌，曰："調飲斯。"又酌，堂上北面坐飲之。降，趨而出。平公呼而進之曰："蕢，曩者爾心或

---

① 《清華六〈鄭武夫人規孺子〉初讀》，簡帛網，武漢大學簡帛論壇·簡帛研讀，www.bsm.org.cn/bbs/read.php?tid=3345，第 16 樓，2016 年 4 月 18 日。

開予，是以不與爾言；爾飲曠何也?"①

退即不受，如《郭店楚簡·魯穆公問子思》載：

> 魯穆公問於子思曰："何如而可謂忠臣?"子思曰："恆稱其君之惡者，可謂忠臣矣。"公不悦，揖而退之。②

"早前後之以言"是對於政務如何執行，早早地就以話語表明所采納或不接受的；之所以强調"早"、"以言"二事，"早"指武公之喪至此已九月而莊公仍不執政，"以言"則呼應下文所説的"君恭而不言"。據邊父所説，武公因具備的"早"且"以言"兩種典型，故"群臣得執焉"，也就是有了奉行的標準而無罪禍喪命之虞。《禮記·緇衣》載：

> 子曰："爲上可望而知也，爲下可述而志也，則君不疑於其臣，而臣不惑於其君矣。《尹吉》曰：'惟尹躬及湯，咸有壹德。'《詩》云：'淑人君子，其儀不忒。'"③

邊父此言正希望莊公能讓群臣"知"、"不惑於其君"，因此才提出這兩種典型希望莊公效法，早日親政，以解群臣久處"毋作手趾，殆於爲敗"的驚懼。

[四] 胡寧君? 是有臣而爲設辭

簡文"耆窋君"，整理者讀爲"姑寧君"，爲"姑且安慰一下邦君"之意。④ 陳偉、⑤單育辰⑥則皆讀"耆窋"爲"胡寧"，並連下讀爲一句，學者頗多從之。

"胡寧"用爲反詰，習見於古籍，自不待言。但若連下讀爲一句，解爲對君提出質問，恐非人臣進言所宜。請求國君親政乃是大夫此次進言的目的所在，基於此目的，表明自己的能力不足以擔當（如宵措器於僬藏之中）、充滿畏懼（惶惶焉毋作手趾）即已足夠，也是恰當的措辭，但若是直接對君的決策提出質疑，既有違臣子事君的措辭之宜，對於目的之達成也没有積極的效果。

簡文"胡寧"的組合雖然和古籍常見的"胡寧"相同，但具體結構恐不相同。王寧讀

---

① 《禮記注疏》，第 177 頁。

② 陳偉：《戰國楚地簡帛十四種》，經濟科學出版社，2009 年，第 175 頁。

③ 《禮記注疏》，第 929—930 頁。

④ 《清華六》，第 108 頁。

⑤ 陳偉：《鄭伯克段前傳的歷史敘事》，《中國社會科學報》，中國社會科學網，http://www.cssn.cn /lsx /lskj /201605 /t20160530_3028614.shtml，2016 年 5 月 30 日。

⑥ 《清華六〈鄭武夫人規孺子〉初讀》，簡帛網，武漢大學簡帛論壇·簡帛研讀，www.bsm.org.cn /bbs /read.php? tid＝3345，第 14 樓，2016 年 4 月 18 日。後正式發表於氏著：《清華六〈鄭武夫人規孺子〉釋文商榷》，"出土文獻與傳世典籍的詮釋國際學術研討會"，復旦大學出土文獻與古文字研究中心，2017 年 10 月 14—15 日。

爲"胡寧君"可從,但解爲"怎麼能讓君主安寧呢?"與後句解爲"您這是爲群臣們設定了職責",《通釋》已指出前後兩句間缺乏合理聯繫(第40—41頁)。按,"胡"爲句首疑問詞殊無疑問,"寧"則雖然經常和"胡"字並見作"胡寧",但本身也可以用作動詞,如:

> 伻來毖殷,乃命寧予。 《書・洛誥》
>
> 王曰:父義和! 其歸視爾師,寧爾邦。 《書・文侯之命》
>
> 會王太子鄭,謀寧周也。 《左傳・僖公五年》
>
> 再合諸侯,三合大夫,服齊、狄,寧東夏,平秦亂,城淳于。
>
> 《左傳・昭公元年》①

諸例"寧"皆使動用法,使之安寧之意。簡文"胡寧君"是大夫對自己能否"寧君"提出反詰,即自以爲能力不足以寧君之意,其意略近於"哪有安寧國君?"此句緊承"毋作手趾,殆於爲敗"之後,既合乎人臣進言之道,表明自己的能力不足也扣合此次進言的目的。

"是",子居隸作"寔",②《三篇》則認爲"是"當讀爲"寔"、通"實"(第172頁),《通釋》則如字讀,認爲"是"在此屬動詞用法,"表示對某一特定事對某一特定事物抱持肯定的態度,如《荀子・非十二子》:'不法先王,是禮義。'"(第41頁)不論如字讀或讀爲"寔",上述各家的前提都是連"胡寧君"讀爲一句,若在"君"讀斷,則"是有臣而爲設辟"之"是"當如字讀,爲代詞,代指前面所述君不親政而委政於大夫這件事;"設辟"正好也啟下文"豈既臣之獲罪"。

四

　　君答嫠(邊)【簡15】父曰:"二三夫=(大夫)不尚(當)毋然!③ 二三夫=(大夫)膚(皆)虘(吾)先君斋=(之所)付孫(遜)[一]也。虘(吾)先君智(知)二三子之不壴=(二心),甬(用)歴(歷)受(授)之【簡16】邦——不是肰(然),或再(稱)迡(起)虘(吾)先君於大難之中[二]? 今二三夫=(大夫)畜孤而乍(作)女(焉),幾(豈)孤亓(其)趺(足)爲免? 归(抑)亡(無)女(如)【簡17】虘(吾)先君之惪(憂)可(何)![三]"【簡18】

---

① 以上四則分見《尚書注疏》,第230、310頁;《左傳注疏》,第207、697—698頁。

② 子居:《清華簡〈鄭武夫人規孺子〉解析》,中國先秦史網,http://xianqin.byethost10.com /2016 /06 /07 /338,2016 年 6 月 7 日。

③ 《三篇》以爲"不當毋然"即"不應該不同意鄭武夫人如此的安排"之意(第175頁)。鄭莊公不親政而委由大夫執政雖是鄭武夫人的安排,不過"然"緊接大夫希望國君親政的請求之後,在此應該僅指由大夫代行執政這件事。

[一] 付遜

"付遜",整理者認爲"付"當是"守",①駱珍伊已就字形而辨其非,②可從。"孫",王寧、《三篇》都解爲"子孫",③《研究》則已指出,"孫"字"只能指涉子之子,没有子孫的義涵,整理者所引的《詩·大雅·文王有聲》'詒厥孫謀,以燕翼子',是因爲與下文的'子'互文足義方能有'子孫'義"(第 239 頁),其説是也。

子居讀爲"拊循",又作"撫循",爲撫慰養護意。④《通釋》則已指出,"拊循"、"撫循"二詞"都用於上對下的照顧,帶有强烈的封建恩德意涵",莊公不宜在邊父代表大夫請求臨朝視事時,以大夫都是先君所照顧的人作答(第 43 頁),其説誠是。簡文上一段是大夫以自己能力不足希望孺子親政,孺子如果希望維持大夫代行執政,自應强調大夫具備代行執政的能力以爲回應,如果回答大夫都是先君所照撫的人,反而就有以大夫能力不足之嫌了。《通釋》讀爲"戀選",爲"擇優選取"之意(第 43 頁),顯然較適合此處語境需求,唯所舉書證最早已到唐代,尚不能確定是否爲先秦已有詞彙。

"遜"字在先秦古籍一般多訓爲"順",如:

> 乃汝盡遜,曰時敘;惟曰未有遜事。　　　　　　　　　　　　《書·康誥》
> 我乃明致天罰,移爾遐逖;比事臣我宗,多遜。　　　　　　　《書·多士》⑤

孔《傳》皆以順爲解,難以直接適用於簡文。然所謂順,即壓抑己意以從他人之意,如《論語·憲問》"邦有道,危言危行;邦無道,危行言孫",何晏《集解》亦以順訓孫,"孫"即"遜","言孫"相對於"危言"亦即壓抑自己的言談之意。因爲壓抑自我,由此引申有遜讓、遜退之意,《大戴禮記·曾子立事》"(君子)遜而不詔",王聘珍注云:"遜,謂謙遜。"⑥

"遜"也可用於君位,爲退位、讓位之意,如《書·堯典·序》"(帝堯)將遜于位,讓于虞舜",孔《傳》云:"遜,遁也。"⑦《釋文》云:"退也、避也。"⑧值得注意的是,"遜"也可用爲

---

① 《清華六》,第 108 頁,注 49。

② 此爲駱珍伊在季旭昇讀書會的意見,轉引自《三篇》,第 175 頁。

③ 王寧:《清華簡六〈鄭武夫人規孺子〉寬式文本解讀》,復旦大學出土文獻與古文字研究中心,http://www.gwz. fudan.edu.cn/web/show/2784,2016 年 5 月 1 日。《三篇》,第 176 頁。

④ 子居:《清華簡〈鄭武夫人規孺子〉解析》,中國先秦史網,http://xianqin.byethost10.com/2016/06/07/338,2016 年 6 月 7 日。

⑤ 以上兩則分見《尚書注疏》,第 203、239 頁。

⑥ 黄懷信主編,孔德立、周海生參撰:《大戴禮記彙校集注》,三秦出版社,2005 年,第 469 頁。

⑦ 《尚書注疏》,第 18 頁。

⑧ 陸德明著,黄坤堯、鄧仕梁校訂索引:《經典釋文》,學海出版社,1988 年,第 36 頁。

諱稱,見《左傳·莊公元年·經》"三月,夫人孫于齊",杜《注》云:

> 夫人,莊公母也。魯人責之,故出奔内諱奔謂之孫,猶孫讓而去。①

不論是君位的禪讓或是出奔的諱稱,其中心都是對一個人離開其位的委婉表述,是典型的以委婉的措辭,表現不便直説之事的例子。簡文"遜"的用法與此相類,遜原爲遜讓、遜退之意,在此指先君因死亡而離開其位,其實也就是先君去世的委婉措辭。"吾先君之所付遜",指孺子之所以擁有諸大夫,乃是先君所交付、離開其位(去世)而來的。

[二] 用歷授之邦——不是然,或稱起吾先君於大難之中

歷,李均明解爲"盡",引《尚書·盤庚》"歷告爾百姓于朕志",蔡沈《集傳》"盡也"爲據、②王寧認爲其意相當於"一直",表示時間長久。③ 李守奎括注爲"兼"而無説,陳劍從之,認爲是總括副詞,爲俱、同時之意。④

《研究》認爲"歷"用爲副詞時,並無表示時間長久的語義;若釋爲"兼",則"兼"字所兼括的對象大多性質有異,並舉下列三則爲例:

> 宰我、子貢善爲説辭,冉牛、閔子、顏淵善言德行。孔子兼之。
>
> 　　　　　　　　　　　　　　　　　　　　　　　　《孟子·公孫丑》
>
> 儒以文亂法,俠以武犯禁,而人主兼禮之。　　　　《韓非子·五蠹》
>
> 季桓子如晉,獻鄭俘也;陽虎强使孟懿子,往報夫人之幣,晉人兼享之。
>
> 　　　　　　　　　　　　　　　　　　　　　　　　《左傳·定公六年》

然而簡文對二三子的敘述脈絡中並未突出其區別,應屬性質相同的集合名詞,故釋"兼"仍有疑義(第 242—243 頁)。

《研究》解"歷"爲"一次接一次"、"一再"之意,意謂:

> 簡文"用歷授之邦"即因(二三子不二心),一次次將國政委授大臣。言下之意,莊公現在委政於臣子,就如同過往武公多次將邦政權柄交付於臣子一般,並不是什麼特別的事。且依循往例,武公過去委政臣子時,大臣治理的也

---

① 《左傳注疏》,第 136 頁。又《左傳·哀公二十六年》:"其成公孫於陳。"用法相近,亦可參。

② 《清華六》,第 104 頁。

③ 王寧:《清華簡六〈鄭武夫人規孺子〉寬式文本解讀》,復旦大學出土文獻與古文字研究中心,http://www.gwz. fudan.edu.cn/web/show/2784,2016 年 5 月 1 日。

④ 陳劍:《簡談對金文"蔑懋"問題的一些新認識》,《出土文獻與古文字研究》第 7 輯,上海古籍出版社,2018 年,第 93 頁。

不錯,現在臣子憂難畏事,不專心處理國政,不是厚此薄彼嗎?(第 243—
244 頁)

其説可從。歷,呼應前文"如邦將有大事,必再三進大夫而與之偕圖"以及"吾君陷於大難
之中,處於衛三年"兩事,特別是武公處於衛時,"如毋有良臣,三年無君,邦家亂矣"。這三
年大夫既能在無君的情況下妥善執政,即是其具備代君執政能力的證明,也就難以拒絶莊
公希望繼續由大夫執政的請求,下句"起吾先君於大難之中",正是針對此點而發。

是,《研究》從"暮四郎"(黄傑)通讀爲"啻",則下句"或稱"之"或"當解爲"又",合爲
"不只……又……"之意,句子確實頗爲通順。不過,如上所述,本文更傾向於"歷授之
邦"是對大夫協助執政的總體概括,"起吾先君於大難之中"已包括在"歷"中,故"歷授之
邦"與"起吾先君"其實只是同一件事而非不同的兩件事,不應再用"不只……又……"來
連接。

"不是然"古籍未見,"不然"則習見於古籍,如:

> 凡僕人之禮,必授人綏。若僕者降等,則受;不然,則否。　　《禮記·曲禮》
> 成季使以君命命僖叔,待于鍼巫氏,使鍼季酖之,曰:"飲此,則有後於魯
> 國;不然,死且無後。"　　　　　　　　　　　　　　　　《左傳·莊公三十二年》
> 王孫賈問曰:"與其媚於奧,寧媚於竈,何謂也?"子曰:"不然,獲罪於天,無
> 所禱也。"　　　　　　　　　　　　　　　　　　　　　　　《論語·八佾》①

可看出説話者的態度較爲堅決,基本上不容有不同的看法。"不是"較少見,"是"可用爲
表示肯定、讚同的動詞,如前文《通釋》所引《荀子·非十二子》"不法先王,不是禮義"②即
屬之;亦可用爲代詞,如:

> 文王所以造周,不是過也。　　　　　　　　　　　　　　　《左傳·宣公十五年》
> 江、漢、睢、漳,楚之望也。禍福之至,不是過也。　　　《左傳·哀公六年》③

簡文"不是然"當是在"不然"中插入"是"而形成的。"是"爲代詞,此也,指前面莊公所述
"吾先君知二三子之不二心,用歷授之邦"這件事。然,相當於"如+an",④可譯爲
"像……樣子"。"不是然",即不是這樣的樣子。比較"不然"和"不是然","不是然"由於
多了代詞"是",因增加了一次指代,表意較爲迂曲,遂有寬緩語氣的作用,不會像"不然"

---

① 以上三則分見《禮記注疏》,第 62 頁;《左傳注疏》,第 182 頁;《論語注疏》,第 28 頁。
② 王天海:《荀子校釋》,第 206 頁。
③ 以上二則分見《左傳注疏》,第 409、1007 頁。
④ 梅廣:《上古漢語語法綱要》,三民書局,2015 年,第 4 頁。又,此承楊素梅博士告知,謹誌謝忱。

那樣絕對。

或,《三篇》主張如字讀,用爲不定指代詞(第 179 頁),可從;但解爲“誰”則不然。“或”是“有的”,可以指人或物等,如《詩·小雅·北山》“或燕燕居息,或盡瘁事國,或息偃在床,或不已于行”、《小雅·鶴鳴》“魚潛在淵,或在于渚”等。

“稱起”二字,《三篇》認爲“稱”即“舉起”,“起”即“興起”之意(第 179 頁),《研究》進一步補充此時“起”當爲使動用法,爲“使之起”之意,又引述張宇衛指出簡文此處“起”正與前文武夫人所述武公之“陷”於大難之中相對(第 246 頁)。“起”爲使動用法、與“陷”相呼應,並可從。不過“稱”訓舉起時,多是具體的物品,如《詩·豳風·七月》“稱彼兕觥”、《書·牧誓》“稱爾戈,比爾干”,較少接抽象的事件,“稱起”未必意近。“稱”在古籍也多用爲稱揚、稱善之意,如:

> 相人之形狀顏色,而知其吉凶妖祥,世俗稱之。　　　　《荀子·非相》[1]
> 田子方侍坐於魏文侯,數稱谿工。　　　　《莊子·田子方》[2]

“起吾先君於大難之中”其實就是善的具體内容,只是孺子爲强調大夫之前的勳功,故特別説出來,導致全句較長。若采用較簡單的説法,此句可概括爲“不是然,或稱善?”全句當讀爲疑問句,“不是然”和“或稱善”的語氣互相補充,意即“如果(大夫們)不是像上述這樣的樣子,會有讚譽拯救我們先君於大難之中嗎?”

[三] 畜孤而作焉,豈孤其足爲免? 抑無如吾先君之憂何!

畜孤而作,整理者解“畜”爲“順”,爲“順服君命行事”之意。王寧以爲“畜”即畜養之畜,[3]可從。《研究》補充云:

> 簡文“畜”還是理解爲“畜養”爲當,“畜”的施受雙方通常有地位的差別,通常是地位能力高者畜養地位能力低者:
> 父兮母兮,畜我不卒。　　　　《詩·邶風·日月》
> 是故明君制民之產,必使仰足以事父母,俯足以畜妻子。
> 　　　　《孟子·梁惠王上》
> 畜馬乘,不察於雞豚;伐冰之家,不畜牛羊;百乘之家,不畜聚斂之臣。
> 　　　　《禮記·大學》

---

[1] 王天海:《荀子校釋》,第 159 頁。
[2] 郭慶藩集釋:《莊子集釋》,華正書局,1991 年,第 701 頁。
[3] 王寧:《清華簡六〈鄭武夫人規孺子〉寬式文本解讀》,復旦大學出土文獻與古文字研究中心,http://www.gwz.fudan.edu.cn/web/show/2784,2016 年 5 月 1 日。

所以父母對子女、夫對妻子、大夫對家臣可以用"畜",反之則不然。莊公稱二三大夫"畜孤",是把二三大夫看作是繼死去的父親看照、畜養自己的長者。這既是對群臣保護、輔佐的客觀陳述,也是客氣、恭敬的説法。(第 248—249 頁)

誠是。

作,整理者解爲"行事",可從。莊公的答覆到"起吾先君於大難之中"爲止,通過大夫對先君的輔佐,證明大夫有代行執政的能力,以回應大夫提出的理由——當然,能力不足只是大夫的謙詞,真正的原因還是在於君的"不言",讓大夫行事之際不能"得執"。讓大夫恐懼的真正原因既然在"毋作手趾",莊公若要安撫大夫、繼續維持由大夫代爲執政的局面,對此自然也不能不有所回應。"畜孤而作"之"作"即在具體回應大夫"毋作手趾"之"毋作",也就是關於大夫如何行事的問題上,莊公請衆大夫以畜養自己爲原則行事。嚴格地説,莊公既然指示大夫應如何行事,也算是"有言"了,不過如此大夫行事有所執,莊公才能夠繼續維持"不言",則此一"有言"大概也是不得不然了。

免,整理者讀爲"勉",解爲"足以勉勵孺子自己",[1]"豈"字沒有着落;《三篇》解爲"難道是我值得你們這麼努力嗎(努力地讓我真正行君主之事)?"(第 183 頁)則是補入了"你們",是解爲"勉"的二説都有問題。如字讀者,子居解爲黜廢,意爲"現在諸位舊臣養着我,卻有所不安,這不止足以讓我被廢免",[2]難以解釋大夫的有所不安何以讓以使莊公被廢免?《研究》解爲免去、免除,意爲"難道我足以致使免去(群臣欲使我執政的期許)的狀態嗎?"(第 253 頁)然莊公既以大夫對先君的輔佐回應,自然不會不能免除大夫的請求,是此説亦有未安。

免,《研究》解爲免去、免除,可從,唯所免之事並非群臣的請求,而是古籍習見而往往略而不言之事。參看以下諸例:

> 夫州吁弑其君,而虐用其民,於是乎不務令德,而欲以亂成,必不免矣。
>
> 　　　　　　　　　　　　　　　　　《左傳・隱公四年》
>
> 洩伯曰:"五父必不免,不賴盟矣。"　　　　《左傳・隱公七年》
>
> 今甯子視君不如弈棋,其何以免乎? 弈者舉棋不定,不勝其耦,而況置君

---

[1]　《清華六》,第 108 頁。

[2]　子居:《清華簡〈鄭武夫人規孺子〉解析》,中國先秦史網,http://xianqin.byethost10.com/2016/06/07/33,2016 年 6 月 7 日。

而弗定乎？必不免矣。" 《左傳·襄公二十五年》①

又，《國語·晉語二》"反自稷桑"條載：

> 里克曰："吾秉君以殺大子，吾不忍。通復故交，吾不敢。中立其免乎？"優
> 施曰："免。"②

上揭各條所謂"免"，蓋即免於禍難之免。"豈孤其足爲免"延續"畜君"表現的自己仍然幼小、能力不足的主題，强調自己爲君不足以免於禍難，這是從另一個角度希望由大夫繼續代爲執政之意。

"免"的意涵也可以從下句"抑亡如吾先君之憂何"的"先君之憂"探求。關於"先君之憂"的内涵，《研究》云：

> 所謂"先君之憂"，即"先君的憂慮"，由於簡文並未明説先君所憂的是什
> 麼，以至於學者有不同看法。考量這個"先君之憂"簡文並未説明，可以推知
> 並非指特定的某種憂患，而是普遍性的憂慮。武公作爲一國之君，對他而言
> 最重要的是國家的存續與安定。影響國家存續與安定的重要因素，除不可
> 預知的外患與内亂，可以預見的即是國君死亡後，政權能否順利移轉。就
> 《左傳》所載，繼承人無法順利即位，或是即位後政權不穩固的情況比比皆
> 是，因此若説先君會有什麼憂慮的事情，應當以政權能否順利移轉給莊公爲
> 念，而這也在《左傳》所載"鄭伯克段於鄢"始末有所反映。簡文"無如吾先君
> 之憂何"即對先君之憂沒有辦法，這是莊公話鋒一轉，向群臣表示，自己雖然
> 欲聽從群臣的意見執政，但無奈對先君對於政權是否能順利轉移到我手中
> 的擔憂毫無辦法，這是用自己能力的不足來委婉拒絕臣子的建議。（第
> 253—254 頁）

所述先君之憂當爲"政權能否順利移轉"，若回到簡文的語意脈絡，更精確地説，應是"幼君政權能否穩固"。武王崩、成王幼之事固不待言，典籍所載，如：③

> 九月，晉獻公卒。里克、丕鄭欲納文公，故以三公子之徒作亂。初，獻公使
> 荀息傅奚齊。公疾，召之，曰："以是藐諸孤，辱在大夫，其若之何？"稽首而對
> 曰："臣竭其股肱之力，加之以忠、貞，其濟，君之靈也；不濟，則以死繼之。"
>
> 《左傳·僖公九年》

---

① 以上三則分見《左傳注疏》，第56—57、72、625頁。

② 徐元誥撰：《國語集解》，第277頁。

③ 《左傳注疏》，第219頁。

晉獻公意欲傳位於奚齊，但也擔心奚齊年幼，若没有大夫的支持其君位勢難鞏固而託付於荀息，這種幼君搭配强臣的情況可説是最典型的"先君之憂"。[①] 莊公即位時年僅十三歲，[②]正適用此一情況。莊公在請大夫"畜孤而作"的"有言"之後，又以此句總結，則言下之意，大夫如不奉命，若發生先君所憂慮的情況，自己也無可奈何了——如此，大夫若不奉命，輕則蔑視國君、重則有篡弑之想，當然就完全無法拒絶莊公的請求了。

餘論：本篇竹書的寫作意旨

整理者在本篇竹書的"説明"中云：

> 史籍所載鄭武公與武姜在嗣君繼承人問題上觀點相左，且敘述簡略，未見本篇所述內容。故本篇對研究春秋初鄭國歷史，尤其對瞭解武公去世後圍繞嗣君問題展開的權力鬥爭頗具史料價值。[③]

《左傳》所載"鄭伯克段于鄢"之事是後人所熟知的，故後續研究者也大多以權力鬥爭的角度理解本篇簡文。然而，本篇簡文究竟在哪些地方能夠具體反映武姜和莊公間的權力鬥爭呢？若説武姜規孺子之言，明確提出希望孺子委政於大夫是一種權力鬥爭，但武夫人自己也要付出"門檻之外無敢知焉"的代價，何從干預國政呢？何況簡文最後，面對大夫希望孺子親政的請求時，孺子也堅定地予以拒絕了。是就簡文敘事而言，莊公已確實接受了武夫人的建議，兩人間縱有權力鬥爭，顯然也非簡文所要着意强調的。

考察本篇的簡文用字分布，武夫人規孺子之詞 321 字、邊父規大夫之詞 13 字、代大夫傳言 98 字、君答大夫 76 字，合計 508 字，其餘記事之詞僅 81 字，充分展現全篇以記言爲主、記事爲次的寫作特色；記言 508 字中武夫人規孺子之詞約佔 63%，幾近三分之二的分量，可説是全篇着墨最多之處。這種以記言爲主的寫作方式，正與《國語》相似，而《國語》所要傳達的道德教訓，也是通過人物的言談呈現的。武夫人規孺子之詞在形式上既佔了全篇主要的部分，其內容則在從各個角度遊説孺子接受三年之內委政於大夫

---

① 豐臣秀吉欲傳位於其子秀賴，又擔心秀賴年幼，難以抵擋德川家康篡位，也是相同的事例。如果新君已成年，"先君之憂"的內容則會比較傾向舊臣能否盡心輔佐、監督新君，如《書·顧命》所載，此不贅。

② 莊公即位時之年齡，李學勤已有推估，見氏著：《有關春秋史事的清華簡五種綜述》，《文物》2016 年第 3 期，第 79—83 頁。

③ 《清華六》，第 103 頁。

的建議,此篇的主旨可能即在勸説人君行三年之喪;而莊公最後對大夫的堅定答覆,亦正是滕定公喪時孟子"是在世子"的答覆,①亦即如果繼位的孺子有決心,就可以行三年之喪。武夫人告孺子之辭中有"如及三歲"一語,王寧云:

> 指"三年之喪",即鄭莊公爲鄭武公服喪三年期間。②

已點出武夫人所要求的三年,實即服喪的三年。整體觀之,本文傾向《鄭武夫人規孺子》一文的意旨,應即在宣揚三年之喪的主張。

---

① 《孟子·滕文公》載:滕定公薨,世子謂然友曰:"昔者孟子嘗與我言於宋,於心終不忘。今也不幸,至於大故,吾欲使子問於孟子,然後行事。"然友之鄒問於孟子。孟子曰:"不亦善乎! 親喪固所自盡也。曾子曰:'生,事之以禮;死,葬之以禮,祭之以禮,可謂孝矣。'諸侯之禮,吾未之學也。雖然,吾嘗聞之矣:三年之喪,齋疏之服,饘粥之食,自天子達於庶人,三代共之。"然友反命,定爲三年之喪。父兄百官皆不欲也,故曰:"吾宗國魯先君莫之行,吾先君亦莫之行也;至於子之身而反之,不可。且〈志〉曰:'喪祭從先祖。'"曰:"吾有所受之也。"謂然友曰:"吾他日未嘗學問,好馳馬試劍。今也父兄百官不我足也;恐其不能盡於大事。子爲我問孟子。"然友復之鄒,問孟子。孟子曰:"然,不可以他求者也。孔子曰:'君薨,聽於冢宰,歠粥,面深墨,即位而哭。百官有司,莫敢不哀,先之也。上有好者,下必有甚焉者矣。君子之德,風也;小人之德,草也。草上之風必偃。'是在世子。"《孟子注疏》,第 89 頁。

② 王寧:《清華簡六〈鄭武夫人規孺子〉寬式文本解讀》,復旦大學出土文獻與古文字研究中心,http://www.gwz.fudan.edu.cn/web/show/2784,2016 年 5 月 1 日。

楚簡釋讀筆記五則

王 輝

（山東大學文學院）

　　近讀楚簡，略陳所記，共五則，以就正於方家。前兩則爲據清華簡釋讀上博簡，後三則所論爲清華簡詞語。

一、上博五《鮑叔牙》“詰誅”

　　上博五《競建》簡 10＋《鮑叔牙》簡 4—5：“又以豎刁與易牙爲相。二人也，朋黨羣獸，羣朋取與，賄公善而僕之。不以邦家爲事。縱公之所欲，勞民轍樂，箴逗怀願，疲弊齊邦。日城于縱，弗顧前後。百姓皆宫悥，奄然將亡。公弗􂀀􂀁，臣雖欲諫，又不得見，公沽弗察。”①

　　這段文字講述豎刁和易牙爲相之後的種種劣迹，百姓苦不堪言。而齊君卻“弗􂀀􂀁”。􂀀􂀁二字的釋讀意見頗多。􂀀或釋爲詰，或釋爲詀。􂀁或隸定作“罷”，讀爲獨、蠲、觸、屬；或隸定爲“罜”，讀爲逐、誅；或隸定爲“昆”，讀“詀昆”爲覺悟；等等。②

　　按，清華柒《越公其事》簡 37—38：“凡羣度之不度，群采物之不縝，③倅媮諒人則刑也，□晚而價賈焉，則詰誅之。凡市賈争訟，反背欺詒，察之而孚，則詰誅之。”讀爲“詰誅”的兩字作 􂀂 􂀃，整理者隸定爲劼斀，注釋謂“劼”讀爲詰；斀從倒矢、蜀聲，讀爲“誅”。詰誅意思是問罪懲罰。《禮記·月令》“詰誅暴慢，以明好惡”，鄭玄注：“詰，謂問

──────────

①　該段文字頗難懂，以上綜合諸家意見進行隸定和破讀。

②　參看范常喜：《上博五〈鮑叔牙與隰朋之諫〉“詰罷”新釋》，《古文字研究》第 30 輯，中華書局，2014 年，第 337—344 頁。

③　“縝”從石小力釋，參見清華讀書會：《清華七整理報告補正》（石小力整理），清華網，2017 年 4 月 23 日。

其罪,窮治之也。"①這是可以信從的意見。《鮑叔牙》的 [字形] 與此處的 [字形],均從吉、蜀,很有可能是同一個詞;讀爲詰誅,理解爲問罪懲罰,亦能夠講通簡文。因此,以上諸説中,史德新讀爲"詰誅"②很可能是對的。至於 [字形] 的字形,禤健聰認爲上部"虫"符因位置有限而未能舒展,下當如整理者所説爲"皿",而訛與"五"形接近。③

二、上博五《三德》"訂而不訂""已而不已"

上博五《三德》簡 2—3:"……皇天將興之;毋爲僞詐,上帝將憎之。訂而不訂,天乃降災;已而不已,天乃降殆。④ 其身不没,至於子孫。"

簡文"訂"作 [字形]、[字形]。整理者李零注釋説:"《説文·言部》有'諆'字,訓爲'欺也',這裏似用爲'忌'字。"⑤簡文"已"作 [字形]、[字形],未注。晏昌貴補充説,"忌"指語言方面的忌諱,"已"當作"巳",讀爲"祀",指貢牲祭祀,"已而不已"意謂當祀而未祀。⑥ 范常喜則認爲"訂"當讀爲期,意爲期約、約定;"已"當如字讀,訓爲不許、拒絶。"期而不期""已而不已"意爲有期約在前但後來爽約、先前拒絶而後又改口答應。⑦

按,"訂已"一詞出現在清華柒《越公其事》中。簡 38—39:"凡市賈争訟,敓訝訂已,察之而孚,則詰誅之。因其過以爲之罰。""敓訝訂已"又見於簡 42,作"反不訂已":"凡越庶民交接、言語、貨資、市賈,乃無敢反不訂已。"訂、已分别作 [字形]、[字形],與《三德》篇相同。整理者讀"敓訝訂已"爲"反背欺詒",謂敓、訝、訂、詒從言,指言語不實、顛倒欺詐等。⑧ 其説當可信從。[字形] 形在楚簡中既是"巳(sì)"又是"已(yǐ)",此處讀爲詒(以母之部),當是"已"(以母之部)字。

循此以求,《三德》之"已"亦當讀爲詒,欺騙之義;"訂"則是《説文·言部》訓作"欺也"之"諆"的異體,古書多用"欺"。"訂(諆)""已(詒)"義近。"欺而不欺","而"讀爲爾,

---

① 李學勤主編:《清華大學藏戰國竹簡(柒)》,中西書局,2017 年,第 134 頁。

② 史德新:《〈鮑叔牙與隰朋之諫〉的文獻學研究》,四川大學碩士學位論文,2007 年,第 28 頁。

③ 禤健聰:《上博楚簡(五)零札(一)》,簡帛網,2006 年 2 月 24 日。

④ "殆"從蔡偉讀,見氏著:《〈尚書·顧命〉"今天降疾殆弗興弗悟"的斷句問題——兼釋上博五《三德》之"天乃降棐"》,《簡帛》第 14 輯,上海古籍出版社,2017 年,第 8—9 頁。

⑤ 馬承源主編:《上海博物館藏戰國楚竹書(五)》,上海古籍出版社,2005 年,第 289 頁。

⑥ 晏昌貴:《〈三德〉四札》,簡帛網,2006 年 3 月 7 日。

⑦ 范常喜:《上博五〈三德〉新釋兩則》,《中山大學學報》2012 年第 2 期。

⑧ 李學勤主編:《清華大學藏戰國竹簡(柒)》,第 134 頁。

簡帛多見。① 用作指示代詞，如《詩·周頌·思文》"無此疆爾界"，即其例。"不欺"爲名詞性結構，即不欺騙別人的人、誠實的人。古書中的"不欺之士"即是此義。"欺而不欺，天乃降災；詒而不詒，天乃降殆"，意即，欺騙誠實之人，上天將降下災殆以爲懲罰。這正是對前所言"毋爲僞詐，上帝將憎之"的進一步説明。

三、清華叁《芮良夫毖》"用坒可畏"

清華叁《芮良夫毖》簡 18—19："天之所壞，莫之能支；天之所支，亦不可壞。板板其無成，用坒可畏。"

"坒"，整理者讀爲皇，訓作大，引《逸周書·成開》"式皇敬哉"、《祭公》"汝其皇敬哉"孔晁注爲證。② 張富海指出，簡文"坒"確實相當於《逸周書》"皇"，但表示大義的形容詞"皇"不能作狀語，前述《逸周書》兩"皇"字孫詒讓、莊述祖分別讀爲況。此處"坒"也應讀爲況，義爲更加。③

按，楚簡材料中的"坒"字多可讀爲廣，如郭店簡《老子乙》簡 11"坒德如不足"，今本和漢帛書乙本"坒"作廣；《上博一·孔子詩論》簡 10 詩篇名"漢坒"即今本《漢廣》；《上博二·容成氏》簡 31"以越於溪穀，濟於坒川"、《上博六·慎子曰恭儉》簡 4"均分而坒施"，"坒"整理者均讀爲廣。④ 此外，中山圓壺（《集成》15.9734）"德行盛坒"，"坒"也當讀爲廣。⑤ 從"坒"之"崖"字亦可讀爲廣，如《上博七·吳命》簡 5"以崖東海之表"、清華伍《命訓》簡 1"日成則敬，有常則崖_以敬命"，"崖"整理者均讀爲廣。⑥ 清華壹《祭公之顧命》簡 13"崖窒方邦"，今本《書·顧命》作"大開方封"，整理者讀"崖"爲皇，訓作大，⑦鄧少平指出"崖"當讀爲廣，⑧可從。者汈鐘（《集成》1.120—1.132）"崖捍庶盟"之"崖"，讀爲廣亦可通。⑨ 簡文"用坒可畏"亦可讀爲"用廣可畏"，"廣"義爲大，古書常訓。且"廣"可作狀語修飾動詞結構，如

---

① 參看白於藍：《簡帛古書通假字大系》，福建人民出版社，2017 年，第 77—78 頁。

② 李學勤主編：《清華大學藏戰國竹簡（叁）》，中西書局，2013 年，第 153 頁。

③ 張富海：《清華簡零識四則》，《古文字研究》第 32 輯，中華書局，2018 年，第 414 頁。

④ 馬承源主編：《上海博物館藏戰國楚竹書（二）》，上海古籍出版社，2002 年，第 274 頁；馬承源主編：《上海博物館藏戰國楚竹書（六）》，上海古籍出版社，2007 年，第 280 頁。

⑤ 參看王輝：《讀楚系簡帛劄記（五則）》，《中國語文研究》2011 年第 1、2 期合刊。

⑥ 馬承源主編：《上海博物館藏戰國楚竹書（七）》，上海古籍出版社，2008 年，第 316 頁。李學勤主編：《清華大學藏戰國竹簡（伍）》，中西書局，2015 年，第 125 頁。

⑦ 李學勤主編：《清華大學藏戰國竹簡（壹）》，第 177 頁。

⑧ 參看復旦讀書會：《清華簡〈祭公之顧命〉研讀劄記》文下評論，復旦網，2011 年 1 月 5 日。

⑨ 參看王輝：《讀楚系簡帛劄記（五則）》，《中國語文研究》2011 年第 1、2 期合刊。

《管子・宙合》"可以曲説而不可以廣舉"，《墨子・公孟》"以廣辟土地"。因此，讀爲"廣"無論從語法上還是用字習慣上都要優於"皇"。"用廣可畏"義即因此大爲可畏。

四、清華肆《筮法》"遂""復"

清華肆《筮法》第四節："凡支，①數而出，乃遂。凡支，數而入，乃得（復）。"第十三節："凡行，數出，遂；數入，得（復）。"整理者釋爲"得"之字作 **得**、**得**，黃傑認爲當是"退"之訛寫或異體，文獻中"遂""退"可理解爲前進與後退、成就與隱退，簡文第四節"遂""退"分別指辯論獲勝、己意得申，辯論中己意被黜而不得申；第十三節分別指出行順利、遇阻而返，或出行目的達成及不能達成。②

按，侯馬盟書"復"字異體有 **後**、**後**、**後**，③比較可知，整理者釋文無誤。簡文遂、復亦可構成反義。《説文・辵部》："遂，亡也。"即逃走。睡虎地秦簡《秦律雜抄》簡26"豹旞，不得，貲一盾"，整理小組讀"旞"爲遂，訓爲逃；④銀雀山漢簡《守法》（簡976）"……□述（遂）亡不從其將吏，比於亡軍"，陳偉武師認爲"遂亡"同義連文，即逃亡，並指出金文每以"㒸"或"述"爲"墜"，均指墜失、喪失，"遂"的逃亡義正由此引申而來。⑤"遂"之故訓又有"往也"，⑥均與"復"（返回）爲反義關係，適於簡文。

五、清華柒《子犯》"不果"

清華柒《子犯子餘》簡8秦穆公問蹇叔："曷有僕若是而不果以國，民心信難成也哉？"整理者訓"果"爲終，訓"以"爲有，不果以國即不果有國。⑦

按，此句當斷作"曷有僕若是而不果？以國民心信難成也哉"。"不果"古書常見，指没有成功、没有達成願望；"以"，因爲；"國民心"即國民之心，《晏子春秋》外篇有"以傷國民義哉"，"國民義"、"國民心"結構相同。這句話意思是：（重耳）爲何有這樣好的僕人還不能成功呢？是因爲國家的民衆之心實在難以收歸嗎？

① 支，整理者讀爲弁，指冠禮（第86頁）；黃傑讀爲辯，指辯論（《清華簡〈筮法〉補釋》，《周易研究》2017年第2期）。
② 黃傑：《清華簡〈筮法〉補釋》，《周易研究》2017年第2期。
③ 山西省文物工作委員會編：《侯馬盟書》（增訂本），山西古籍出版社，2006年，第348—349頁。
④ 睡虎地秦墓竹簡整理小組：《睡虎地秦墓竹簡》，文物出版社，1990年，第86頁。
⑤ 陳偉武：《銀雀山漢簡考釋十則》，《容庚先生百年誕辰紀念文集》，廣東人民出版社，1998年，第690—691頁。
⑥ 宗福邦等：《故訓匯纂》，商務印書館，2003年，第2302頁。
⑦ 李學勤主編：《清華大學藏戰國竹簡（柒）》，第96頁。

楚"波鉨"封泥小考 [*]

田 煒

（中山大學中國語言文學系）

最近新見一件戰國封泥，傳出於河南新蔡（見圖一、二）：

圖一

---

* 本文是教育部人文社會科學研究規劃基金項目（批准號：17YJA740049）、霍英東教育基金會高等院校青年教師基金項目（批准號：151099）、中央高校基本科研業務費專項資金中山大學優秀青年教師重點培育項目（批准號：17wkzd29）階段性成果。

圖二

　　封泥最長處約 5.2 cm,最寬處約 4.9 cm,泥上有印戳的痕迹,印痕寬約 2.2 cm,高約
3.4 cm,印文是"波鈢"二字。"鈢"字字形完整而清晰,需要稍作説明的是"波"字。"波"
字的"皮"旁整體比較清晰,只有兩橫筆兩端的短竪有殘缺。我們在電腦上把彩圖放大,
看到右端的短竪仍留有殘痕。這一殘痕在黑白圖片上無法反映出來。"水"旁殘泐比較
嚴重。從圖一、圖二看,"水"旁右上和左下的短筆都很清楚。從圖二看,"水"旁右下有
一個坑洞,而這個坑洞的走向與左下斜筆是對稱的,應該是"水"旁右下斜筆脱落後留下
的痕迹。"水"旁中間一竪也已經脱落,但仍留有殘痕,這在圖二中反映得尤爲清楚。從
圖二看,"水"旁的中下部似乎有"V"形的筆畫,但結合圖一則可知所謂的"V"形筆畫實
際上是由坑洞邊沿造成的。因此,印文中的"波"字是可以確定下來的。根據這些分析,
我們可以把印文摹寫如下:

這件封泥上的印迹是用長方形陰文印章鈐戳而成的,從文字風格看屬於楚國。這種格

式的楚國璽印還有"畋鉨"(《璽彙》0270)、"魚鉨"(《璽彙》0347)、"敎鉨"(《鴨雄緑齋藏中國古璽印精選》)、"賒鉨"(《璽彙》0351)和"厶鉨"(《鴨雄緑齋藏中國古璽印精選》)等,既有官璽也有私璽,然以官璽爲多。

"波鉨"可以讀爲"陂鉨",應該是一枚官璽。用"波"爲"陂",傳世文獻屢見。《漢書·灌夫傳》"波池田園",顏注云:"波,讀曰陂。"《説苑·君道》"左洞庭之波",《韓詩外傳》"波"作"陂"。戰國楚文字資料亦多用"波"字爲"陂"。《上海博物館藏戰國楚竹書(二)·容成氏》簡24説禹"波明者之澤",整理者讀爲"陂明都之澤",並指出"陂"即《禹貢》'九澤既陂'之'陂',是築堤障塞之義"。① 在古代,陂障澤藪和疏浚河川是治水的重要手段,也是國家政治清明的景象,而"澤不陂"則被視爲國家衰敗的景象。《國語·周語》記載:

　　　　定王使單襄公聘於宋。遂假道於陳,以聘於楚。火朝覿矣,道茀不可行,
　　侯不在疆,司空不視塗,澤不陂,川不梁,野有庾積,場功未畢,道無列樹,墾田
　　若蓺,膳宰不致餼,司里不授館,國無寄寓,縣無施舍,民將築臺於夏氏。及陳,
　　陳靈公與孔寧、儀行父南冠以如夏氏,留賓不見。

單襄公據此判斷陳國將亡。《清華大學藏戰國竹簡(壹)·楚居》簡1"宅處爰波"和簡8"潰疆涅之波","波"皆讀爲"陂"。② 因此,把"波"讀爲"陂"不僅可以找到文獻的證據,而且符合楚文獻的用字習慣。包山楚簡簡110"波尹",劉信芳先生讀爲"陂尹",疑爲管理陂澤的官員,正確可從。③ 戰國楚璽有"魚(漁)鉨"和"敎(漁)鉨",包山楚簡有官名"大敎(漁)尹";④戰國楚璽有"畋鉨",曾侯乙墓竹簡有官名"敏(畋)尹"。⑤ "漁"與"漁尹"、"畋"與"畋尹"、"陂"與"陂尹",言其職事則爲"漁"、爲"畋"、爲"陂",言其官名則爲"漁尹"、爲"畋尹"、爲"陂尹"。《周禮·地官》有"澤虞",是掌管澤藪的職官,"陂尹"的職責應與之相關。《漢書·地理志》云:

　　　　九江郡,秦置,高帝四年更名爲淮南國,武帝元狩元年復故。莽曰延平。

① 馬承源主編:《上海博物館藏戰國楚竹書(二)》,上海古籍出版社,2002年,第269頁。
② 清華大學出土文獻研究與保護中心編,李學勤主編:《清華大學藏戰國竹簡(壹)》,中西書局,2011年,第187頁。復旦大學出土文獻與古文字研究中心研究生讀書會:《清華簡〈楚居〉研讀札記》,復旦大學出土文獻與古文字研究中心網站,http://www.gwz.fudan.edu.cn/Web/Show/1353,2011年1月5日。
③ 劉信芳:《包山楚簡解詁》,藝文印書館,2003年,第103頁。
④ 吳振武:《戰國官璽釋解兩篇》,《金景芳九五誕辰紀念文集》,吉林文史出版社,1996年,第190—192頁。
⑤ 裘錫圭、李家浩:《曾侯乙墓竹簡釋文與考釋》,《曾侯乙墓》上,文物出版社,1989年,第526頁。吳振武:《戰國官璽釋解兩篇》,《金景芳九五誕辰紀念文集》,第190—192頁。

屬揚州。户十五萬五十二,口七十八萬五百二十五。有陂官、湖官。

九江郡是秦滅楚後所置。此地陂澤甚多,所以特別設有陂官、湖官,爲他郡所無。今所見"陂鈢"封泥屬楚,"陂尹"也是楚官,實非偶然。陂池往往還具有灌溉的作用。《淮南子·説林》:"十頃之陂可以灌四十頃。"《風俗通義·山澤·陂》:"傳曰:'陂者,繁也。'言因下鍾水以繁利萬物也。今陂皆以溉灌,今汝南富陂縣是也。"《周禮·地官·稻人》云:

> 稻人:掌稼下地。以瀦畜水,以防止水,以溝蕩水,以遂均水,以列舍水,以澮寫水,以涉揚其芟,作田。

鄭注:"謂偃豬者,畜流水之陂也。"如果《周禮》和鄭注的説法符合戰國時候的實際情況,那麼陂尹的職責可能還會涉及農業灌溉,與田官爲官聯。

"波""陂"二字皆从皮聲,二字相通是没有問題的,但楚文字中的"波"可能並不是"陂"的假借字,而是"陂"字的異體。《説文·𨸏部》:"陂,阪也。一曰,沱也。""沱"即"池"字。段注云:"陂得訓池者,陂言其外之障,池言其中所蓄之水。"陂用於蓄水,"陂"字从水表義是完全合理的。所以楚文字中用作"陂"的"波"字就可以直接視作"陂"字之異體了。關於這一點,禤健聰先生已經指出。[1] 黃錫全先生在論及西周金文"陰"字或从𨸏作、或从水作時,也曾指出"陰與陽與山水有關,故其字既可从𨸏,又可从水"。[2] 楚文字"陰"字也既可用"𨸏"旁表義,也可用"水"旁表義。可見這樣的情況在古文字中並非特例。除了戰國楚文字資料以外,秦和西漢早期文字資料也往往用"波"爲"陂"。戰國晚期記録秦武王二年更修《爲田律》的青川木牘有"脩波隄",即"脩陂隄",睡虎地秦簡《日書》甲種簡25貳"波池"即"陂池";[3]秦代放馬灘秦簡《日書》甲種簡20貳、《日書》乙種簡24壹"閉日,可以波渴,入人奴妾","波渴"可以讀爲"陂堨";[4]西漢早期的張家山漢簡《二年律令·田律》簡247"脩波堤"、《徭律》簡413"穿波沱(池)",孔家坡漢簡《日書》

---

① 禤健聰:《戰國楚系簡帛用字習慣研究》,科學出版社,2017年,第36頁。

② 黃錫全:《趙國方足布七考》,《華夏考古》1995年第2期,第108—109頁,原爲中國錢幣學會第五次年會論文,安徽黃山,1994年5月。

③ 周波:《秦漢簡〈日書〉校讀札記》,復旦大學出土文獻與古文字研究中心網站,http://www.gwz.fudan.edu.cn/Web/Show/1111,2010年3月17日。

④ "波渴"二字由宋華强先生釋出,請參看宋華强:《放馬灘秦簡〈日書〉識小録》,簡帛網,http://www.bsm.org.cn/show_article.php? id=1220,2010年2月14日。周波先生讀爲"陂堨",請參看周波:《秦漢簡〈日書〉校讀札記》,復旦大學出土文獻與古文字研究中心網站,http://www.gwz.fudan.edu.cn/Web/Show/1111,2010年3月17日。

簡 24"波隄",①馬王堆漢墓帛書《周易》46 行"無平不波,無往不復",皆用"波"爲"陂"。從這些例子來看,用"波"爲"陂"並非楚文字資料獨有的現象,而是當時普遍存在的用字情況,可能是一段時期内用字習慣的反映。

　　附記:"波鈢"封泥照片由吳心華先生提供。

---

① 　周波:《秦漢簡〈日書〉校讀札記》。

"葉書"與"諜記"*

陳侃理

（北京大學中國古代史研究中心、
出土文獻與中國古代文明研究協同創新中心）

《史記》屢稱"諜記"、"譜諜"、"繫諜"，後世通用"牒"字，指記載世系、年代和君王謚號的書。這類書在戰國秦漢時期相當流行，是司馬氏父子參考的重要資料。上古諜記亡佚已久，依靠新發現的松柏漢牘《葉書》，現代學者才對諜記的形式和内容有了較爲直觀的認識。① 不過，關於"葉書"題名的具體含義，以及葉書與《史記》中的"諜"如何聯繫起來，學者還有不同意見。李零認爲，"葉書"即"牒書"。牒是作爲檔案記錄的零散簡牘，彙編之成册，稱爲牒書。② 陳偉則主張"葉"應讀爲"世"，指帝王世系。③ 前者從形式和成書過程考慮，後者依據書中内容的屬性。兩説並立，皆有理據，也都有缺憾。前者不曾説明"牒書"的内容爲何主要是年世，後者未能解答秦漢的世系之書爲何以"葉"、"諜"這些從"枼"的字命名，而不用當時已經通行的"世"字。

在 2018 年 8 月 18 至 19 日中山大學古文字研究所主辦的第七届"出土文獻青年學者論壇"上，我報告了論文《松柏漢牘〈葉書〉考》，旨在釐清這塊木牘的内容，爲用以研究秦漢

---

* 本文爲教育部全國優秀博士學位論文作者專項資金資助項目"中國政治文化傳統的形成與早期發展研究"（201311）階段性成果。

① 《葉書》木牘 2004 年出土於湖北荆州松柏 M1 號漢墓，介紹見荆州博物館：《湖北荆州紀南松柏漢墓發掘簡報》，《文物》2008 年第 4 期，第 29 頁。這枚木牘兩面抄寫，題有"葉書"二字的一面（正面）順序羅列秦昭襄王至漢武帝諸國君的在位年數，另一面（背面）則逐一列出從漢文帝前元年（前 179）至漢武帝元光元年（前 134）共 46 年間每一年的紀年，還在紀年下按照數字從大到小的順序書寫"年若干"，起於"年卅六"而終於"年一"。木牘現在荆州博物館展出，並附有釋文。

② 見李零：《視日、日書和葉書——三種簡帛文獻的區别和定名》，《文物》2008 年第 12 期，第 77—78 頁。

③ 見陳偉：《秦漢簡牘〈葉書〉芻議》，《簡帛》第 10 輯，上海古籍出版社，2015 年，第 88—89 頁。

的時間秩序做準備。文中嘗試解釋"葉書"題名的含義,感到兩難,覺得從根本上還是要解決"牒"和"世"的關係問題。恰巧,參加此次會議的郭永秉提交的論文《説表示"死"義的"世"字》,涉及戰國時期"世"字的孳乳。我讀後受到啟發,在會上就此問題略陳己見,提出假説,嘗試從文化史角度解釋"枼"的字義引申及其分化字的演生,最終落到如何理解"葉書"的"葉"。簡言之,"葉書"指排列世諡、年代的書。君主死後獲得諡號,在簡牘上記錄"某諡某君若干年",即爲一"牒",號曰一"世"。後代編牒成册,合爲一書,便是諜記、世本。"葉書"、"諜記"、"世本",用字分化,名稱各異,而追根溯源,其實一也。

　　那次發言準備過於匆促,論述十分粗糙。由於討論松柏《葉書》的專文暫時未便發表,故而整理看法,草成此篇,提交給論文集,聊以塞責。學識謭陋而探索艱險,不得不勇於推論,思考很不成熟,敬請讀者方家批評指正。

一、"枼"及相關分化字

　　秦漢簡牘和古書中常見的"葉"、"世"、"諜"、"牒"等字,都是從"枼"分化出來的。郭沫若指出,"枼"是"葉"的初文,[①]而劉釗、裘錫圭等學者則糾正《説文》的誤解,闡明了"枼"與"世"的關係。[②] 裘先生説,"枼"字爲了象樹葉之形,將樹木一起表示出來,而"世"字取自其上半部,是由之分化而成的。[③] 這在文字學上是非常準確而明瞭的分析。[④] 至於"枼"如何獲得"世代"的含義,裘先生認爲是"由於樹葉一年一生"而引申出的。此説未見確據。人生數十年,而樹葉生涸僅一春秋,長短不侔,且花草一年一生者多,似乎不一定要取樹葉爲譬。這點還讓人有所疑惑。

　　"枼"字表示{世}這個詞,義爲"世代",由來很久。兩周銅器銘文中的"枼"字,幾乎都用作"世"。毛詩《長發》"昔在中葉"傳亦云"葉,世也",用"世"解釋"葉"。不過,樹葉究竟是如何引申出世代之義的呢? 對此別有兩種異説,也都不能使人完全信服。

　　其一,以爲樹葉層層疊疊,形似人之世代。《文選》卷五左思《吳都賦》"元功遠致,雖累葉百疊,而富彊相繼",李善注:"葉猶世也。"林義光《字源》卷二云"草木之葉重累百

---

① 郭沫若:《兩周金文辭大系考釋》第208葉A,朱鳳瀚等整理:《張政烺批校兩周金文辭大系考釋》中册,中華書局,2011年,第457頁。

② 參看季旭昇:《説文新證字釋》卷三,藝文印書館,2014年,第158—159頁。

③ 裘錫圭:《文字學概要(修訂本)》,商務印書館,2013年,第121頁。

④ 于省吾認爲"世"是在"止"上增加一點或三點分化出來的字(于省吾:《甲骨文字釋林》,中華書局,1979年,第461—462頁)。今案"世"字不見於商代,而在西周甫一出現就與"枼"通用,可見兩字聯繫緊密。甲骨文中的"笹",可以認爲是"枼"保留象葉之形的主體,而將"木"旁替換爲"竹"旁。今不取從"止"之説。

疊,故引申爲世代之世",①應是據此注。細審原文,意謂伐吳功臣富强百世不絶,如同樹葉重重疊疊。此處的"葉"既然用"百疊"來形容,便不宜直接訓爲"世";即便有"世"義,也是來自文學上比喻和假借的雙關,②不能當作字義引申來看。

其二,音近通假。李孝定《金文詁林讀後記》卷六云:"至以一葉爲一世者,聲近通假耳。"③據此説,則樹葉與世代本無意義上的關聯,僅是因爲古無專門表示{世}的字,而借用表示樹葉的"枼"字來假代罷了。那麽,{世}這個詞又是從哪兒來的呢?"世"字出現確實晚於"枼",不見於商代。"枼"在殷商甲骨文中只用作地名和人名。④ 從西周中期開始,青銅器銘文出現"世"字。根據學界目前的認識,同時期的"枼"也用於表示"世代"的{世},而尚未發現其他表示{世}的字。可以説,{世}這個詞一出現,就與"枼"或其變體"世"字固着在一起。它們之間,除了語音,應該還有意義上的關聯。

根據以往的認識,"枼"除分化出"世"字表示"世代",還朝着另一個語義方向發展,分化出與簡札、書籍相關的"牒"和諜。仔細考察這兩個字在秦漢時期的用法,可知實有分别:前者與{世}絶緣,而後者包含{世}義。

"牒",是秦系文字中用來表示"簡札"的專字。《説文》片部:"牒,札也,从片枼聲。"《説文》木部又云:"札,牒也。"兩字互訓。段玉裁注"牒"字曰"牒之言枼也,葉也",指出牒的簡札義來自竹木簡札類似葉片平薄形狀。從現有資料看,秦滅六國以後,表示簡札的{牒}固定用"牒"字來表示,至兩漢而未變。陳偉注意到,"在秦漢簡牘中,書頁意義上的用字通常直接寫作'牒'"。⑤ 比較典型的用法,如《嶽麓書院藏秦簡》(肆)所收秦律令,有"以尺牒牒書當免者,人一牒"(簡348)云云,稱"尺牒"、"牒書"、"一牒",三個"牒"字(第二字原爲重文號)都表示作爲物體的簡札。以我翻檢所見,只有睡虎地秦簡中抄寫年代較早的《封診式》有一處用"諜"表示{牒}。⑥ 除此之外,不僅律令、官文書,如睡虎地《秦律十八種》、里耶秦簡、嶽麓秦簡律令和奏讞書文獻以及張家山漢簡《二年律令》和《奏讞書》、西北邊塞出土簡牘文書等,一律用"牒"字;而且屬於私人文書的馬王堆一號漢墓、謝家橋一號漢墓、毛家園漢墓、鳳凰山八號漢墓等墓葬出土遣策,也都用"牒"字表示簡札,一概不用"枼"、"葉"等字。傳世的漢代文獻也大都用"牒"表示簡札。如《淮南

---

① 轉引自李圃主編:《古文字詁林》第二册,上海教育出版社,2004年,第474頁。

② 類似的用法常見於魏晉以後,如左思《詠史詩》"金張藉舊業,七葉珥漢貂",庾信《哀江南賦》"昔三世而無慚,今七葉而始落"等。

③ 轉引自李圃主編:《古文字詁林》第五册,第982頁。

④ 徐中舒:《甲骨文字典》,四川辭書出版社,1989年,第654頁。

⑤ 陳偉:《秦漢簡牘〈葉書〉芻議》,《簡帛》第10輯,第87頁。

⑥ 睡虎地秦簡《封診式》簡91—92:"即疏書甲等名事關諜(牒)北(背)。"

子·齊俗》云"夫竹之性浮，殘以爲牒，束而投之水則沉"，以竹片爲牒；《史記·封禪書》稱漢武帝封禪用的玉版爲"玉牒書"，《漢書·郊祀志》同；《漢書·路温舒傳》稱"温舒取澤中蒲，截以爲牒，編用寫書"，這是以蒲草代簡札；《漢書·匡衡傳》云匡衡才學無雙，卻因缺少入朝爲官的門路而"隨牒在遠方"，又用"牒"表示書寫在簡札上的户籍、官簿。

"諜"，後世多用於表示"間諜"，在漢代文獻中又用於表示"譜牒"的{牒}，指記載年世的書，不像後代那樣習用"牒"字，與同時期"牒"字的用法也有區別。《説文》言部："諜，軍中反間也。从言枼聲。"段玉裁注："《太史公書》借爲牒札字。"實則《史記》對"諜"字的用法與"牒"區別明顯，專指譜牒類文獻，不用來表示一般的簡札。《史記·三代世表》序云：

> 余讀諜記，黄帝以來皆有年數。稽其曆譜諜，終始五德之傳，古文咸不同，乖異。夫子之弗論次其年月，豈虚哉！於是以《五帝繫諜》、《尚書》，集世紀黄帝以來訖共和，爲《世表》。

三次提到前世流傳至漢的譜牒，都用"諜"字表記{牒}。"諜記"下司馬貞《索隱》曰："〔諜〕音牒。牒者，紀系謚之書也。"可知，小司馬認爲表記譜牒之{牒}的正字應从"片"，所見寫本之字則作从"言"的"諜"。《十二諸侯年表》序兩次提到譜牒，一次説"太史公讀春秋曆譜諜"，一次説"譜諜獨記世謚"，也都用"諜"字。這些不符合唐宋以後用字習慣的情況非出偶然，而是保存了《史記》古本的舊貌，反映出司馬遷習慣用从"言"之"諜"表記"譜牒"，區別於表示"簡札"的"牒"字。[1] 這樣的用字習慣在《漢書》中延續下來。《漢書·楊雄傳》録雄《反離騷》曰"靈宗初諜伯僑兮"，謂伯僑爲譜牒中的初世之祖；顏師古注引應劭曰"諜，譜也"，説是。《漢書·藝文志》曆譜類有《漢元殷周諜曆》十七卷，當是

---

[1] 今本《史記·太史公自序》述《三代世表》、《十二諸侯年表》著作之意，兩次用到"譜牒"一詞，今通行本字皆作"牒"，南宋初覆刻北宋國子監刊十行本、十四行《史記集解》本並同（十行本據台灣二十五史編刊館1955年影印所謂"景祐本"，十四行本據鳳凰出版社2011年翻印北京文學古籍刊行社1955年影印之北京圖書館藏本）；但後一"譜牒"，南宋蔡夢弼刻集解索隱本及黄善夫刻三家注本皆作"諜"，其字从"言"（均據"中華再造善本"影印本）。應是北宋國子監校刻正史，根據當時的規範用字改"諜"爲"牒"，而南宋建安坊刻本加入《索隱》、《正義》時又受其他刻本或舊抄本的影響，保存了原字"諜"。此事不易確證，但也並非全然無據。北宋真宗時官修的《廣韻》"諜"字尚有釋義"譜諜也"（余廼永校注：《新校互注宋本廣韻》，上海古籍出版社，2000年，第541頁），至仁宗時重修《集韻》，所收凡三"諜"字，釋義一云"安也，一曰軍中反間"，二云"《説文》'軍中反間也'"，三云"言相次也"（丁度等編：《宋刻集韻》，中華書局，1989年，第224—225頁），已删去《廣韻》"譜諜"之義。可見，"諜"表示譜牒之{牒}的用法，到北宋中期已經不被官方學者認可。唐宋時期，"諜"字逐漸專用於表記"間諜"，而脱去表示"譜牒"的職能。北宋國子監官刻《史記》，所用底本中或已有改作"牒"者，校刻時受當時用字規範的影響，可能也以"諜"爲俗字，隨手改爲"牒"。至於《三代世表》、《十二諸侯年表》中的"諜"字，若非"漏網之魚"，則或是因爲校刊者受司馬貞《索隱》所云"諜音牒"影響，認定原文作"諜"，才得以"幸存"。

以漢元年爲起點上溯商周王年、世系的書,其字作"諜";又著録《太歲諜日晷》二十九卷,"諜"字原訛作"謀",王念孫指出是因唐人諱"世",將所從"枼"的上半寫成"卅"而致訛,[1]可從側面證明原文從"言"不從"片",因爲没有從"片"從"某"的字。

漢代文獻之所以用"諜"表示譜牒,應是爲了容納譜牒"記載世系"這層含義。前文已經説明,"牒"是秦漢時代中表示"簡札"的專字,取其形狀平薄如同葉片之義,並用意符"片"加以明確。記載世系的譜牒寫在簡札上,卻不用"牒"字,説明其用從"枼"的字表記,是要取"簡札"之外的"世"義。

从"枼"之字的演化,似乎出現兩條分岔路:一條路走向世代的"世",一條路走向類似於樹葉的薄片"牒"。"諜"字既有"簡札"的意思,又未脱"世系"的氣味。松柏漢牘題名"葉書"的"葉"字,也與之類似。李零、陳偉兩位先生分别將"葉"讀爲"牒"和"世",意見分歧難定,恐怕也是因此吧?

對於"葉書"、"諜記"解釋,在"牒"、"世"之間選取任何一義,都難以得到完滿的答案。"葉"和"諜"的多義性,只有通過在"牒"、"世"兩義之間找到聯繫,才能夠解釋。正當我在李、陳二説間猶豫時,關於"即世"一語的討論讓我想到,"世"與"牒"之間可能存在某種紐帶。

二、"即世"的本義及引申

"即世",屢見於《左傳》、《漢書》等古書,意爲死亡。這是衆所周知的。但"死亡"義無法從"即世"二字的字面得出,應是通過引申或隱喻生成的。對此,傳統的解釋還不能讓人滿意。

《左傳》成公十三年,晉吕相奉命出使秦國,與之絶交,其辭屢見"即世"。比如"獻公即世,穆公不忘舊德,俾我惠公,用能奉祀于晉","文公即世,穆爲不弔"等,其中的"即世"都是指國君的死亡。《左傳會箋》云:

> 《越語》"先人就世",韋注:"就世,終世也。""就"、"即"同義,"就"訓爲
> "成","成"字有"終卒"之義,故韋以"終世"釋之。[2]

將"即世"與"就世"相聯繫,認爲"就"、"即"同義,是正確的。但"就"的"成"義卻是"即"所没有的;又訓"成"爲"終"以牽合《國語》韋昭注所謂"終世",更是迂曲。楊伯峻采擇

---

[1] 王念孫《讀書雜志》四之七"太歲諜"條云"謀當爲諜",江蘇古籍出版社,2000年,第278頁上。
[2] 竹添光鴻:《左傳會箋》,遼海出版社,2008年,第267頁。

《會箋》"即世"即"就世"之説,而不取其解釋,僅云:"漢魏人謂之'下世'、'去世'也。"①此解大意不錯,但仍然無法落實到字面上。"下世"、"去世"都是説離開人世,而"即"、"就"共同的字義是接近、到達,正與"下"、"去"相反。《左傳》此文中還有一例:

> 穆、襄即世,康、靈即位。

這是説,秦穆公、晉襄公死後,秦康公、晉靈公各自坐上君位,文例與《國語·越語下》的"先人就世,不穀即位"相同。高木智見把"即世"、"就世"中的"即"與"就"理解爲"到達某個地方或者達到某種狀況,或者説佔有某個位置",因而"即世"、"就世"可以解釋成"佔有那個叫做'世'的地方或者位置"。至於這裏的"世"指什麼? 高木先生認爲當是"表示血族連續",故而是"始祖以來祖先譜系中末端的位置"。② 這個看法極具洞見,只可惜他沒有進一步解釋:{世}這個詞爲何能夠表示祖先譜系中的位置。

郭永秉在提交此次會議的《説表示"死"義的"世"字——附〈容成氏〉"各得其世"解》一文中,提出了另一個看法。他認爲,"世"是東周以後逐漸發展出來的對"死亡"的委婉表達,而"就世"、"即世"類似於"就死地"、"即杳冥"。拙見以爲,動賓結構的複合詞"即世"、"就世"可以表示"死亡",不能推論出"世"字單獨有"死亡"義。後者缺少直接的書證,學者也尚未從語言文字發展的角度給予充分解釋。如果僅用後世觀念來解釋上古的現象,説服力是有欠缺的。不過,郭文舉出戰國文字中表示"世"的"殜"、"𣦵"等字,卻啟發我對"即世"的本義及其"死亡"義的來源産生了新的想法。

"𣦵"字三次出現在戰國時期中山國的銅器銘文中,張政烺認爲皆與"世"字同義。他説:"從'歹'之字多有死亡意,古人謂終一人之身爲'世'。……'世'字在西周金文中行用已廣,戰國時,隨着語義的分化造此新字(引案:指"𣦵"字),大約因意義不大,終歸淘汰。"③張先生的意思是,"世"有終一人之身的含義,與死亡相關,故被加上意符"歹(歺)",作爲表示世代之{世}的專字,並非"世"或"𣦵"本身就意爲"死亡"。因此,"𣦵"所從"歹(歺)"旁的表意功能顯得多餘,後來淘汰不用了。

戰國時與"𣦵"作用相同的字,還有常見於楚系簡册文字中的"殜"以及比較罕見的從"死"的"薨"字。整理楚簡文字中"殜"、"薨"二字的用例,可以發現這兩個字都用作"世",按照在語境中的意思譯解爲"人的一生"、"時代"、"繼承"等,"時代"、"繼承"都是從"世代"亦即"人的一生"之義引申而來。所有用例都取"世"的常見義,没有一例明確可證是表示"死亡"的。需要稍作説明的是上博楚簡《曹沫之陣》中"歿身就薨"一語。整

① 楊伯峻:《春秋左傳注》,中華書局,1990 年,第 861 頁。

② 高木智見:《先秦社會與思想——試論中國文化的核心》,上海古籍出版社,2011 年,第 102—103 頁。

③ 張政烺:《中山國胤嗣好盗壺考釋》,《張政烺文史論集》,中華書局,2004 年,第 509—510 頁。

理者原釋作"就死",郭永秉認爲當是"麗"字,今從之。"就麗"與前舉《越語》"就世"、《左傳》"即世"同義。

"即世"一語,又頻繁出現在清華簡《繫年》中,都寫作"即殜",从"枼"。比如:

〔鄭〕武公即殜,莊公即立(位),莊公即殜,卲(昭)公即立(位)。10

文例多達 10 餘條,不煩贅舉。今人不假思索地把其中的"殜"讀爲"世",但這樣的用字習慣卻表明,對於戰國時期這個字的抄寫者或創造者來說,"殜"是直接從"枼"分化出來的,未必已經脫去"枼"的本義。在"世"字的音形義還未得到定論時,不妨將目光拉回到"枼"上,通過"枼"來思考"世"。

我認爲,"枼"先引申出簡札之{牒},從{牒}又引申爲{世}。金文"枼"和"世"指"世系"、"世代"的含義,來自王公貴族死後獲得謚號寫入簡札的制度。{世}之所以出現在西周中期,可能是因爲西周建立以後,宗法制度强化,及時用文字記録世系變得重要。記録世系的"枼",原始形態應是在每一代王公貴族死後,將其謚號或廟號書寫在一片簡牘上,是爲一"牒"。每一牒記載一人,即表示一個世代,這是"世代"義之所出。從《史記》準確編年資料可追溯的上限推測,西周晚期以後的"枼"應已包含君王的享國年數。君主在位時没有廟號、謚號,年數未定,是不記入枼書的。君主死後寫進簡札、編入世系之書的過程,可稱爲"即枼(牒)"、"就枼(牒)",也寫作"即世"、"就世"。這個過程標誌着世代更替,産生出"世"的意義;又因發生在死後,與死亡密切相關,被用來婉稱君主之死,故而在楚系文字中也被加上"歹(歺)"旁,寫作"即殜"、"就麗"。簡言之,{世}這個詞原本來自記載世系的寫在枼片狀簡札上的譜牒。

前面已經講過,世代的{世}最早流行於西周中期,從一開始,就用"枼"或其省文"世"字來表示。兩周金文中常見"世世"、"萬世"、"世萬"、"世子孫",也常見"永枼"、"萬枼"、"枼萬"等詞語,其中的"世"、"枼"按照後代的習慣讀爲世代的{世},都很通順。但有一例較爲特殊,值得分析。《宣和博古圖》著録一件北宋宣和五年(1123)青州臨淄縣民在齊故城遺址耕地時發現的青銅器"叔尸鐘",有長篇銘文,講叔尸有功於齊靈公,以其所賜吉金鑄鐘,用於祭祀祖先,請求賜福。銘文最後説:

女(汝)考壽邁年,永保其身,卑(俾)百斯男。而執斯字,肅肅義(議)政,齊侯左右,母(毋)疾母(毋)已。至于枼,曰:"武靈成。"子孫永保用言(享)。

大意是説保佑自己長壽,多子多福,能夠長久地在齊侯身邊參政輔佐,子孫後代永寶用此鐘。唯"至于枼曰武靈成"一句,相當費解。郭沫若在《兩周金文辭大系考釋》中説:

　　“枼”即“葉”之初字。葉,世也。“成”讀爲“誠”。言至於後世,使人讚嘆
曰:“桓武靈公,誠然武靈也。”語因顧韵,故倒出之,極有風致。①

　　他將文中的“枼”增字解爲“後世”,又讀“成”爲“誠”,認爲當在齊侯謚號的“武靈”之前,由於照顧押韻而後置,其說迂曲難從。此處的“枼”應指譜牒,即記載世系的簡札。“至于枼”是說死後謚號被寫到簡札上,而武、靈、成三字皆爲謚號。整句話的意思是:以武、靈、成這樣的謚號,寫入記載世系的簡札。這裏所謂的“至于枼”,不能用後代習慣的“世”來解釋,而可視爲傳世文獻和楚簡中“即世”、“就世”、“即牒”、“就薨”等的同義語。

　　“枼”指死後寫入的簡札譜牒,還有一個旁證。清華簡《鄭文公問於太伯》中述及鄭國先君,云“枼及吾先君武公”、“枼及吾先君莊公”、“枼及吾先君邵公、厲公”,皆用“枼”字,整理者讀爲“世”,是可以的。但是否簡單理解爲世代繼承的意思,還可以推敲。文中談及當世君主時則用了不同的表述,稱“今及吾君”,而不說“枼及吾君”。可見,“枼”很可能只適用於死去的先君,因爲他們已經以其謚號寫入譜牒,在編“枼”而成的書中佔據一“枼”的位置,成爲一“世”。在位君主還未進入譜牒枼書,既未“即枼/世”,也就不能稱“枼/世及”。

　　理解了“世”的原初意義來自譜牒,就可以解釋,清華簡《繫年》中“邵(昭)公、同(頃)公皆早牒”(簡99—100)的“早牒”,本義是“早早地被寫入牒”,指其在位時間短;②清華簡《鄭武夫人規孺子》中“今吾君既枼”(簡5),可從整理者讀爲“即世”,或從本字讀,將“枼”理解爲名詞用作動詞。“牒”單字的本義都來自“枼”,指記錄的載體“簡札”,又爲記錄的內容“世系”,自身沒有“死亡”的含義;動賓結構的複合詞“即世”、“即牒”,才是死亡的標誌和婉稱。

　　附帶一提,戰國齊陳侯午錞等器用“豎”表示{世},與“牒”、“薨”一樣,是“枼”的一種繁化。這種繁化,應是受到“即世”與“即立(位)”對舉的影響。加上意符“立”所隱含的意思,可能是將枼書系譜中那一牒或一個行格也當作與人間君座類似的一種“位”了。

三、編 枼 爲 書

　　記載一個個大小王公貴族年數、謚號的簡札,被後人依次整理編連起來,就成了“枼

---

①　郭沫若:《兩周金文辭大系考釋》第208葉A,朱鳳瀚等整理:《張政烺批校兩周金文辭大系考釋》中册,第457頁。

②　據《史記·晉世家》,昭公、頃公分別享國6年、14年,不算太短,云“早世”或因死時比較年輕。

書",司馬遷稱之爲"諜記",而松柏漢牘題曰"葉書"。由於{世}義來自{牒},這種書的名稱無論最初如何稱呼,用什麽字來表記,都同時包含"編牒"和"世系"兩方面的意涵。前者逐漸淡化,而後者長期保存。

傳世文獻記有一類被叫作"世"的書,其實就是"葉書"、"諜記"。《國語·魯語上》:"工史書世,宗祝書昭穆。"《周禮·春官·小史》云:"小史掌邦國之志,奠(讀爲定)繫世,辨昭穆。"我懷疑,"世"即"葉書",主要是縱向記載父子相承的大宗直系;"昭穆"指族譜,旁行斜上,重在顯示橫向的兄弟行輩關係。《國語·楚語上》記楚莊王時申叔時回答士亹問如何傅太子,首先是"教之《春秋》",其次便是"教之《世》","以休懼其動"。申叔時説"世"的内容是"昭明德而廢幽昏"。舊解較爲勉强,未得正鵠。韋昭注曰:"世,謂先王之世系也。……爲之陳有明德者世顯,而闇亂者世廢也。"僅將"世"理解爲先王的世系,並不能説明何以其中包含彰顯明君而貶黜昏君的内容。《周禮·春官·瞽矇》賈公彦疏引《國語》古注云:"先王之繫《世本》,使知有德者長,無德者短。"此解近於徐元誥《國語集解》引陳瑑所謂"蓋教之以知其祚之短長也",[1]以爲《世》記載年數,是讓人瞭解昏君、明君享國時間長短不同。其説仍未達一間。實則"世"指"世書",亦即"葉書"、"諜記",所記除年數外,還有謚號,包含對每一代貴族君主功過的褒貶。這就是所謂的"昭明德而廢幽昏",從而能對太子的舉動起勸誡作用。

《楚語》教太子以《世》的這段話,説明"葉書"、"諜記"在春秋戰國時期很受重視,成爲貴族教育的重要組成部分。雖然還找不到直接的證據,從東周的情況和古史記載的精確程度推測,"葉書"的編輯可能始於西周中期,最初大約只記謚號、世系,西周末年以後增加了享國年數。到了春秋戰國時期,世系又被不斷往前追溯,以塑造當代貴族的上古起源。其中的世系或有早期文獻或口傳資料的根據,但年數則純出臆測。故司馬遷説"余讀諜記,黄帝以來皆有年數",而不敢輕易信從。

"葉書"、"諜記"在漢代還多有保存,爲司馬談、司馬遷所利用,成爲《史記》編排世系和年代的主要依據。但司馬氏父子所見的這類書形式如何,今天已經無法見到,即便《世本》也亡佚已久,僅有面目難辨的輯本。松柏漢牘《葉書》首次明確地呈現了這類書的面貌,其正面篇題後的前四行作:

> 昭襄王五十六年死。
> 大(太)上皇帝三年死。
> 始皇帝卅七年死。
> 胡胲三年死。

---

① 徐元誥:《國語集解》,中華書局,2002年,第485頁。

牘文依次羅列四代秦君的謚號和享國年數,最後以"死"作結,印證了"即枼"與死亡的關係。[①] 其中胡亥稱名而不稱"二世皇帝",蘊含褒貶之意。[②] 根據松柏《枼書》的提示,可以發現《史記》包含有不少"諜記"舊文。比如《魯世家》:

> 三十七年,悼公卒,子嘉立,是爲元公。
>
> 元公二十一年卒,子顯立,是爲穆公。
>
> 穆公三十三年卒,子奮立,是爲共公。
>
> 共公二十二年卒,子屯立,是爲康公。
>
> 康公九年卒,子匽立,是爲景公。
>
> 景公二十九年卒,子叔立,是爲平公。

文中列舉魯公的在位年數、謚號,父子世襲關係,這些都是"諜記""枼書"的核心內容。[③] 魯國編年史在當時已經中斷或者亡佚於後世,但"譜牒"類文獻史料卻保存下來,爲《史記》所用。又今本《史記·秦始皇本紀》之末後人附益的秦君世系,記載秦襄公至始皇的謚號和在位年數,也是典型的枼書。其形式是:

> 襄公立,享國十二年。初爲西時。葬西垂。生文公。
>
> 文公立,居西垂宫。五十年死,葬西垂。生静公。
>
> 静公不享國而死。生憲公。
>
> 憲公享國十二年,居西新邑。死,葬衙。生武公、德公、出子。

司馬貞《索隱》以此"當據《秦紀》爲説"。今案《史記·秦本紀》主要依據秦的編年史《秦記》,與此性質相異而所記年數不同,可知此處文字反映的是一種《史記》未采入的秦"諜記"。書名無論稱"枼"還是稱"諜",都包含有世系的含義。

松柏漢牘《枼書》的正面以一代帝王爲一行,背面則從漢文帝元年開始,以一年爲一行,形式不同,且世系的意義減弱。這部分是否屬於《枼書》,抑或是另一部書呢? 李零在文中提到,他看到荆州印臺 M60 漢墓出土竹簡有很清楚的自題"枼書"。[④] 據發掘者介紹,這部《枼書》類似睡虎地秦簡《編年記》,內容有秦昭王、秦始皇和西漢初年的編年、

---

① 松柏漢牘《枼書》正面最後一行作"今皇帝七年",記載在世國君的年數。這是秦漢時期的新發展,可能與逐年編牒的做法以及當時的新用途有關,不能反映西周、春秋和戰國前期的情況。

② 參看陳侃理:《〈史記〉與〈趙正書〉——歷史記憶的戰爭》,《中國史學》第 26 卷,朋友書店,2016 年,第 32—34 頁。

③ 《史記·魯世家》的這條材料及上述解讀,承田天博士提示,謹此致謝。

④ 李零:《視日、日書和枼書——三種簡帛文獻的區別和定名》,《文物》2008 年第 12 期,第 77 頁。

記事。① 可見,西漢初人把逐年編年記事的書稱爲"葉書"。陳偉據此將没有自題名的睡虎地秦簡《編年記》改題爲《葉書》。② 這種一年一條的"葉書"應是由一年一牒的記録彙編而成,是一世一牒的記録複雜化的結果,可能受到《春秋》類文獻的影響,編年爲記,而淡化了世系的味道。此處的"葉",語義重心轉而在{牒},不在{世}。

戰國時期可能還存在以一"葉"爲一"年"的用法。1979 年陝西鳳翔縣高莊野狐溝一號戰國晚期墓出土一件中山國青銅鼎,銘曰:

十四葉,右使車(庫)嗇夫鄗瘠,工簡(籬),冢(重)二百六十二刀之冢(重)。

此爲典型的工官題名,其中"十四葉"只能是紀年。"葉"字原文从"艹"从"木",李學勤釋爲"葉",應是正確的。③ 但李先生又説此字讀爲"世",假借爲"歲"字,似有未安。④ 今案,《禮記·曲禮》"去國三世",《釋文》引盧植、王肅注:"世,歲也。……萬物以歲爲世。"⑤意謂"世"有"年歲"之義,非云"世"、"歲"二字通假。⑥ 王念孫説:"《晏子·雜篇》曰'以世之不足也,免粟之食飽',《史記·淮南傳》曰'萬世之後,吾寧能北面臣事豎子乎',《漢書·食貨志》曰'世之有飢穰,天之行也',皆謂歲爲'世'。"⑦這是通過先秦秦漢的語言現象,歸納出"世"字有"年歲"的含義。古人以爲,"世"的這個含義從草木一歲一枯榮而來,現在推測,此義更有可能來自以一年爲一牒(葉)的編年記事法。

四、結　論

根據上文的討論,"葉"字的分化過程可以從文化發展的角度,重新梳理和解釋。

"枼"本義是草木的葉子,戰國時期分化出从"艹"的"葉"字。由草木葉片平薄的形狀,"枼"又引申爲竹木簡札之義,在戰國晚期的秦系文字中分化出專用於此義的

---

① 鄭忠華:《印臺墓地出土大批西漢簡牘》,荆州博物館編:《荆州重要考古發現》,第 207 頁。

② 陳偉主編:《秦簡牘合集(壹)》上册,武漢大學出版社,2014 年,第 8 頁。

③ 此字釋讀有爭議。或以爲"年"之訛,朱德熙則認爲是"異"的省寫,假借爲"杞",見《中山王器的杞字》,《朱德熙文集》第五卷,商務印書館,1999 年,第 172 頁。但朱先生對《説文》"杞"字或體"榺"的摹寫有誤,實則原字與"異"字形相差甚遠,應該没有直接關係。朱先生的這個看法很重要,故稍作辨析。此事承郭永秉先生提示,謹致謝忱。

④ 李學勤:《秦國文物的新認識》,《文物》1980 年第 9 期,第 27 頁。

⑤ 陸德明:《經典釋文》卷一一《禮記音義之一》,上海古籍出版社,1985 年,第 650 頁。

⑥ 案《禮記·曲禮》此文,鄭玄注云"三世,自祖至孫",以世爲世代,較盧、王説爲通。但不妨"世"在别處有"年歲"之義。

⑦ 王引之:《經義述聞》卷三一《通説上》"世"條,江蘇古籍出版社,2000 年,第 733 頁上。

"牒"字。

　　"枼"還與其變體"世"字一起,在西周中期以後的金文中表示"世代"的意思。西周時期,隨着宗法制度的發展,及時書面記録先王先君的需要增强,從而形成制度。當時人在周王和封建貴族死後,隨即將世系、謚號寫在簡札上,一人一牒,是爲一世,依次編入專門的册書。"枼"、"世"二形所表示的"世代"之義,就是由此而來的。要説明的是,"世代"之義引申自記載世代的"譜牒",此二義在兩周時期的用例中往往難以分割。銅器銘文中的"萬世"、"世世",同樣可理解爲"萬牒"、"牒牒"。由於秦漢以來"世"、"牒"音義分離造成的認知習慣,這個現象在今天顯得有些難以理解。但考慮到周代"世"、"牒"、"枼"語音相同、意義相關,恐怕只有從這個方向思考,先秦秦漢古書和楚簡中常見的表示死亡的"即世"、"就世",才能得到合理的解讀。

　　"枼書"記載世系,與死亡有密切關係,戰國時又造出從"歹(歺)"的"殜"字,專門用來表示{世}。該字從"枼",進一步説明:"世代"的{世}是從記載世系的{牒}分化出來的,而直到戰國中後期,兩個詞的音、義應該還没有分離。

　　在表示簡札的專字"牒"分化出來以後,語音可能也朝着定母的方向演變。漢代人有意地另用從"言"的"諜"來表示記載世系的簡册,稱"譜諜"、"諜記"、"繫諜"。這個"諜"字尚未脱去"世代"的意涵,與簡札之"牒"相區别,當時應仍讀爲"枼"(書母)。印臺漢簡和松柏漢牘的題名"枼書",既然不用當時已經通行的"牒"或"世"字,也應當讀如其字。"枼書"與"諜記"兼容"牒"、"世"兩義,透露出上古家族制度與書記文化發展的蛛絲馬迹。

2018 年 11 月 26 日初稿,12 月 26 日修改

北大漢簡四《反淫》簡八至十一新編聯及釋讀[*]

蘇建洲

（臺灣彰化師範大學國文系）

對於北大漢簡四《反淫》簡 8—11，整理者原編聯爲 8＋9；10＋11，内容如下：

> 魂曰：“乘靈（軨）獵車，駕誘騁之馬，攝下（夏）服之笶，載烏嗃（號）之弓，馬四扶，車折風，取【八】射千金之重。此天下至康樂也，夫子弗欲駝（馳）邪？”曰：“浸（寢）病未能。”【九】

> “……臺（臺）罍（壘）成，湯（蕩）菁（春）江。尋虎狼，摯蜚（飛）鳥，道極狗馬之材，窮射御之巧。此天下至浩【一〇】樂也，夫子弗欲過邪？”曰：“浸（寢）病未能。”【一一】

網友“仲時”指出當改編爲“9＋8（＋X）＋10＋11”。^① 曹建國先生則改編爲“39＋40＋10＋11”。^② 筆者認爲“8（＋X）＋10＋11”應屬可信，至於簡 9 則没有證據一定接續簡 8。陳劍先生同意筆者所説簡 9 不當與簡 8 連讀，但認爲簡 8 與簡 10 可以直接連讀。^③ 底下針對簡序問題進行討論。

---

* 本文爲“《北京大學藏西漢竹書（肆）——〈妄稽〉、〈反淫〉》綜合研究”的研究成果之一，獲得國科會的資助（計劃編號 MOST106－2410－H－018－022－），特此致謝。

① 《北大漢簡〈反淫〉初讀》32 樓，武漢大學簡帛網（簡帛論壇-簡帛研讀），2017 年 10 月 20 日，www.bsm.org.cn / bbs / read.php？tid＝3372&-page＝2。按：承中山大學博士生楊鵬樺先生於 2018 年 9 月 17 日來信告知，“仲時”就是他本人，他所撰寫的《北大漢簡〈反淫〉簡 8—11 重編》即將刊登在《古文字論壇》第 3 輯，請讀者參看。

② 曹建國：《游道與養生北大藏簡魂魄賦讞論》，《長江學術》2017 年第 3 期，第 102 頁。

③ 見 2018 年 6 月 6 日電子郵件内容。

首先,從文意來看,整理者將簡"8+9"歸爲"逐射",認爲與《七發》底下內容相合:[①]

　　　客曰:"鐘、岱之牡,齒至之車;前似飛鳥,後類距虛,稻麥服處,躁中煩外。
羈堅轡,附易路。於是伯樂相其前後,王良、造父爲之御,秦缺、樓季爲之右。
此兩人者,馬佚能止之,車覆能起之。於是使射千鎰之重,争千里之逐。此亦
天下之至駿也,太子能强起乘之乎?"太子曰:"僕病,未能也。"

簡10+11則歸類爲"校獵",認爲與《七發》底下內容相合:

　　　客曰:"將爲太子馴騏驥之馬,駕飛軨之輿,乘牡駿之乘。右夏服之勁箭,
左烏號之雕弓。游涉乎雲林,周馳乎蘭澤,弭節乎江潯。掩青蘋,游清風。陶
陽氣,蕩春心。逐狡獸,集輕禽。於是極犬馬之才,困野獸之足,窮相御之智
巧,恐虎豹,懾鷙鳥。……"

但是整理者又指出簡8"乘靈(軨)獵車,駕誘騁之馬,攝下(夏)服之筴,載烏嗃(號)之弓"與上
述《七發》內容多同。[②] 曹建國先生也注意到這個現象,並指出"如果這兩篇文章都是枚乘一
人所作,當不至於差别如此之大"。反對整理者所説《反淫》與《七發》的作者都是枚乘一人所
作。[③] 但如果把簡8與簡10編聯一起就没有上述的問題。筆者之所以認爲"8(+X)+10"的
主因是簡8末句"取"與簡10所謂"臺壘成"無法連讀。但陳劍先生向筆者指出:

　　　據此段與《七發》文之對應關係,"……左烏號之雕弓。游涉乎雲林,周馳
乎蘭澤,弭節乎江潯。掩青蘋,游清風。陶陽氣,蕩春心",簡文"蕩春江"與"蕩
春心"對應(其間存在改寫關係),在"載烏嗃(號)之弓"下又已有"馬四扶,車折
風,取"諸字,則其間恐難容還有二十多字的缺文。

陳先生所説有相當的道理。值得注意的是,底下兩則文獻對簡文的理解很有助益:《楚
辭·招魂》:"青驪結駟兮齊千乘,懸火延起兮玄顏烝。步及驟處兮誘騁先,抑鶩若通兮
引車右還。與王趨夢兮課後先,君王親發兮憚青兕。"以及《文選》卷十二郭景純(璞)《江
賦》"其旁則有雲夢雷池,彭蠡青草"。陳劍先生據此認爲"臺"字當改釋爲"夢":

　　　其形原作 ![臺字形], 亦與本篇後文簡18"臺"字 ![臺字形] 不同(印象中秦漢出土文
獻"臺"字亦從未見如此作者)。此字當改釋爲上從"萝"(即"夢除去'夕'旁部

①　《〈反淫〉與〈七發〉文字異同對照表》,北京大學出土文獻研究所編:《北京大學藏西漢竹書(肆)》,上海古籍出
　　版社,2015年,第145頁。
②　同上書,第145—146頁。
③　曹建國:《游道與養生北大藏簡魂魄賦譾論》,《長江學術》2017年第3期,第108頁。

分”；中間並非簡單的“口”形）、下從“玉”（或“王”，二者隸書有時難辨）之字，其結構與“薨、蕾、薨”等同。“夢、蕾”等所從“苹”變作如此字之形者，秦漢文字中頗爲多見（其頭部變化亦可與“敬”字左上角之變化互證）。

同時，簡 8 的“取”當讀爲“趨”；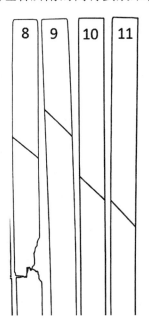 當釋爲“夢”，即《楚辭·招魂》“趨夢”之“夢”；“畾”即“雷”，即《江賦》之“雷池”；“成”當爲衍字。依其説，則釋文作：

　　馬四扶，車折（逝）風。取（趨）【八】壐（夢）畾（雷）{成}，湯（蕩）菁（春）江①。②

謹按：依照陳先生所説的確可以將簡文字字落實，且有古書的依據。整理者將 釋爲“臺”確實與目前所見秦漢文字寫法不同（詳下），但是釋爲“夢”也與此字下部從來都是“夕”旁不同。此外，讀爲“夢雷”也與《七發》内容有差距。據整理者説，《反淫》的完簡字數爲“六至二十九字不等”，③假設“8（＋X）＋10”之間的缺簡内容相當於《七發》的“游涉乎雲林，周馳乎蘭澤，弭節乎江潯。掩青蘋，游清風。陶陽氣”，約二十五字的内容，字數上是合理的。讀爲“馬四扶，車折（逝）風。取（趨）【八】游涉乎雲林……”，文意上也還有道理。此外，從整理者所附的簡背劃痕來看：

---

① 陳劍先生指出：所謂“蕩春江”，應非謂僅“蕩舟春江”之類遊玩，因如此解即與上下文不合，而應理解爲校獵中車馬載於舟中渡過江河而至（另一）田獵地。上引文之“超廣漢”已略可爲證，又如崔駰《七依》（《藝文類聚》卷五十七引）、《全後漢文》卷四十四）亦講“校獵”者謂“躡虛騰雲，乘風度津”，亦其證。見 2018 年 6 月 6 日電子郵件内容。
② 見 2018 年 6 月 6 日電子郵件内容。
③ 北京大學出土文獻研究所編：《北京大學藏西漢竹書（肆）》，第 119 頁。

可知"9+8"不能接續,"8(+X)+10"則是密合的。雖然簡背劃痕對於簡序編排並無決定性作用,①但作爲輔助的證據還是可以的。職是之故,我們暫且維持"8(+X)+10"編聯的看法,將來若有新材料證明"夢"字可寫作 ▨ ,那麼筆者將改從陳劍先生的編聯。綜合以上討論,簡文可釋寫爲:

> 魂曰:"乘靈(輪)獵車,駕誘騁之馬,攝下(夏)服之筴〈箭〉,載烏喁(號)之弓,馬四扶,車折(逝)風。取【八】……▨ 靁成,湯(蕩)萅(春)江。鬯(尋)虎狼,摯蜚(飛)鳥,{道}②極狗馬之材,窮射御之巧。此天下至浩【一〇】樂也,夫子弗欲過邪?"曰:"浸(寢)病未能。"【一一】

下面針對釋文中的疑難字詞進行討論。

一

"攝下(夏)服之筴〈箭〉",整理者注釋:夏服:良箭名。《文選》司馬相如《子虛賦》:"左烏號之雕弓,右夏服之勁箭。"李善注引東漢服虔曰:"服,盛箭器也。夏后氏之良弓,名繁弱;其矢亦良,即繁弱箭服,故曰夏服也。"一説指古之善射者夏羿的箭囊。見《史記·司馬相如列傳》司馬貞索隱。③ 蕭旭先生指出:"服"即"箙"省借。《説文》:"箙,弩矢箙也。"指盛矢之器。夏服,當指夏后氏之箙,或夏羿之箙。"筴"當是"箭"誤書。④

謹按:秦漢文字中"束"旁與"夾"旁關係密切,因此整理者所釋的"筴"就是"策"字。字形作 ▨ ,比對北大簡《老子》簡192"善數者不用檮(籌)筴(策)"之"策"作 ▨ 、北大簡《揕輿》簡2貳"策"作 ▨ 、《馬王堆·經法》69下"是故萬舉不失理,論天下而无遺筴(策)"之"策"作 ▨ 。《韓非子·外儲説右下》:"造父御四馬,馳驟周旋而恣欲於馬。恣欲於馬者,擅轡筴之制也。""轡筴"即"轡策"。其次,比對整理者所舉的文獻,以及《七發》"右夏服之勁箭,左烏號之彫弓"、《孔叢子·公孫龍》"龍聞楚王張繁弱之弓,載忘歸

---

① 孫沛陽:《簡册背劃綫初探》,《出土文獻與古文字研究》第4輯,上海古籍出版社,2011年,第456、458頁。賈連翔:《戰國竹書形制及相關問題研究——以清華大學藏戰國竹簡爲中心》,中西書局,2015年,第100、102頁。陳劍:《〈妄稽〉〈反淫〉校字拾遺》,復旦網,2016年7月4日,www.gwz.fudan.edu.cn/SrcShow.asp?Src_ID=2850,20160710跟帖。

② 由上下文來看,"道極狗馬之材"的"道"恐怕只能理解爲衍文。如同篇首簡1—2"夏即票(飄)風{靁(雷)}【2】辟(霹)靂(靂)之所繳(激)也,冬即蜚(飛)雪焦(霄)霰(霰)之所褋(雜)",亦衍一"靁(雷)"字。

③ 北京大學出土文獻研究所編:《北京大學藏西漢竹書(肆)》,第123頁注3。

④ 蕭旭《北大漢簡(四)〈反淫〉校補》,復旦網,2016年6月27日,www.gwz.fudan.edu.cn/SrcShow.asp?Src_ID=2841。底下所引蕭氏意見皆見此文,不再注出。

之矢，以射蛟兕於雲夢之圃"，皆是"弓"與"箭／矢"相對。"弓"或"箭"的動詞都可用"攝"。《詩·小雅·吉日》："既張我弓，既挾我矢，發彼小豝，殪此大兕。"《漢書·司馬相如傳》："夫邊郡之士，聞燧舉燧燔，皆攝弓而馳，荷兵而走。"顏師古曰："攝謂張弓注矢而持之也。攝音女涉反。"①可見"攝弓"包含"張弓持矢"的動作。也有"攝箭"的説法，《新唐書·卷二十三·儀衛志上》："每朝，第一蓺蓺訖，持更稍皆舉，張弓者攝箭收弩，立門隊及諸隊仗皆立於廊下。"②《大藏經》第五三册："王見化鹿即張弓攝箭引弓欲射。"③"攝箭"相當於文獻常見的"持矢"，《穀梁傳·定公四年》："子胥父誅於楚也，挾弓持矢而干闔廬。"特别是受到"夏服"的制約，加上"策"、"箭"二字都从"竹"旁。那麼簡文"策"很可能是"箭"之誤書。之所以會出現這種錯誤，我們推測當是受到前一句"駕誘騁之馬"的影響。《史記·管晏列傳》："晏子爲齊相，出，其御之妻從門閒而闚其夫。其夫爲相御，擁大蓋，策駟馬，意氣揚揚，甚自得也。"《韓詩外傳·卷二》："今東野畢之上車執轡，御體正矣，周旋步驟，朝禮畢矣，歷險致遠，馬力殫矣，然猶策之不已，所以知佚也。"《上博九·靈王遂申》："虎乘一𦎨=（外車—闕車？）駟（四馬），告執事人【2】：烄=（小人）幼，不能以它器。得此車，或（又）不能馭之以歸，命以其策歸。執事人許之。虎秉策以歸【3】。"④可見駕馬需要"馬策"，加上古書常見"轡策"、"執轡"、"攝轡"一類的説法，除了上面所舉例證，又有《淮南子·覽冥》"昔者王良、造父之御也，上車攝轡……"、《鹽鐵論·利議》"造父攝轡，馬無駑良，皆可取道"。綜合以上原因，書手或因此而致誤。⑤

二

依照整理者的釋文："……臺（臺）畾（壘）成，湯（蕩）菩（春）江。"自然不是對偶關係，而是因果承接關係。前面引到陳劍先生指出"蕩春江"是"校獵中車馬載於舟中渡過江河而至（另一）田獵地"，而"臺"既可作爲田獵地，如《風俗通義·正失·孝文帝》："文帝代服衣罽，襲氈帽，騎駿馬，從侍中、近臣、常侍、期門武騎獵漸臺下，馳射狐兔，果雉刺豕。"其中"漸臺"是田獵地。同時"臺"這種建築位於深池中，古書中也常與"田獵"並見，比如《淮南

① （漢）班固撰，（唐）顏師古注，楊家駱主編：《漢書》，臺北鼎文書局，1986 年，第 2578 頁。

② （宋）歐陽修、宋祈撰，楊家駱主編：《新唐書》，臺北鼎文書局，1981 年，第 483 頁。

③ 大藏經刊行會編：《大正新脩大藏經》，臺北新文豐書局，1983 年，第 85—83 頁。

④ 參見拙文《上博九〈靈王遂申〉釋讀與研究》，《出土文獻》第 5 輯，中西書局，2014 年，第 92 頁。

⑤ 鄔先生則傾向於認爲原文"攝夏服之策"可能並無錯訛；《反淫》只是另一種説法而已。以辭藻名物堆砌的辭賦所提到的東西互有出入，是很正常的，恐怕都不能坐實看待，只是出於行文鋪張的需要。見 2018 年 6 月 5 日電子郵件内容。

子·主術》：“人主好高臺深池。”《管子·小匡》：“曰：‘昔先君襄公，高臺廣池，湛樂飲酒，田獵罼弋，不聽國政。’”《漢書·東方朔傳》：“今陛下累郎臺，恐其不高也；弋獵之處，恐其不廣也。”因此，整理者將 🔲 釋爲“臺”有其道理。《反淫》簡 18“臺”字作 🔲，下面的“至”與“玉”形體相近。比如“至”作 🔲（居新 EPF22：69）；“到”作 🔲（居新 EPF22：65A）。青島土山屯墓群 147 號墓木牘“玉勾”之“玉”作 🔲、🔲，[1]形體與“至”相近。此外，石繼承先生指出：“漢印中的‘至’在作爲偏旁時，經常寫作上部平直的 🔲（‘漢匈奴姑塗黑臺者’印‘臺’字偏旁，《增訂》528 頁）、🔲（‘臺侯相印’印‘臺’字偏旁，同上）之形。”[2]如果把“🔲”上的“口”簡化爲一橫筆便會變成“王／玉”之形。裘錫圭先生指出：“在古文字裡，作爲字的組成成分的‘口’形跟‘一’形往往同用無別。”如勻、金本從“吕（🔲）”，後變爲“二”。[3] 又“旋”作 🔲（張家山《引書》15），又作 🔲（楊震碑）。“齊”作 🔲（《銀雀山》404），又作 🔲（《銀雀山》240）、🔲（馬王堆《相馬經》15），o 形變爲一橫筆。馬王堆帛書《陰陽五行》甲篇《上朔》章“勞△”，“△”也見於“寺△”，字形如下：

🔲（第 1 行“勞△”）🔲（第 1 行“寺△”）

“勞△”即乙篇“營或”，“寺△”即乙篇“之尤”。2000 年第 7 期《文物》公布的釋文中將“△”隸定爲“飝”。程少軒先生指出字形右旁是“或”，由 🔲、🔲 再誤抄爲“或”，“飝”實爲“飝”，其說可從。[4] 所以 🔲 字下面偏旁原本可能是“至”。其次，此字上部似從“止”形，與秦漢文字“臺”常見從“之”聲並不相同，請比對 🔲（《反淫》18）、🔲（北大簡《老子》172）、🔲（北大簡《揕輿》02）。古文字的“臺”偶有改从“止”聲者，[5]《反淫》此字可能也是相同情形。此外，秦漢文字“之”形或可訛變爲“止”形，比如“卄”旁的變化，《周馴》簡 80“蕘”作 🔲、《周馴》簡 97“寬”作 🔲、149 作 🔲，“卄”旁寫作類似“之”；《五十二病方》35“灌”作 🔲、《陰陽五行甲本·二五宜忌》5 上 🔲，“卄”旁寫作類似“止”。總之，

① 參見彭峪、衛松濤：《青島土山屯墓群 147 號墓木牘》，復旦大學出土文獻與古文字研究中心網站，2017 年 12 月 27 日，http://www.gwz.fudan.edu.cn/Web/Show/4199。

② 石繼承：《漢印研究二題》，復旦大學博士學位論文，2015 年，第 60 頁。

③ 裘錫圭：《殷墟甲骨文字考釋（七篇）》之五“釋勻”，《湖北大學學報》（哲學社會科學版）1990 年第 1 期，第 54 頁。又載《裘錫圭學術文集·甲骨文卷》，第 354—355 頁。此外，謝明文《釋甲骨文中的“叔”字》（復旦網，2012 年 10 月 31 日，www.gwz.fudan.edu.cn/SrcShow.asp? Src_ID＝1957）也有相關的論述，請讀者參看。

④ 裘錫圭主編：《長沙馬王堆漢墓簡帛集成》第 5 冊，中華書局，2014 年，第 73 頁；程少軒：《馬王堆帛書〈上朔〉神靈名小考》，《古文字研究》第 31 輯，中華書局，2016 年，第 474—478 頁。

⑤ 參見李春桃：《“臺”字補釋》，《出土文獻研究》第 13 輯，中西書局，2015 年，第 318—324 頁。

以目前的認識來說，𦊓釋爲"夢"或"臺"都有程度上的問題，這個問題要得到確釋，只能寄望新材料的出現。

三

"馬四扶，車折風"，整理者沒有解釋。蕭旭先生認爲："扶，讀爲服，實爲犕，乘駕。馬四扶者，駕御四馬也。折，讀爲逝，音轉亦作掣，形容快疾。車折風者，言車逝如風一樣快疾。"曹建國先生認爲"扶"或可同旁、彭、龐之類字相通，扶是幫紐魚部字，旁、彭是並紐陽部字，聲韻皆可通。"馬四扶"即類乎《詩經》中的"四牡旁旁"、"四牡彭彭"，形容馬壯。"車折風"之"折風"即"逝風"，"馬四扶"正對應"車折風"。①

謹按：由上下文來看，"馬四扶，車折風"的"馬"與"車"應該是指"誘騁之馬"與"軨獵車"。若如蕭旭先生所說，則平白多出"駕御四馬"並不合理。而且"扶"與"服"韻部有距離，典籍未見通假例證，讀爲"馬四犕"恐不可信。《史記・司馬相如列傳》所引《子虛賦》云："於是乃使專諸之倫，手格此獸。楚王乃駕馴駁之駟，乘雕玉之輿，靡魚須之橈旃，曳明月之珠旗，建干將之雄戟，左烏嗥之雕弓，右夏服之勁箭。……軼野馬而轊騊駼，乘遺風而射游騏，儵眒淒浰，雷動熛至，星流霆擊。"內容與簡文相近，後面幾句都是形容車馬之迅疾。因此上述二家將"車折風"讀爲"車逝風"，理解爲車逝如風一樣快疾，大抵可從。更精準來說，應當是"軨獵車（奔馳）如逝去之風般快疾"。那麼"馬四扶"也當理解爲"誘騁之馬（奔馳）如四扶迅疾"。《楚辭・招魂》："步及驟處兮誘騁先，抑騖若通兮引車右還。"熊良智先生解釋"騖若通"說："謂急速馳騖，如行通途，即俗所謂如入無人之境。是承上'誘騁先'而言。"②可與簡文參看。曹建國先生讀"扶"爲"旁、彭"，聯繫《詩經》中的"四牡旁旁"、"四牡彭彭"來形容馬壯，有其道理。這裏的"旁、彭"也就是"騯"，《廣韻・庚韻》："騯，馬行盛皃。"《說文》："騯：馬盛也。从馬㫄聲。《詩》曰：'四牡騯騯。'"《玉篇》："騯，騯騯，馬行貌。今作彭。"《廣雅・釋訓》："彭彭，盛也。"王念孫云："《周易・大有》九四'匪其彭'，王肅注云：'彭，壯也。'重言之則曰'彭彭'。"③"馬四扶"之"四"即"駟"，《左傳・定公十年》："公子地有白馬'四'，公嬖向魋，魋欲之。"《漢書・五行志下之上》記作"宋公子地有白馬'駟'，公嬖向魋欲之"。《曾侯》167"犇馬駟"、170"駁④馬駟"，"駟"是四馬之"四"的

---

①　曹建國：《遊道與養生北大藏簡魂魄賦讞論》，《長江學術》2017年第3期，第100頁。

②　湯炳正、熊良智等：《楚辭今注》，上海古籍出版社，1996年，第241頁注8。

③　（清）王念孫：《廣雅疏證》，江蘇古籍出版社，2000年，第185頁。

④　何琳儀：《隨縣竹簡選釋》，《華學》第7輯，中山大學出版社，2004年，第123頁"犮"字條。

專字,①是馬匹常用的單位,如《子虛賦》"楚王乃駕馴駁之駟"、清華七《趙簡子》"臺(就)虘(吾)先君坪(平)公,宮中卅=(三十)里,駝(馳)馬四百駟"。漢代的驛傳亦然,如《漢書·高帝紀》:"乘傳詣雒陽。"注引如淳曰:"律:四馬高足爲置傳,四馬中足爲馳傳,四馬下足爲乘傳,一馬二馬爲軺傳。急者乘一乘傳。"顏師古注曰:"傳者,若今之驛,古者以車,謂之傳車,其後又單置馬,謂之驛騎。傳音張戀反。"②張家山漢簡《二年律令·津關令》簡516云:"相國上長沙丞相書言,長沙地卑濕,不宜馬,置缺不備一駟,未有傳馬,請得買馬[關]十〈中〉,③給置傳,以爲恒。""駟",四馬也。④ 可見"駟"確有其代表性。據此,簡文"馬四扶"讀爲"馬四駃",是説"誘騁之馬如同四馬般强壯有力",蓋因强壯有力而奔跑快速。

　　不過,"扶"除讀爲"駃"之外,更直接的話當訓爲"迅疾"一類的意思,"馬四扶"即"馬(如)四扶",也就是説誘騁之馬奔馳如同四馬一樣快速。古書有用"四馬"來形容迅疾快速者,如:《睡虎地·爲吏之道》簡29—31:"口,關也;舌,幾(機)也。一堵(曙)失言,四馬弗能追也。"《説苑·談叢》:"一言而非,四馬不能追;一言不急,四馬不能及。"《説苑·談叢》:"口者,關也;舌者,機也。出言不當,四馬不能追也。"《史記·律書》:"夏桀、殷紂手搏豺狼,足追四馬,勇非微也。"因此對"扶"的讀法,筆者還想提出幾種可能。

　　"扶"可讀爲"駙"或"赴"。"扶",幫紐魚部三等合口;"駙",並紐侯部三等合口;"赴",滂紐屋部三等合口,音近可通。《反淫》簡20"毛蓯",整理者已指出即"毛嬙"。蓯,精母東部,嬙,從母陽部。孔廣森《詩聲類》:"陽之與東,若魚之與侯,自漢魏之間魚侯溷合爲一,東陽遂亦溷合爲一。"⑤《爾雅·釋草》:"莞,苻蘺,其上蒚。"《説文》:"萉,夫蘺也。從艸㫄聲。"《漢書·東方朔傳》"莞蒲爲席",顏師古注:"莞,夫蘺也,今謂之葱蒲。"⑥可見"苻蘺"即"夫蘺",夫與付音近可通。《説文》:"駙,一曰疾也。"段注:"駙與赴音義皆相近。"《漢書·百官公卿表上》"駙馬都尉掌駙馬",師古曰:"一曰駙,近也,疾也。"⑦《廣韻·遇韻》:"駙,疾也。"《廣雅·釋詁一》:"拊、舞,疾也。"王念孫《疏證》:"《方言》:'拊、

① 羅小華:《曾侯乙墓簡合文研究》,簡帛網,2011年12月8日,www.bsm.org.cn/show_article.php? id=1589。又載《簡帛》第7輯,上海古籍出版社,2012年,第1—6頁。
② (漢)班固撰,(唐)顏師古注,楊家駱主編:《漢書》,第57頁。按:也有研究者對如淳的説法提出質疑,參見白軍鵬:《漢代"傳軍"及相關問題考述》,《紀念方光燾、黃淬泊先生誕辰120周年國際學術研討會論文集》,南京大學,2018年12月29—30日。
③ "[關]十〈中〉"之釋見陳偉《張家山漢簡〈津關令〉涉馬諸令研究》,《考古學報》2003年第1期,第32—33頁。
④ 張家山二四七號漢墓竹簡整理小組:《張家山漢墓竹簡【二四七號墓】(釋文修訂本)》,文物出版社,2006年,第87頁。另參見孫聞博:《説東牌樓漢簡〈桂陽大守行丞事南平丞印緘〉》,《文物》2010年第10期,第86頁。
⑤ 北京大學出土文獻研究所編:《北京大學藏西漢竹書(肆)》,第127頁注6。
⑥ (漢)班固撰,(唐)顏師古注,楊家駱主編:《漢書》,第2858頁。
⑦ (漢)班固撰,(唐)顏師古注,楊家駱主編:《漢書》,第739頁。

撫，疾也。'注云：'謂急疾也。'撫與舞通。《説文》：'駬，疾也。'駬與拊亦聲近義同。"①再看"赴"的解釋。《説文》："赴，趨也。"《禮記・少儀》"毋拔來，毋報往"，鄭玄注："報，讀爲赴疾之赴，拔、赴皆疾也。"孔疏："赴，猶急疾也。"②《韓詩外傳》卷十："將使我投石超距乎？追車赴馬乎？逐麋鹿、搏豹虎乎？""赴"猶"追"。《玉篇》："赴，奔也。"《文選・稽康〈與山巨源絶交書〉》"赴蹈湯火"，劉良注："赴，奔也。"《廣韻・遇韻》："赴，奔赴。"③"奔赴"也常連言，如《六韜・武鋒》"奔赴可擊，不戒可擊"、《風俗通義・宋均令虎渡江》"言猛怒如虎之奔赴也"，"虎之奔赴"可比擬"馬之奔赴"，因此簡文"馬四赴"猶"誘騁之馬奔馳如四馬奔赴"，也就是説一匹馬的速度抵得上四匹馬，可見速度之快了。此外，華學誠先生斷讀《方言》卷十二爲"拊撫，疾也"，他根據王念孫、吳予天二氏之説，認爲："拊"之言"駬"、"撫"之言"蠢"，是"拊撫"爲同義複詞，蓋謂急疾之貌，抑急疾之聲也。④ 謹按："撫"之言"蠢"，不可信。根據楚簡資料可知"蠢"讀爲"宛"，張富海先生指出當是《詩・兔爰》"有兔爰爰"之"爰"的本字。《説文》大徐音及《廣韻》的芳遇切，即"赴"的讀音。"蠢"讀同"赴"是同義換讀的結果，與"俛"讀同"俯"情形相同。《廣韻》又音普伯切，與"迫"音近，應該是後起的讀音。⑤《説文》："蠢，疾也。"張富海指出"蠢"的造字原理與"驫""猋""麤"相同，彼此意義相近都是形容奔跑。"赴"又與"蠢"爲"同義"換讀的關係，那麽簡文讀爲"馬四赴"形容馬奔之疾也就很合理了。

李玉先生曾研究過上古漢語"迫"詞族，"迫"有急、速之義。他指出"扶"也屬"迫"詞族，也有疾速之義。《淮南子・覽冥》"降扶風"高誘注："扶風，疾風也。""扶"即"疾"也。《修務》"櫛扶風"，葉德輝間詁："扶風，奔風也。"《爾雅・釋天》"扶搖謂之猋"，郭璞注："扶搖，暴風。"《楚辭・九辯》"猋廱蔽此明月"朱熹集注："猋，速疾貌。""扶搖"即"速疾"。⑥ 謹按：若依李先生之説，則簡文"馬四扶"可以如字讀。但上引《爾雅・釋天》郭璞注全文當是："扶搖，暴風從下上。"詞義是盤旋而上的暴風，並非疾速之義，如《淮南子・原道》"扶搖抮抱羊角而上"，⑦高誘注："扶搖如羊角，轉如曲縈行而上也。"《莊子・

---

① （清）王念孫：《廣雅疏證》，江蘇古籍出版社，2000 年，第 22 頁。

② 《重刊宋本十三經注疏附校勘記・禮記》，臺北藝文印書館，1965 年，第 630—632 頁。

③ 《故訓匯纂》，第 2202 頁義項 6、7。

④ 華學誠：《揚雄方言校釋匯證》（上册），中華書局，2006 年，第 757 頁。

⑤ 張富海：《説"蠢"、"宛"》，《古文字研究》第 28 輯，中華書局，2010 年，第 521—523 頁。

⑥ 李玉：《上古漢語"迫"詞族略考》，《第三屆出土文獻與上古漢語研究（簡帛專題）學術研討會暨 2017 中國社會科學院社會科學論壇論文集》，中國社會科學院主辦，2017 年 8 月 14—16 日。

⑦ 原文作"抮抱"當是"抮抱"之誤，與《反淫》簡 2 講龍門之桐"心紆結而軫抱"之"軫抱"同。參見陳劍《〈妄稽〉〈反淫〉校字拾遺》，復旦網，2016 年 7 月 4 日，www.gwz.fudan.edu.cn /SrcShow.asp？Src_ID＝2850。

逍遥遊》"摶扶搖而上者九萬里",《釋文》引司馬云:"上行風謂之扶搖。"①皆可爲證。李家浩先生指出"古代雙音節的詞可以單説",如:席名"桃枝",②《吳都賦》"桃笙象簟"注:"桃笙,桃枝簟也。吳人謂笙爲簟。"即將"桃枝"省稱爲"桃";"符簍"是竹編的粗糙席子,《方言》卷五"南楚之外謂之簍"。③ 所以《淮南子》的"扶風"即"扶搖風",《説文》:"飆,扶搖風也。""扶"是"扶搖"的單用,是形容盤旋而上,並非疾速。

綜合以上,簡文"車逝風"表示"軡獵車奔馳如逝風",自然"馬四扶"也是形容誘騁之馬速度之快,整句話是説"誘騁之馬如四馬扶(驫/赴)",形容誘騁之馬疾趨之意。

四

"尋虎狼,摯蜚(飛)鳥"一句,整理者認爲"尋"通"撏",是獵取義。揚雄《方言》卷一:"撏、攓、摭、挺,取也。衛、魯、揚、徐、荆、衡之郊曰撏。"摯,《文選》張衡《西京賦》:"青骹摯於驊下,韓盧噬於緤末。"李善注:"摯,擊也。"④蕭旭先生指出"撏"是拔取、摘取義,無獵取義。尋,讀爲侵,陵犯也。摯訓擊者,讀爲鷙。《説文》:"鷙,擊殺鳥也。"蔡偉先生則贊同整理者"尋"通"撏"的意見,不過認爲"尋/撏"當訓爲"引"。"尋(撏)虎狼"者,乃謂牽引/拉引/曳引虎狼也(拔取、曳引義本相因)。王嘉《拾遺記》記載王彰可"曳虎尾"、"頓象鼻"(頓亦爲掣引之義),與簡文可相比較。牽引/拉引/曳引虎狼,其行爲極其危險,今乃爲之,則正以形容其勇猛耳。此外,還認爲簡文讀爲"尋(撢)虎狼",再按照《説文》"撢,探也"的解釋,則"尋(撢/探)虎狼",就與張衡《西京賦》之"探封狐"句式文義十分相似了,也可以備一説。⑤

謹按:簡文這段內容跟勇猛無關,況且上述"曳"、"頓"的對象都是動物身體的部位,也與簡文不同。筆者認爲"尋"如字讀即可。《正字通》:"尋,探求也。"朱駿聲《通訓定聲》:"尋所以度物,故揣度以求物謂之尋。"《孔叢子・諫格虎賦》:"於是分幕將士,營遮榛叢,戴星入野,列火求蹤,見虎自自〈來〉,乃往尋從;張罝網,羅刃鋒,驅檻車,聽鼓鍾;猛虎顛遽,奔走西東。"趙逵夫先生説:"自自"應爲"自來"。《子彙》本、《指海》本、漢魏叢書本均作"自來"。來自、由來,即從哪裡來。這裡可以理解爲蹤迹。"從",通"踪",

① 張雙棣:《淮南子校釋》上册,北京大學出版社,1997年,第22—23頁。

② 《妄稽》24"桃支(枝)象筲"之"桃枝"應該也是席子。

③ 李家浩:《信陽楚簡中的"柿枳"》,《簡帛研究》第2輯,法律出版社,1996年,第5頁。

④ 《北京大學藏西漢竹書(肆)》,第124頁注2。

⑤ 蔡偉:《讀北大漢簡〈反淫〉札記二則》,"出土文獻與傳世典籍的詮釋"國際學術研討會論文,復旦大學出土文獻與古文字研究中心主辦,2017年10月14—15日。

踪迹。① 意思是説獵虎時根據老虎的蹤迹加以尋求、探求，文義如同《西京賦》："赴洞穴，探封狐。"值得注意的是，《漢語大字典》"尋"字下有列"追逐"的義項。② 漢張衡《西京賦》："乃有迅羽輕足，尋景（影）追括（栝）。"《抱朴子·外篇·博喻》："尋飛絶景之足，而不能騁逸放於吕梁。"《資治通鑑·魏明帝太和五年》："懿不從，故尋亮。"胡三省注："尋者，隨而躡其後。"③那麽簡文"尋虎狼，摯蜚（飛）鳥"正可對應《七發》"逐狡獸，集輕禽"。

　　附記：由於筆者在第七屆出土文獻青年學者國際論壇上發表的論文——《〈清華五·封許之命〉簡6"匟"字考》已經投稿其他期刊，因此以曾在"楚文化與長江中游早期開發國際學術研討會"（2018 年 9 月 14 日）宣讀的論文提交給大會論文集，特此説明。另拙文承蒙陳劍、鄥可晶先生審閱指正，筆者非常感謝！

---

① 趙逵夫：《歷代賦評注·漢代卷》，巴蜀書社，2010 年。
② 此蒙鄥可晶先生向我指出。
③ 《漢語大字典》第二版，崇文書局，2010 年，第 553 頁。

里耶秦簡與古文書學關係舉隅

游逸飛

（臺灣中興大學歷史系）

里耶秦簡的主體是秦代洞庭郡遷陵縣的檔案文書，若要透徹掌握里耶秦簡的内容，進而憑此探索秦漢史諸課題，古文書學是不可或缺的工具之一。古文書學的内涵自然包含對文書内容的探討，但相較於其他學科，古文書學的顯著特色是對文書形制的探討，故里耶秦簡的古文書學研究必然不能只倚賴釋文，而要更重視簡牘的原大照片，甚至需要目驗原簡。本文從自己的研究經驗出發，着眼於里耶秦簡的文書形制與内容的關係，希望通過舉例的方式，進一步説明古文書學對里耶秦簡研究的意義。①

一、尺寸大小

當簡牘的大小有其定制時，尺寸便成爲於判斷文書性質的重要綫索，有時甚至有助於推敲文書的内容。簡 8－2260＋12－1786（見文末附圖一）：

> 卅二年四月丙午朔辛未，遷陵守丞色敢告尉主，尉橐、☒
>
> 福皆有論，以書到時，定名、吏、里，它坐、訾（貲），遣詣廷以☒
>
> □發。☒②

這是一枚記載司法案件内容的木牘，經魯家亮綴合後，③殘長約 20 公分。關於被審判

---

① 相關研究已有一定成果，系統整理可參張馳：《〈里耶秦簡（壹）〉文書學研究》，武漢大學碩士學位論文，2016 年。

② 里耶秦簡博物館、出土文獻與古代文明研究協同創新中心中國人民大學中心編：《里耶秦簡博物館藏秦簡》，中西書局，2016 年。

③ 里耶秦簡牘校釋小組（魯家亮執筆）：《新見里耶秦簡牘資料選校（三）》，簡帛網，2015 年 8 月 7 日，www.bsm.org.cn／show_article.php？ id＝2279。

者的記載，由於木牘下端殘缺，釋文只能告訴我們至少有"尉橐"與"福"兩人。但因類似木牘往往爲一尺長，也就是 23 公分，我們可進一步推測木牘下端闕損約 3 公分，首行之末尚闕一至二字，"尉橐"與"福"之間的審判者至多爲一至二人。①

　　即便對定制不夠瞭解，無法準確掌握簡牘應有的尺寸規格，相對的大小仍有意義。簡 8-461（附圖二）是著名的"秦更名方"，記載了數十條秦朝統一後取消舊名、更改新名的内容。② 胡平生認爲該簡即秦漢的"扁書"，類似今日的告示牌。③ 然而"秦更名方"長約 13 公分、寬約 27 公分，④不過是枚較寬的木牘，而且上頭文字密密麻麻（分兩欄、三十餘行書寫），距離稍遠便不易辨識，不應理解成"扁書"。

二、正背面

　　簡牘文書經常兩面有字，文書内容與正背面的關聯性應進一步留意。簡 16-1163（附圖三）是一枚檢，⑤整理者提供的正面釋文爲：

　　　　貳春鄉。

背面釋文爲：

　　　　司空主器發。⑥

　　然而"發"爲拆封之意，"司空主器"是該文書指定的拆封者，也就是收件人，書寫於正面似較合理。另一面的"貳春鄉"則是寄件人，書寫於背面。故整理者對該簡正背面的理解顛倒，應加以調整。⑦

　　簡 12-2130+12-2131+16-1335（附圖四）是一枚木牘，正背面各自抄寫了一遍

① 游逸飛、陳弘音：《里耶秦簡博物館藏第十至十六層簡牘校釋》，周東平、朱騰編：《法律史譯評》（第 4 卷），中西書局，2017 年，第 1—27 頁。

② 游逸飛：《里耶 8-461 號"秦更名方"選釋》，魏斌編：《古代長江中游社會研究》，上海古籍出版社，2013 年，第 68—90 頁。

③ 胡平生：《里耶秦簡 8-455 號木方性質芻議》，《簡帛》（第 4 輯），上海古籍出版社，2009 年，第 17—25 頁。

④ 湖南省文物考古研究所編：《里耶秦簡（壹）》，文物出版社，2012 年。

⑤ 姚磊：《〈里耶秦簡［壹］〉所見"檢"初探》，簡帛網，2015 年 12 月 28 日，www.bsm.org.cn/show_article.php?id=2407。

⑥ 里耶秦簡博物館、出土文獻與古代文明研究協同創新中心中國人民大學中心編：《里耶秦簡博物館藏秦簡》。

⑦ 游逸飛、陳弘音：《里耶秦簡博物館藏第十至十六層簡牘校釋》，周東平、朱騰編：《法律史譯評》（第 4 卷），第 1—27 頁。

完整的九九乘法表。① 在同一塊木牘的兩面抄寫相同的內容,似乎無法從功能的角度加以解釋。仔細觀察兩面異同,背面九九表的筆迹較正面工整,分欄相對勻稱,表末又記載了九九表的總字數,較可能是小吏誦習的教材。正面九九表的筆迹較背面草率,前四欄的分欄與九九表的段落一致,但末端卻留空不書,表末不記載總字數,似可理解爲小吏背誦背面九九表時,在背面留下的練習。如果以上的推測成立,該簡無疑是先抄寫了背面九九表,然後在小吏背誦之際,才默記寫下正面九九表。整理者對該簡正背面的判斷同樣顛倒,應調整。②

三、形　　狀

簡 8-159(附圖五)在《里耶秦簡(壹)》裏較爲特別,因爲整理者提供了三面照片(正、反及一側)。③ 但仔細觀察照片,可以看出該簡的平面不只三面,我曾懷疑是里耶秦簡裏罕見的觚。然而 2016 年 6 月我至湖南省文物考古研究所參觀,目驗原簡時發現該簡大抵仍爲兩面,是一般文書形制,只是較厚且正面相當不平整,導致拍攝正反兩面照片時不能反映文字全貌,須補拍一側的照片。

四、刻畫符號

有些簡牘上頭會刻畫符號,有些不會。刻畫符號與否,反映了文書性質的差異。簡 9-29(附圖六)是"遷陵庫"的武器裝備物資種類與數量的紀錄,上頭還記載了"同券齒"。然而該簡側面並無刻齒,性質相同的簡 8-458、8-1554 亦然。似可推測這幾枚簡都是"遷陵庫"紀錄的副本,正本券書至今未睹。④

五、筆　　迹

簡牘上的筆迹異同有助於辨識書手是一人抑或多人,而書手身份的辨識更影響到

---

① 里耶秦簡博物館、出土文獻與古代文明研究協同創新中心中國人民大學中心編:《里耶秦簡博物館藏秦簡》。
② 游逸飛、陳弘音:《里耶秦簡博物館藏第十至十六層簡牘校釋》,周東平、朱騰編:《法律史譯評》(第 4 卷),第 1—27 頁。
③ 湖南省文物考古研究所編:《里耶秦簡(壹)》。
④ 游逸飛、陳弘音:《里耶秦簡博物館藏第九層簡牘釋文校釋》,簡帛網,2013 年 12 月 22 日,www.bsm.org.cn / show_article.php? id=1968。

文書性質的判斷。

　　簡 8-157(附圖七)是啟陵鄉向遷陵縣上呈的任命郵人與里典的文書,①李學勤、胡平生、邢義田、黎明釗等學者均做過研究,但對文書抄寫者與文書性質莫衷一是。② 我根據文書筆迹與傳遞方式指出簡 8-157 最初是啟陵鄉的上呈文書正本,由啟陵鄉吏抄寫;該簡送到遷陵縣,縣史並未使用新簡,而是直接在該簡上抄寫回覆的内容,完成副本。③ 正如邢義田所言:"同一份文件在收、發、留底再轉送的流程中,會因爲在流程中所處的位置和發生的作用而有正副角色重疊或轉換的現象。"④而簡 9-1112 與簡 12-1784,前者原爲遷陵縣唐亭校長發出的正本文書,後者原爲洞庭郡發出的正本文書,送至遷陵縣後,其性質之轉換與簡 8-157 相同。⑤

　　簡 9-2287(附圖八)應爲某位遷陵縣吏出差的每日旅程紀録,每行格式爲先寫干支日期,再寫地名與活動。⑥ 由於開頭干支的字體略小,有時墨色與下文不相連貫,或有可能是預先寫下干支日期,之後再記録旅程中的地名與活動,頗似今日的行事曆。⑦

---

① 湖南省文物考古研究所編:《里耶秦簡(壹)》。

② 胡平生:《讀里耶秦簡札記》,甘肅省考古研究所、西北師範大學文學院歷史系編:《簡牘學研究》(第 4 輯),甘肅人民出版社,2004 年,第 6—16 頁;邢義田:《湖南龍山里耶 J1(8)157 和 J1(9)1—12 號秦牘的文書構成、筆迹和原檔存放形式》,《簡帛》(第 1 輯),上海古籍出版社,2006 年,第 275—296 頁,後修改收入氏著:《治國安邦:法制、行政與軍事》,中華書局,2011 年,第 473—498 頁;黎明釗、馬增榮:《試論里耶秦牘與秦代文書學的幾個問題》,《簡帛》(第 5 輯),2010 年,第 55—76 頁;胡平生:《里耶簡所見秦朝行政文書的製作與傳送》,卜憲群、楊振紅編:《簡帛研究二〇〇八》,廣西師範大學出版社,2010 年,第 30—54 頁。

③ 游逸飛:《再論里耶秦牘 8-157 的文書構成與存放形式》,卜憲群、楊振紅編:《簡帛研究二〇一二》,廣西師範大學出版社,2013 年,第 64—69 頁。

④ 邢義田:《漢代簡牘公文書的正本、副本、草稿和簽署問題》,《中研院歷史語言研究所集刊》第 82 本第 4 分,2011 年,第 601—676 頁。

⑤ 湖南省文物考古研究所編:《里耶秦簡(貳)》,文物出版社,2017 年;里耶秦簡博物館、出土文獻與古代文明研究協同創新中心中國人民大學中心編:《里耶秦簡博物館藏秦簡》。

⑥ 里耶秦簡博物館、出土文獻與古代文明研究協同創新中心中國人民大學中心編:《里耶秦簡博物館藏秦簡》;湖南省文物考古研究所編:《里耶秦簡(貳)》。

⑦ 游逸飛、陳弘音:《里耶秦簡博物館藏第九層簡牘釋文校釋》,簡帛網,2013 年 12 月 22 日,www.bsm.org.cn/show_article.php? id=1968。

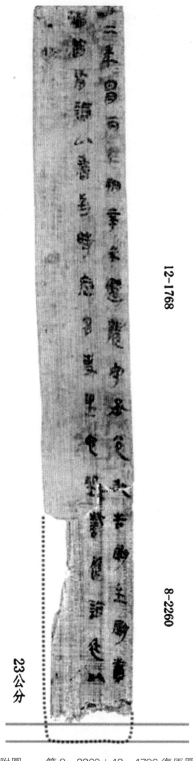

附圖一 簡 8－2260＋12－1786 復原圖

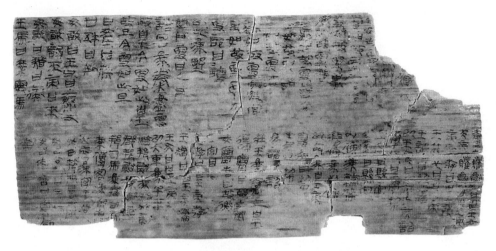

附圖二　簡 8-461 正面

附圖三　簡 16-1163 正背面　　　附圖四　簡 12-2130＋12-2131＋16-1335 正背面

附圖五　簡 8－159 正背面（唐俊峰攝）

附圖六
簡 9－29 正面

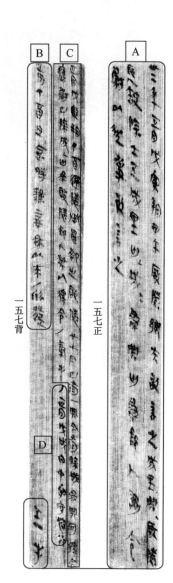

附圖七
簡 8－157 正背面示意圖

附圖八　簡 9 – 2287 正背面

漢簡《蒼頡篇》校讀拾遺（六則）[*]

張傳官

（復旦大學出土文獻與古文字研究中心、
出土文獻與中國古代文明研究協同創新中心）

一、《居延新簡》EPF19.7 的歸屬

《居延新簡》EPF19.7 爲如下一枚殘簡：^①

此枚殘簡，梁静先生歸爲《蒼頡篇》，^②張德芳、韓華二位先生則認爲："此簡爲《急就篇》首章殘句，此句傳本作'勉力務之必有憙'。"^③按《蒼頡篇》有"勉力諷誦"一句，應即梁静先生所據。此簡"力"字下尚有殘筆，前賢似均闕釋，^④張德芳、韓華二位先生則補作"□"，

＊　本文爲復旦大學"雙一流"建設項目"出土文獻與古文字研究"子課題"北大漢簡《妄稽》整理與研究"的成果。

①　張德芳、韓華：《居延新簡集釋》（六），甘肅文化出版社，2016 年，第 109、219、408 頁。
②　梁静：《出土〈蒼頡篇〉研究》，科學出版社，2015 年，第 16 頁。
③　張德芳、韓華：《居延新簡集釋》（六），第 408 頁。
④　甘肅省文物考古研究所、甘肅省博物館、文化部古文獻研究室、中國社會科學院歷史研究所編：《居延新簡：甲渠候官與第四燧》，文物出版社，1990 年，第 473 頁；甘肅省文物考古研究所、甘肅省博物館、中國文物研究所、中國社會科學院歷史研究所：《居延新簡：甲渠候官》，中華書局，1994 年，第 209 頁；中國簡牘集成編輯委員會編：《中國簡牘集成（標注本）》（第十二册），敦煌文藝出版社，2001 年，第 45 頁；馬怡、張榮强主編：《居延新簡釋校》，天津古籍出版社，2013 年，第 749 頁。

作未識字處理。此簡的歸屬,端賴此殘字的釋讀。

此字作如下形體:

按居延新簡有如下"諷"字、"風"字和"務"字:①

諷:　EPT52.33　　EPT59.274

風:　EPT44.8B　　EPT50.1A

務:　EPT43.12　　EPT59.61　　EPF22.154

　　EPF22.246　　EPF22.291　　EPF22.485

對比可知,上引殘字(尤其是左上角筆畫)明顯與"務"字不同,而與"風"或"諷"字相近(從其中部的殘筆看,此字更近於"諷"字),因此,此簡當如梁静先生所説,屬於《蒼頡篇》殘簡。

二、初

《居延新簡》EPT56.27A、B 有如下文句:②

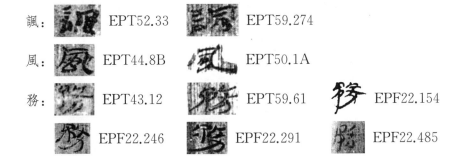

☑以教後嗣。幼子承詔。謹慎敬戒。勉 EPT50.27A	
力諷誦。勉雖	子元伏地再☑
	幼子承☑ EPT50.27B

其中"勉雖"之"勉"字,諸家釋文似皆同。③ 按此字作如下形體:

---

① 白海燕:《"居延新簡"文字編》,吉林大學博士學位論文(指導教師:馮勝君教授),2014 年,第 154、874、912 頁。

② 馬智全:《居延新簡集釋》(四),甘肅文化出版社,2016 年,第 51、191、380 頁。

③ 甘肅省文物考古研究所、甘肅省博物館、文化部古文獻研究室、中國社會科學院歷史研究所編:《居延新簡:甲渠候官與第四燧》,第 308 頁;甘肅省文物考古研究所、甘肅省博物館、中國文物研究所、中國社會科學院歷史研究所:《居延新簡:甲渠候官》,第 134 頁;中國簡牘集成編輯委員會編:《中國簡牘集成(標注本)》(第十一册),敦煌文藝出版社,2001 年,第 20—21 頁;馬怡、張榮强主編:《居延新簡釋校》,第 484 頁。

近來張俊民先生認爲此字"與 A 面的'勉'差異很大，B 面本字的左部明顯是衣部，應釋作'初'"。[1] 這是十分正確的意見。張先生所論較簡，今補證如下。

按居延新簡中的"勉"字作如下形體：[2]

 EPT50.27A　　 EPT5.14A　　 EPT50.1A

 EPT52.516　　 EPF22.279

兩相對比，上引 EPT50.27B 之字的左旁顯然不是"勉"所從之"免"，二者結構和筆勢都不一樣。

居延新簡中的"初"字作如下形體：[3]

 EPT26.5　　　　 EPT40.38　　　 EPT50.1B

 EPT51.193　　　 EPT51.461　　 EPT52.378

 EPT53.46　　　 EPT53.109B　 EPT53.162

 EPT53.209　　　 EPT56.30　　 EPT59.28

 EPT59.40A　　　 ES(T115).1

對比可知，上引 EPT50.27B 之字的左旁確爲"衣"旁，其上部一筆略有訛變，其右部筆畫雖有些模糊，但仍可依稀辨出。漢代文字中"刀"和"力"形近，相混是很正常的，例如上引同簡 EPT50.27A 之"勉"字的"力"旁就寫成了"刀"形。當然也要注意的是，漢簡一般的"初"字是右旁包左旁，也就是"刀"的一撇延伸到"衣"旁下方；此字卻是左旁包右旁："衣"旁末筆延伸到"力〈刀〉"旁下方。這可能是受到 EPT50.27A 之"勉"字寫法的影響。也許正因爲如此，才導致了前人的誤釋。無獨有偶，居延漢簡 260.18A 亦爲《蒼頡篇》的

---

① 張俊民：《〈甘肅秦漢簡牘集釋〉校釋之十四》，簡帛網，2018 年 1 月 26 日，http://www.bsm.org.cn/show_article.php? id=2980。

② 白海燕：《"居延新簡"文字編》，第 912 頁。

③ 白海燕：《"居延新簡"文字編》，第 289—290 頁。

習字簡，其中的“初”字作 ，[1]“衣”旁訛變得更爲屬害，其“衣”旁末筆亦延伸到“刀”旁下方。

《蒼頡篇》有“勉力諷誦，晝夜勿置。初雖勞苦，卒必有憙”等句，釋爲“初”正合文例。

三、姝〈妹〉

《居延新簡》EPT56.181A 有如下文句：[2]

　　　族姓嫂妹。親戚弟兄。

其中的“妹”字，諸家釋文似皆同。[3] 按此字作如下形體：

姝

漢簡中的“妹”多作如下形體：

妹、妹　武威漢簡甲本《服傳》簡 27、50 [4]

妹 妹 妹 妹　馬王堆帛書《周易》行 37 上、下

妹　馬王堆帛書《繆和》行 43　　妹　馬王堆帛書《喪服圖》行 5

妹　馬王堆帛書《稱》行 8 [5]　　妹　居延漢簡 32·14B [6]

對比可知，上引 EPT56.181A 之字比一般的“妹”字多出左邊的一筆，而且這一筆也顯然

① 簡牘整理小組編：《居延漢簡（叁）》，中研院歷史語言研究所，2016 年，第 145 頁。

② 馬智全：《居延新簡集釋》（四），第 77—78、217—218、424—425 頁。

③ 甘肅省文物考古研究所、甘肅省博物館、文化部古文獻研究室、中國社會科學院歷史研究所編：《居延新簡：甲渠候官與第四燧》，第 320 頁；甘肅省文物考古研究所、甘肅省博物館、中國文物研究所、中國社會科學院歷史研究所：《居延新簡：甲渠候官》，第 139 頁；中國簡牘集成編輯委員會編：《中國簡牘集成〔標注本〕》（第十一册），第 44 頁；馬怡、張榮強主編：《居延新簡釋校》，第 504 頁。

④ 中國科學院考古研究所、甘肅省博物館編：《武威漢簡》，文物出版社，1964 年，圖版貳、叁。

⑤ 裘錫圭主編，湖南博物館、復旦大學出土文獻與古文字研究中心編纂：《長沙馬王堆漢墓簡帛集成》第壹册，中華書局，2014 年，第 7—8、44、72、139 頁。

⑥ 簡牘整理小組編：《居延漢簡（壹）》，中研院歷史語言研究所，2014 年，第 99 頁。

不是兩橫筆連寫時的過渡墨迹,此字絕非"姝"字,疑當爲"妹"字。① 不過"妹"古訓"美"、"好",作爲名詞則多指美女,與此處文義不合。"妹"應爲"妹"之誤字,其原因大致有二:其一,秦漢文字似鮮見"妹"字,而且此字的寫法也比較怪異,其右旁的第一撇筆跟第二橫筆是連在一起的,與漢簡"朱"旁的第一撇筆位於第一橫筆上方並常常與第一橫筆相連的一般寫法有所不同。西北出土的漢代字書簡多爲習字簡,寫法大多不規範,此處"妹"誤爲"姝(?)"應該與此有關。其二,秦漢典籍中亦有"嫂妹"連言的例子,如《史記》卷六九《蘇秦列傳》:"兄弟嫂妹妻妾竊皆笑之。"《後漢書》卷八四《曹世叔妻列傳》載班昭《女誡》:"夫嫂妹者,體敵而尊,恩疏而義親。"尤其前一例中"嫂妹"與"兄弟"並列,正可與《蒼頡篇》此處文句相對照。②

四、尺

《敦煌漢簡》1850(即《流沙墜簡》小學 1.4)有如下文句: ③

　　　　□寸薄厚廣俠好醜長短

"□",早期的研究者多闕釋,④爾後學者已注意到此殘字的存在,多補作"□",⑤較新的意見是釋爲"一"。⑥ 按此簡作:

---

① 此字右旁這種寫法乍看之下似與"朱"相近,因而此字易被誤認爲"姝"或其訛字,但漢簡"姊"字右旁往往寫作"市"形,或"市"豎筆下端再加一橫筆,皆與此字不合。

② 關於"姝(?)"爲"妹"之誤字的兩種原因,蒙李春桃先生提示(2018 年 8 月 1 日)。

③ 甘肅省文物考古研究所編:《敦煌漢簡》,中華書局,1991 年,圖版壹伍肆。羅振玉、王國維編著:《流沙墜簡》,永慕園,1914 年,卷二第 1 葉。羅振玉、王國維編著:《流沙墜簡》,中華書局,1993 年,第 13、76—78 頁。下引《流沙墜簡》圖版據永慕園 1914 年版。

④ 羅振玉、王國維編著:《流沙墜簡》,第 76 頁;王國維:《重輯蒼頡篇》,王國維:《王國維遺書》(七),上海古籍出版社,1983 年影印商務印書館 1940 年版,第 1 葉;勞榦:《敦煌漢簡校文》,勞榦《居延漢簡·考釋之部》,中研院歷史語言研究所,1960 年,第 235 頁。

⑤ 林梅村、李均明編:《疏勒河流域出土漢簡》,文物出版社,1984 年,第 51 頁,第 313 號;吳礽驤、李永良、馬建華釋校,甘肅省文物考古研究所編:《敦煌漢簡釋文》,甘肅人民出版社,1991 年,第 195 頁;白軍鵬:《"敦煌漢簡"整理與研究》,吉林大學博士學位論文(指導教師:吳振武教授),2014 年,第 97 頁。白軍鵬:《敦煌漢簡校釋》,上海古籍出版社,2018 年,第 67 頁。

⑥ 甘肅省文物考古研究所編:《敦煌漢簡》,第 291 頁;中國簡牘集成編輯委員會編:《中國簡牘集成(標注本)》(第三册),敦煌文藝出版社,2001 年,第 255 頁。

《流沙墜簡》小學 1.4　　　　　　《敦煌漢簡》1850

白軍鵬先生認爲:"《集成》釋'一',此當爲上一字殘存的一短横,因此不從。"[1]其説甚是。此字殘存横筆的位置太靠下了,從全簡行款(尤其是文字大小)來看,此字不可能是"一"字。上引有的學者補作"□"是較爲審慎的做法。

　　此字,《敦煌漢簡》作 ⬛ ,《流沙墜簡》作 ⬛ ,均尚存一些輪廓,但除了最下的一筆,也都難以分清筆畫與簡面的界限。此簡的進一步辨識,還需要一些舊著録書的幫助。該殘字見於《大英圖書館藏敦煌漢簡》,作 ⬛ ,[2]我們可以發現底部一筆的上方隱約還有筆畫;字又見於《漢晉西陲木簡彙編》,作 ⬛ ,[3]從中就可以明顯看出此字下端横筆之上還有一短横(此亦可見舊著録書的重要性:雖然由於拍攝、印刷條件有限,其圖版可能較爲模糊,但畢竟它們記録的是文物更早的保存狀況,在有的細節上會比後來的著録書更爲清晰、準確、完善)。當然,如果僅僅憑藉這兩筆將此字釋爲"二",恐怕也不符合事實,因爲這兩筆的高度與全簡行款(主要是文字大小)依舊不合,顯然還有其他筆畫殘去了。

----

① 白軍鵬:《"敦煌漢簡"整理與研究》,第 97 頁。白軍鵬:《敦煌漢簡校釋》,第 67 頁。引者按: 白先生所稱"《集成》"指《中國簡牘集成》。

② 大庭脩:《大英圖書館藏敦煌漢簡》,同朋社,1990 年,第 313 號。

③ 張鳳編:《漢晉西陲木簡彙編》,上海有正書局,1931 年,初編第 16 頁。

　　根據《蒼頡篇》的體例，篇中並列的文字之間往往在詞義上有密切的聯繫。從"薄厚"、"廣俠（狹）"、①"好醜"、"長短"等字兩兩相對來看，上引殘字也應該是與"寸"含義相關或相對的一個字。本文認爲它是"尺"字。

　　漢代簡牘中草體②的"尺"字，除了與規整的隸書結構相同者（如下列 A 類）外，還有許多更爲草率的寫法（有的就是草書）：其特徵是最後的捺筆往往寫得比較平，接近於橫筆，甚至有的則與橫筆一般無二；整個"尺"字呈現出類似於"已"形或"己"形的寫法，如下列 B、C 兩類：③

A 類　　居延漢簡 275.7　　　　　　　　居延漢簡 506.3

　　　　居延新簡 EPT58.36　　　　　　　居延新簡 EPF22.878

　　　　居延新簡 ESC.11A　　　　　　　敦煌漢簡 681

　　　　敦煌漢簡 1194　　　　　　　　　敦煌漢簡 1464A

　　　　肩水金關漢簡 73EJT6：167　　　 肩水金關漢簡 73EJT9：122

　　　　肩水金關漢簡 73EJT10：385　　　肩水金關漢簡 73EJT10：110A

B 類　　居延漢簡 192.6　　　　　　　　居延漢簡 303.5

　　　　居延漢簡 326.5　　　　　　　　居延漢簡 334.41

　　　　居延新簡 EPT55.9B　　　　　　　肩水金關漢簡 73EJT3：20

　　　　肩水金關漢簡 73EJT10：191　　　肩水金關漢簡 73EJT10：255

　　　　肩水金關漢簡 73EJT10：271

C 類　　居延漢簡 84.5　　　　　　　　　居延漢簡補編.L1

　　　　居延新簡 EPT6.5　　　　　　　　額濟納漢簡 99ES17SH1：2

　　　　肩水金關漢簡 73EJT6：59　　　　肩水金關漢簡 73EJT9：241

---

① 羅振玉、王國維已指出"俠"通假爲"狹"，見羅振玉、王國維編著：《流沙墜簡》，第 78 頁。

② 本文所謂"草體"，包括隸書的草率寫法和草書在內。

③ 李洪財：《漢簡草字整理與研究》，吉林大學博士學位論文，2014 年，下編《漢代簡牘草字彙編》，第 390 頁；張德芳：《敦煌馬圈灣漢簡集釋》，甘肅文化出版社，2013 年；甘肅省文物考古研究所編：《敦煌漢簡》。

 敦煌漢簡 1589

而上引《敦煌漢簡》1850 正是一枚草體簡（如"長"寫作"长"形），上引殘字的殘筆與 B 類和 C 類的寫法相合；典籍中"尺寸"連言者更是不勝枚舉，因此，結合字形和文義，將之釋爲"尺"應該有較大的可能性。

五、納

北大漢簡《蒼頡篇》簡 19 有如下文句：

納韔䜌櫜

關於"納"字，整理者注引典籍中"溼意"、"濡溼"、"接納"、"采納"等義爲説，①按這些含義恐皆與此句不合。整理者已指出"韔"、"櫜"皆爲"弓衣"、"弓袋"，②而"䜌"即"䌈"，指韁繩。此處之"納"與"韔"、"䜌"、"櫜"並列，亦當爲名詞。本文認爲"納"當讀爲"軜"。"軜"亦爲韁繩的一種，如《荀子·正論》："三公奉軶持納。"楊倞注："納與軜同。軜謂驂馬内䜌。"《説文·車部》："軜，驂馬内䜌繫軾前者。"《詩經·秦風·小戎》："龍盾之合，鋈以觼軜。"毛傳："軜，驂内䜌也。"鄭玄箋："軜之觼以白金爲飾也。軜繫於軾前。"

此句"納（軜）"與"䜌"，"韔"與"櫜"皆隔字對應，似可值得注意。這或許跟《蒼頡篇》句内文字對應的情況不如後世字書那麼成熟、嚴格有關，或許只是抄手抄倒了"韔䜌"二字，或許是爲了便於朗讀而倒文。③

六、鞏總

北大漢簡《蒼頡篇》簡 19 有如下文句：

鏵鍵鞏總

---

① 北京大學出土文獻研究所編：《北京大學藏西漢竹書（壹）》，上海古籍出版社，2015 年，第 89 頁。

② 不過，關於"韔"，整理者所舉《玉篇》的書證似嫌稍晚，按《詩·秦風·小戎》："虎韔鏤膺，交韔二弓。"毛傳："韔，弓室也。"

③ 本則初稿曾以網名"老學生"發佈於老學生《讀北大漢簡〈蒼頡篇〉札記》，復旦大學出土文獻與古文字研究中心網論壇學術討論版，2015 年 12 月 7 日，http://www.gwz.fudan.edu.cn/forum/forum.php? mod = viewthread&tid=7749。後李春桃先生撰文對拙説加以補充、修正，並對《蒼頡篇》中"隔字義近"的情況進行了詳細的論證。參看李春桃：《北大漢簡〈蒼頡篇〉研究札記》，浙江大學中文系、漢語史研究中心主辦"出土文獻與漢語史研究"工作坊論文，2018 年 7 月 2 日。此稿蒙李春桃先生惠賜。

整理者謂："鐼，即'鐼'字，當讀作《説文》'韇'字，《説文》釋其字爲'車軸耑鍵也'……字亦作'鐥'。"①按其説可從。② 而關於其後的"虆總"二字，整理者謂：

> "緐"即"繁"字，此字從泉，虆聲，故亦即《説文》中的"㵼"字。"㵼"爲泉水，有"聚束"義。總，《説文》："聚束也。從糸，悤聲。"

按整理者將"㵼"解釋爲"聚束"義頗爲牽强，這應該是爲了遷就該字與"總"字並列而做的引申，恐不可信。

漢代用字假借盛行，再加上《蒼頡篇》句式多樣，因此篇中具體字詞的含義有時難以確定，尤其在具有文字對應關係的文句中以何字爲定點實際上很難抉擇；即便確定某字爲定點之後，究竟應以該字的哪種詞義爲準，也不易取捨。在這種情況，只能是盡量尋求所討論的字詞與前後文在含義、詞性等方面具有一些共通之處；同時需要注意的是，先秦秦漢字書往往分别部居且分章、斷句又純以字數爲準，因此對某個具體字詞含義的考察，不應局限在該字詞所在的小句之内。

考慮到上引文句之"鐼鍵"與後句"納"、"戀"均與車馬器具有關，"虆總"二字所表示的很可能也是類似的名詞。循此思路，本文認爲"總"當指束穗、流蘇，可作爲車馬裝飾品。這在典籍中正有其例，如《周禮·春官·巾車》："王后之五路。重翟，錫面朱總；厭翟，勒面繢總；安車，雕面鷖總。皆有容蓋。"鄭玄注引鄭司農云："鷖總者，青黑色，以繒爲之。總，著馬勒直兩耳與兩鑣。"賈公彦疏："凡言總者，謂以總爲車馬之飾，若婦人之總，亦既繫其本，又垂爲飾，故皆謂之總也。"孫詒讓正義："蓋總著於馬面勒間兩旁，其本結於勒上，正直兩耳，其下之垂者，與銜鐵之旁出口角者又正相當也。"《漢書·韓延壽傳》："駕四馬，傅總，建幢棨。"顏師古注引晉灼曰："總，以緹繒飾鑣轄也。""虆"則當讀爲"縁（縵）"。《説文》謂："縁，馬髦飾也。從糸、每聲。《春秋傳》曰：可以稱旌縁乎。"段玉裁注："馬髦謂馬鬣也。飾亦妝飾之飾。蓋集絲條下垂爲飾曰縁。"清華簡《封許之命》簡6有所謂"鉤膺篹（纂）絣（弁）"一句，③陳劍先生已指出所謂"篹"字的"竹"旁下實爲"暴"，字當讀爲"鑣"，即馬銜；而"絣"即《説文》"縁（縵）"字或體，當訓爲"馬髦飾"。④ 此亦爲"縁（縵）"指馬飾之例。《封許之命》簡文"鑣"、"縁（縵）"並列，而從上引典籍來看，

---

① 北京大學出土文獻研究所編：《北京大學藏西漢竹書(壹)》，第89頁。

② 不過，"鐼"與"韇"可能未必是或不僅僅是音近通假的關係，"鐼"可能就是"韇"增加表意偏旁之字，或受到下文"鍵"類化而增"金"旁。

③ 李學勤主編：《清華大學藏戰國楚竹書(伍)》，中西書局，2015年，第118、121頁。

④ 陳劍：《〈清華簡(伍)〉與舊説互證兩則》，復旦大學出土文獻與古文字研究網，2015年4月14日，http://www.gwz.fudan.edu.cn/Web/Show/2494。此例蒙李春桃先生提示。

“總”多飾於兩鑣旁，亦正可與“緣（緣）”並列。

附記：本文曾蒙魏宜輝先生和李春桃先生審閱、指正，謹致謝忱。本文曾提交給中山大學古文字研究所主辦“文字、文獻與文明——第七屆出土文獻青年學者論壇暨國際學術研討會”（廣州，2018 年 8 月 17—20 日）。

2017 年 12 月 31 日初稿

2018 年 7 月 31 日增補

2018 年 10 月 28 日改定

天水放馬灘秦簡《日書》乙種札記七則

趙　岩

（東北師範大學文學院）

　　在完整的放馬灘秦簡《日書》釋文及注釋本中，比較晚出的是《秦簡牘合集釋文注釋修訂本（肆）》。① 這個整理本綜合使用了原始圖版及紅外線圖版，改正了很多以往未釋或誤釋的字，在簡牘編聯上做了一些相對科學的調整，注釋上則采衆家之所長，相較以往的注解有了很多進步。但是，該書對於一些簡文的理解也有可以進一步討論的地方。本文將在該書的基礎上對放馬灘秦簡《日書》乙種中的若干字詞做一些校補工作。

一

　　失行門：雖（唯）爲嗇夫，□□□□，【財入】雖多，□必盡。

（放馬灘《日書》乙 11 貳＋12 貳）

　　《天水放馬灘秦簡集釋》讀"雖"爲"唯"。②《秦簡牘合集（肆）》、《修訂本（肆）》意見相同。③ 放馬灘秦簡中確實屢見"雖"通"唯"，如：

---

① 陳偉主編，孫占宇、晏昌貴等撰著：《秦簡牘合集釋文注釋修訂本（肆）》，武漢大學出版社，2016 年。以下簡稱爲《修訂本（肆）》。

② 孫占宇：《天水放馬灘秦簡集釋》，甘肅文化出版社，2013 年，第 102 頁。以下簡稱爲《集釋》。

③ 陳偉主編：《秦簡牘合集（肆）》，武漢大學出版社，2014 年，第 39 頁；陳偉主編，孫占宇、晏昌貴等撰著：《秦簡牘合集釋文注釋修訂本（肆）》，第 36 頁。爲方便敘述，《秦簡牘合集（肆）》以下簡稱爲《合集（肆）》。

財門：所利雖（唯）利賈市，入財大吉，十二月更。

（放馬灘《日書》乙22叁）

雖（唯）利壞勶（徹），是是日衝（衝）。　　（放馬灘《日書》乙94壹）

凡可塞穴置（窒）鼠、溼（堅）困日，雖（唯）十二月子。

（放馬灘《日書》乙65壹）

但也有讀爲本字的情況，本簡後的“雖”即讀如本字。這裏“雖爲嗇夫”後的四個關鍵字殘泐不清，因此判斷該字到底記的是什麽詞，還需其他證據。該簡爲《置室門》的一部分，①在睡虎地秦墓竹簡《日書》甲種、孔家坡漢墓竹簡《日書》中存在異文，分別作：

失行門：大凶。　　　　　　　　　　（睡虎地《日書》甲121貳）

失伍門：唯（雖）爲嗇夫，法（廢）。有爵者，耐。使人必賤，唯（雖）入盡出，

三日言必大至。　　　　　　　　　　（孔家坡283）②

後者中的“唯”字，整理者讀爲“惟”，③陳斯鵬改讀爲“雖”，④劉樂賢同意陳斯鵬的意見，並補充指出：“簡文前面是説，雖然做了‘嗇夫’還是會被免職，‘唯’讀爲‘雖’，非常合適。”⑤將放馬灘秦簡《日書》乙種11貳＋12貳號簡與孔家坡漢簡《日書》283號簡對讀，前者中的前後兩部分都可在後者找到文意相近的語句，因此，前者中的“雖”應讀爲本字。

二

北門：利爲邦門。詘以爲家人之門，其主弗居。

（放馬灘《日書》乙23貳＋24貳）

該簡是《直室門》篇的一部分。劉增貴解釋“詘”字時有如下注釋：“指‘屈’或貶抑，

① 《置室門》爲整理者所擬題目（參甘肅省文物考古研究所：《天水放馬灘秦簡》，中華書局，2009年，第123頁）。

② “賤”“入”整理者釋爲“睗”“人”（湖北省文物考古研究所、隨州市考古隊：《隨州孔家坡漢墓簡牘》，文物出版社，2006年，第165頁），此處從劉樂賢説（參劉樂賢：《孔家坡漢簡〈日書〉“直室門”補釋》，武漢大學簡帛研究中心主編：《簡帛》第4輯，上海古籍出版社，2009年，第290—291頁）。

③ 湖北省文物考古研究所、隨州市考古隊：《隨州孔家坡漢墓簡牘》，第165頁。

④ 陳斯鵬：《孔家坡漢簡補釋》，《中國歷史文物》2007年第6期，第71—75頁；後收入《卓盧古文字學論稿》，中西書局，2018年，第243頁。

⑤ 劉樂賢：《孔家坡漢簡〈日書〉“直室門”補釋》，第290頁。

本爲邦君門,屈貶爲家人之門,則'其主弗居'。"①未對"家人"申説。《集釋》、《合集(肆)》、《修訂本(肆)》直接引用劉增貴的説法,也未對"家人"進行討論。② 該簡在睡虎地秦墓竹簡《日書》甲種中可見到異文:

> 北門,利爲邦門,賤人弗敢居。　　　　　　　　　　(睡虎地《日書》甲126貳)

里耶秦簡更名方記載:"毋曰邦門,曰都門。"邦門即都門。從睡虎地秦墓竹簡《日書》甲種126號簡的記載來看,邦門不宜地位低下之人居住。我們注意到,傳世文獻中"家人"或見"平民"義,如:

> 《左傳·哀公四年》:"公孫翩逐而射之,入於家人而卒。"孔穎達疏:"入於凡人之家。"
>
> 《史記·季布欒布列傳》:"欒布者,梁人也。始梁王彭越爲家人時嘗與布遊。"司馬貞索隱:"謂居家之人,無官職也。"
>
> 《漢書·董賢傳》:"此豈家人子所能堪邪?"孔穎達注:"家人猶言庶人也。"

這樣一來,"家人"與"賤人"對應就解釋得通了。因此,我們認爲放馬灘秦簡《日書》乙種23貳+24號簡中的"家人"義爲平民,與同篇另見的"賤人"(乙18貳)意義相近。爲避免誤解,在注釋中應指出在此處其並不是常見的"一家之人"義。

三

> 入月十四日、十七日、廿三日不可裻(製)衣冠、帶【劍、乘車馬】,□□□□。
>
> 　　　　　　　　　　　　　　　　　　　　(放馬灘《日書》乙362壹)

秦簡《日書》中屢見"冠",不過與"帶劍"連用時,常用作加冠義,如:

> 毋以酉台(始)寇〈冠〉、帶劍,恐御矢兵,可以漬米爲酒,酒美。
>
> 　　　　　　　　　　　　　　　　　　(睡虎地《日書》甲112貳+113貳)
>
> 復、秀之日,利以乘車、寇〈冠〉、帶劍、裻(製)衣常(裳)、祭、作大事、家(嫁)子,皆可,吉。
>
> 　　　　　　　　　　　　　　　　　　　　　(睡虎地《日書》乙25壹)

---

① 劉增貴:《放馬灘秦簡〈日書·直室門〉及門户宜忌簡試釋》,《簡帛》第6輯,上海古籍出版社,2011年,第43頁。

② 孫占宇:《天水放馬灘秦簡集釋》,第106頁;陳偉主編:《秦簡牘合集(肆)》,第43頁;陳偉主編,孫占宇、晏昌貴等撰著:《秦簡牘合集釋文注釋修訂本(肆)》,第39頁。

或縮略爲"冠帶",如:

> 甲子、乙丑,可以家(嫁)女、取婦、寇〈冠〉帶、祠,不可築與土攻(功),命曰毋(無)後。　　　　　　　　　　　　　　　　　　　　（睡虎地《日書》乙 125）

> 不可冠帶、見人、取(娶)婦、嫁女、入臣妾;不可主。
> 　　　　　　　　　　　　　　　　　　　（放馬灘《日書》乙 128+309）

我們曾經指出:"不同時期、地域中不同身份的人行冠禮的年齡及程式可能會有所不同,但至少戰國的某一段時期内,行冠禮時'加冠'與'帶劍'應是必備的程式。"①《史記·秦始皇本紀》記載秦王政的加冠禮爲:"己酉,王冠,帶劍。"正體現了"冠""帶劍"的關係。

因此,放馬灘秦簡《日書》乙種 362 號簡中的"裁衣""冠"之間或可斷開,分别理解爲製作衣裳與加冠。

四

> 四澹(廢)日不可以爲室□内,爲囷、倉及蓋。　　（放馬灘《日書》乙 103 壹）

《集釋》讀"蓋"爲"闔",釋爲户扇。②《合集(肆)》《修訂本(肆)》則修訂了這一説法,懷疑指"囷、倉之上的覆蓋"。③ 這一意見已經比較接近事實。不過可進一步申説的是"蓋"在此處是動詞,義爲覆蓋,特指用茅草或其他材料覆蓋房屋。秦簡中屢見"蓋"的這種用法,可帶賓語,也可不帶賓語,如:

> 有實官高其垣牆。它垣屬焉者,獨高其置芻穭及倉茅蓋者。
> 　　　　　　　　　　　　　　　　　　　（睡虎地《秦律十八種》195）

> 三月庚辛,六月壬癸,九月乙、甲,十二月丙丁,不可興垣、蓋屋、上材、爲祠、大會,兇(凶)。　　　　　　　　　　　　　　　（放馬灘《日書》乙 94 壹）

> 角,利祠及【行】,吉。不可蓋室。　　　　　　（睡虎地《日書》乙 96 壹）

> 五酉、甲辰、丙寅,不可以蓋,必有火起,若或死焉。（睡虎地《日書》乙 113）

更爲重要的是一則異文:

---

① 趙岩:《簡帛文獻詞語歷時演變專題研究》,中國社會科學出版社,2013 年,第 16—17 頁。

② 孫占宇:《天水放馬灘秦簡集釋》,第 134 頁。

③ 陳偉主編:《秦簡牘合集(肆)》,第 68 頁;陳偉主編,孫占宇、晏昌貴等撰著:《秦簡牘合集釋文注釋修訂本(肆)》,第 61 頁。

四廢日,不可以爲室、覆屋。　　　　　　　　　（睡虎地《日書》甲 101）

"蓋"正與"覆屋"相對應,可見其即"覆屋"義。"爲囷、倉及蓋"義爲"建造囷、倉及用茅草或其他材料覆蓋房屋","蓋"的對象承前省略,包括"室""内""囷""倉"等。

五

己未不可爲室及門關,先行之者死。　　　　　　（放馬灘《日書》乙 121 壹）

《修訂本(肆)》:"關,門閂。《説文》:'關,以木横持門户也。'"①放馬灘秦簡《日書》中"門"可與"筑""垣"等搭配,如:

築南門良日:壬申、午、甲申。　　　　　　　　（放馬灘《日書》乙 48 貳）
庚申不可垣室、廡、門。　　　　　　　　　　　（放馬灘《日書》乙 119 壹）

因此,"爲門"應並非一般意義上的製作"木製之門","爲"應義爲修建,是一種建築行爲,與門閂搭配恐不合。而且門閂作爲門的一個構件,強調其製作日期禁忌難以講通。"關"或用爲門義,如:

《楚辞·离骚》:"吾令帝閽開關兮,倚閶闔而望予。"
《周禮·春官·巾車》:"及墓,嘑啓關,陳車。"鄭玄注:"關,墓門也。"孫詒讓正義:"《説文·門部》云:'關,以木横持門户也。'引申之,凡門皆曰關,故墓門亦稱關也。"

該簡中的"門""關"或爲同義連用,泛指門。

六

占病祟除:一天殿,公外;二【地】,社及立(位);三人鬼,大父及殤;四【時】,大遏及北公;五音,巫帝、陰、雨公;六律,司命、天□;七星,死者;八風,相莨者;九水,大水殿。　　　　　　　　　　　　　（放馬灘《日書》乙 350＋192）

此篇名爲《占病祟除》,②記載了占斷致病作祟的鬼神。"三人鬼,大父及殤"一句,整

---

① 陳偉主編,孫占宇、晏昌貴等撰著:《秦簡牘合集釋文注釋修訂本(肆)》,第 69 頁。
② 篇題從陳偉説(參陳偉:《放馬灘秦簡日書〈占病祟除〉與投擲式選擇》,《文物》2011 年第 5 期)。

理者釋"人"爲"卜",晏昌貴釋爲"人",並將該句斷爲"三人鬼、大父及殤",①陳偉改頓號爲逗號,②《集釋》則斷爲"三人,鬼大父及殤",並認爲"鬼大父或即大父死後之鬼神",③《修訂本(肆)》與陳偉的意見相同,釋"人鬼"爲"人死後的鬼魂"。④ 要注意的是,學者們早已指出,該篇對應於放馬灘秦簡《式圖》,《式圖》所載包括"一天、二地、三人、四時、五音、六律、七星、八風、九水",⑤另外懸泉漢簡Ⅱ0215②:204 號簡也可見到與《式圖》語義相同的内容。從這一對應來看,350＋192 號簡中的"三人"應該與鬼斷開,這樣才符合式圖的記載。"鬼大父"頗難講通,而鬼、大父、殤斷開則正好是三種爲祟的事物,與一對應一種爲祟事物、二對應兩種爲祟事物正好相當。故我們認爲正確的斷句應該是"三人,鬼、大父及殤"。以往之所以未采用這種斷句,可能是因爲"大父"即祖父,"殤"即未成年之死者,一般的"鬼"語義上應該包含死去的"大父"及"殤"。"鬼"未嘗不可以特指某一類死者。

七

皋陶所出,以而五音、十二聲以求其請。　　　　　　（放馬灘《日書》乙 284）

簡中的"請"字,以往均讀爲本字。我們認爲"請"字應通"情"。"求"義爲尋求,"其"代指"五音、十二聲","求其情"即尋求五音、十二聲對應的情況。該簡屬於《自天將令》篇,其主體内容正是十二律所對應的卦辭,因此,"情"具體指的是卦辭所載事物的動向及吉凶。放馬灘秦簡《日書》乙種中可見"請"通"情"的例子:

不死,厚而□,主台(始)有□殹,後智(知)其請(情)。

（放馬灘《日書》乙 356）

"知其情"義爲知道它的情況,正是"求其情"的結果。當然,356 號簡中的"情"具體所指與 284 號簡中的"情"的具體所指不同。其他秦漢簡牘中也屢見"請"通"情"的情

① 晏昌貴:《天水放馬灘秦簡乙種〈日書〉分篇釋文(稿)》,《簡帛》第 5 輯,上海古籍出版社,2010 年,第 38 頁。

② 陳偉:《放馬灘秦簡日書〈占病祟除〉與投擲式選擇》,《文物》2011 年第 5 期。

③ 孫占宇:《天水放馬灘秦簡集釋》,第 106—107 頁。

④ 陳偉主編,孫占宇、晏昌貴等撰著:《秦簡牘合集釋文注釋修訂本(肆)》,第 130 頁。

⑤ 《式圖》的釋文參考了整理者、吕亞虎、晏昌貴、程少軒的意見。參見甘肅省文物考古研究所:《天水放馬灘秦簡》,第 96 頁;吕亞虎:《〈天水放馬灘秦簡〉缺、誤字訂補幾則》,簡帛網,http://www.bsm.org.cn/show_article.php? id=1166,2009 年 10 月 31 日;晏昌貴:《天水放馬灘秦簡乙種〈日書〉分篇釋文(稿)》,第 30 頁;程少軒:《放馬灘簡式圖補釋》,《中國文字》新 36 期,藝文印書館,2011 年,第 132—135 頁。

況,如:

> 今吏智（知）之,未可奈可（何）,請言請（情）：……　　　　（嶽麓叁 160）
>
> 得之曰：幸吏不得得之請（情）。　　　　　　　　　　　　（嶽麓叁 284）
>
> 君必察天地之請（情）,而行之以身。　　　　　　　　　（馬王堆《十問》26）
>
> 故輕（經）之以五,效之以計,以索其請（情）。　　　（銀雀山《孫子兵法》1）

且"求其情"屢見於傳世文獻,如:

> 故按其實而審其名,以求其情,聽其言而察其類,無使放悖。
>
> 　　　　　　　　　　　　　　　　　　　　　　　（《吕氏春秋·審分》）
>
> 凡謀有道,必得其所因,以求其情。審得其情,乃定三儀。
>
> 　　　　　　　　　　　　　　　　　　　　　　　　（《鬼谷子·謀篇》）

綜上所述,放馬灘秦簡《日書》284 號簡中的"請"通"情",義爲情況。

據古文字考釋俗字四則 *

李春桃

（吉林大學考古學院·古籍研究所）

漢字屬於表意文字,自形成至今表意特性未曾間斷,其間雖經歷了不同的書體形式,但形體上前後承襲關係仍很明顯,所以可據早期形體來研究後世漢字。狹義的俗字是指隸楷階段與正體相對的文字。與古文字相比,其時代要晚得多。但一些俗字形體却有更早的來源,據古文字研究後世俗字不但能够找到俗字的本源,同時對研究漢字的流傳、演變也極爲重要。

古文字的主體是出土的先秦時期文字資料,除此之外還包括傳世古文字形體,即傳抄古文,是指屢經傳抄得以保存的古文字形體(以戰國文字爲主體)。古文歷經輾轉傳抄,本身便具備了很多後世文字的特徵,對後世俗字研究具有很大的參考價值。本文便結合出土、傳世古文字資料對幾個俗字進行考證,不當之處,敬請方家指正。

一、釋"㢟"

《龍龕手鏡·止部》:"㢟,直利切。"《改併五音類聚四聲篇海》卷十一止部、《字彙補·止部》所錄相同。楊寶忠先生曾考釋此字,他認爲"㢟"讀"直利切",是"彘"的俗書。[①] 按,此説從讀音上看有合理之處,但於形體不符。"彘"與"㢟"寫法不近,兩者訛混的可能性很小。從"㢟"的形體及讀音考慮,我們認爲該形可能是"侍"字的俗體。

---

* 本文分别是國家社科基金重大項目(項目批准號:16ZDA201),教育部、國家語委重大項目(項目批准號:YWZ—J014)的階段性成果。

① 楊寶忠:《疑難字考釋與研究》,中華書局,2005 年,第 111、425 頁。另,今本《龍龕手鏡》反切作"宜利反",楊寶忠先生指出"宜"爲"直"的誤字,本文據此徑直改作"直利切"。

從傳世古文字材料看,《古文四聲韵》中"侍"字古文或作如下形體：①

四4·8孝　 四4·8石　 四4·8雲②

"侍"本从人、从之、从又,上録第一形與"侍"的篆文寫法相似。後兩形中所从"之"或訛成"止",但都从攴。古文體系中"又"旁常被改寫成"攴"旁,屬於意符替代現象。③ 且後兩形"人"旁寫在了"之"形下部,是因偏旁之間相互擠占導致位置移動,所以此二形是"侍"的變體。

以上録古文第二形 與"㧟"相比,兩者如出一轍,後者應是前者的隸定形體,所以"㧟"應是"侍"字的俗體。至於該字的讀音"直利切"與"侍"的讀音"時吏切"也較爲接近,存在因讀音相近而假借或錯訛的可能性。

以"侍"字古文形體再驗諸古文字,上海博物館藏戰國楚竹書《子道餓》篇中的"侍"字作：

2號簡

所从的"人"旁亦置於"之"旁的下部,與古文及俗字形體在構型上若合符節,可證這些形體有更早且可靠的來源。

二、釋"泹"

釋玄應《一切經音義》中"涎"字有異體作"泹",朱駿聲《説文通訓定聲》也以"泹"爲"涎"字异體。④ 于省吾先生指出"涎"是邪母字,"泹"爲定母字,古邪母歸定,所以"泹"、"涎"音近。⑤ 從于先生把"泹"的聲母歸在定母可以看出他認爲"泹"从但得聲("但"是定母字)。雖然"但"、"涎"讀音相近,可是"涎"字异體從但作,較爲奇怪。考慮到俗字存在

---

① 本文所録形體見於《汗簡》、《古文四聲韵》者均采自郭忠恕、夏竦撰,李零、劉新光整理《汗簡·古文四聲韵》(中華書局,1983年)一書,爲行文方便,後文不再出注。

② 本文引用傳抄古文的格式爲：輯録書籍名稱\書籍卷數\頁數\出處,如" 四4·8孝",指該形見於《古文四聲韵》卷四8頁(原影印頁數),出自《古孝經》。至於出處均用簡稱,詳見文後所附出處簡稱表。

③ 古文體系中"又"旁寫作"攴",一部分是因爲"又"、"攴"二形作爲意符時可換用,還有一部分是受類化影響所致,並非所有換用都有古文字形體依據。但"寺"旁此類寫法來源有據,郭店簡《六德》"詩"字寫作 (24號),其中"寺"旁从攴,與古文寫法可相互比較。

④ 朱駿聲：《説文通訓定聲》,中華書局,1998年,第725頁。

⑤ 于省吾：《于省吾著作集·甲骨文字釋林》,中華書局,2009年,第405頁。

嚴重的訛變現象,再綜合"涎"字多種異體來看,于先生説法十分可疑。我們認爲"泹"是"㳄"的訛字。

《古文四聲韵》中"次"字古文作:

四 2•5 説

從水、侃聲,爲"㳄"(或隸定作㳄)字。《説文》以"㳄"爲"次"的或體,此處以之爲古文。"次"是"涎"的表意初文,兩者爲一字異體,所以"涎"與"㳄"可通。我們懷疑"泹"形右部的"但"應是"侃"的訛體。蔡侯鐘(《集成》210 號)[1]銘文用爲"愆"的字從侃得聲,原篆作(愆),去掉"心"旁後與"但"相似。"愆"的古文"䙴"作:

並四 2•6 箱

去掉下部的"言"旁,上部亦與"但"旁相似,存在訛誤可能。字書中更有直接證據,《集韵•僊韵》:"次,或作㳄,涎。"《玉篇•水部》:"涎,口液也。㳄,同上。"《集韵》、《玉篇》都以"㳄"爲"涎"的異體,可見《一切經音義》、《説文通訓定聲》中"泹"都是"㳄"的訛體。

三、釋"嬰"

《正字通•女部》:"(婁)古文奇字作嬰,朱謀㙔曰眲聲,女子出必四顧無人乃行……"朱解"嬰"字實不可信。"嬰"實爲"婁"之俗體,也見於《古文四聲韵》中作:

並四 2•25 崔

"嬰"應是從"婁"訛變而來。俗字演變規律中有一種現象:"冏"旁常常變成"眲"形。如《干禄字書》:"亶、亶,上俗下正。"前者中間從眲,後者中間從冏。又"爨"字或作"𤑔",《干禄字書》:"𤑔,爨。上俗下正。"是以"𤑔"爲"爨"(爨)的俗體,前者中間從眲,後者中間從冏。這都是"冏"訛變成"眲"的例子。而"冏"與"囧"二旁十分接近,應當具有相似的演變規律。"婁"字有異體正從囧,如"婁"字有篆體古文在三體石經、《汗簡》、《古文四聲韵》中分別作:

出自三體石經　 汗 5•66 尚\説　 四 2•7 尚

同類形體也見於古文字中:

---

[1]　中國社會科學院考古研究所編:《殷周金文集成》,中華書局,1984—1994 年,本文簡稱《集成》。

《成之聞之》5　《采風曲目》2①

上部均從"幽"。可知"嬰"正是這類形體的訛變。

　　同一規律在"幽"字古文中也可看到,"幽"字有隸定古文作:

四2·25古

類似形體還見於其他字書,《玉篇·水部》:"瀀,古文幽字。""瀀"與 應爲一字。楊寶忠先生指出 形右部從要, 爲"瀀"字訛變,此處借爲"幽"。② 楊説甚是。這從上文中由"幽"變成"朙"的規律也可證明。"要"字古文或作:③

汗5·66尚\説　四2·7尚

形體上部從幽,而 右上部從甯,"甯"當是從"幽"演變而來。上文所論"爨"字俗體作"㸑",恰好可以與之類比。再求諸音理,"要"是影母宵部字,"幽"是影母幽部字,④二者聲母相同,韵部旁轉。典籍中"要"、"幽"有相通之例。《易·困》:"入於幽谷。"馬王堆帛書本"幽"作"要"。《詩·豳風·七月》:"四月秀葽。"《大戴禮記·夏小正》"葽"字作"幽"。此古文"瀀"也從要聲,所以也可以用爲"幽"。

四、釋"蹢"

　　《直音篇》卷二足部:"蹢,音摘,謹行。"楊寶忠先生認爲"蹢"是"蹠"字之訛。⑤ 按,楊説似不可信,"蹠"字《龍龕手鏡》訓作"開張",義與"蹢"迥異。況且"蹢"、"蹠"二形相差甚遠,盡管楊先生對形體演變有所推測,但證據仍不充分。

　　在討論"蹢"字釋讀之前,先看"摘"字古文,其形體作:

四5·18義

---

① 這類形體楚文字中多見,本文僅舉數例,其餘參看滕壬生:《楚係簡帛文字編(增訂本)》,湖北教育出版社,2008年,第1015—1016頁。

② 楊寶忠:《疑難字考釋與研究》,第254頁。

③ 事實上這一類形體是"要"字篆文,今本《説文》誤將"要"的古文和篆文置反,三體石經古文中尚不誤。

④ 陳復華、何九盈:《古韵通曉》,中國社會科學出版社,1987年,第147、155頁。

⑤ 楊寶忠:《疑難字考釋與研究》,第410頁。

古文爲"聏"字，"聏"字上古音是端母葉部字，"摘"從啻聲，是端母錫部字，兩者雖然聲母相同，但是韵部關係較遠。中古時期"聏"與"啻"聲字可互爲異文，如《集韵·麥韵》："靮，耳竪兒，聏，或從二耳。""靮"、"摘"聲符相同，讀音相近，所以《四聲韵》能以"聏"爲"摘"字古文。①

明確了"聏"和"摘"字的關係，便可解決"齃"字的釋讀。我們認爲"齃"所從的三個"牙"形是"耳"旁之誤。隸楷階段"牙"、"耳"二形相近，如段玉裁注"邪"字云："近人隸書從耳作耶，由牙、耳相似，臧三牙或作臧三耳。"碑刻文字中也有所反映，如本從牙的"雅"字或作：

雎 漢張遷碑　　**雎** 漢史晨后碑②

均變成從"耳"，是"耳"、"牙"二旁相混之證。按照上面的分析，"齃"實爲"躡（躡）"的變體，"躡"從聶（聶）得聲，"聶"、"聏"上古音都是舌音葉部字，讀音相近，古文字中有通用現象。如《禮記·緇衣》引《詩》："朋友攸攝，攝以威儀。"其中的"攝"字，郭店簡本《緇衣》作：

 郭店簡《緇衣》45

該形從聏聲，"攝"本從聶聲，簡文是"聶"、"聏"相通之證。既然"聏"讀音與"摘"接近，可以作其古文，那麼"躡"字讀音也與"摘"相近。《直音篇》中"齃"字音"摘"當可信。從詞義上說，"齃"訓"謹行"，"躡"字可訓行，③兩者意義相因。可見從形、音、義等角度來看，把"齃"釋成"躡"的俗字都是可信的。

古文出處簡稱表：

汗——汗簡	四——古文四聲韵	孝——古孝經	石——石經
雲——雲臺碑	說——説文	籀——籀韵	崔——崔希裕纂古
尚——古尚書	義——義雲章		

① 王丹：《〈汗簡〉〈古文四聲韵〉新證》，北京師範大學博士學位論文，2009 年，第 91 頁。

② 秦公輯：《碑別字新編》，文物出版社，1985 年，第 231 頁。

③ 宗福邦、陳世鐃、蕭海波主編：《故訓匯纂》，商務印書館，2003 年，第 2237 頁。

《論語·憲問》"晉文公譎而不正,齊桓公正而不譎"補説[*]

劉　剛

　　齊桓公小白和晉文公重耳是春秋時期的兩位霸主,他們對東周王室皆有誅伐暴亂、繼絶存亡之功,文獻常並稱之爲"齊桓、晉文"。戰國時期齊宣王曾經向孟子問詢"齊桓、晉文"的事迹,孟子答曰:"仲尼之徒無道桓、文之事者,是以後世無傳焉,臣未之聞也。"(《孟子·梁惠王上》)不過,在《離婁下》篇中孟子云:"王者之迹熄而《詩》亡,《詩》亡然後《春秋》作。晉之《乘》,楚之《檮杌》,魯之《春秋》,一也。其事則齊桓、晉文,其文則史。"則與前説"未之聞也"有所不同,評者以爲孟子崇尚王道,恥言霸業,故應對齊宣王時乃搪塞之辭。"仲尼之徒無道桓、文之事者",董仲舒將之發揮爲"仲尼之門,五尺童子羞稱五霸,爲其先詐力而後仁義也"(《漢書·董仲舒傳》)。

　　《論語·憲問》:"子曰:'晉文公譎而不正,齊桓公正而不譎。'"何晏《集解》引鄭玄注云:"譎,詐也。謂(晉文公)召天子而使諸侯朝之。仲尼曰:'以臣召君,不可以訓。'故書曰'天王狩於河陽',是譎而不正也。"又引馬融訓説云:"(齊桓公)伐楚以公義,責包茅之貢不入,問昭王南征不還,是正而不譎也。"[①]朱熹《論語集注》基本采用此説,[②]今人楊伯峻《論語譯注》把這句話翻譯爲"晉文公詭詐好耍手段,作風不正派;齊桓公作風正派,不

---

* 本文是國家社會科學基金項目"《論語》古注新解綜合研究和數據庫建設"(批准號:18BZS003)的階段性成果。

① 阮元校刻:《十三經注疏》,中華書局,1980年,第2511頁。

② 朱熹撰,陳戌國點校:《四書集注》,嶽麓書社,1987年,第223頁。

用詭詐,不要手段",應該也是據鄭注而作。① 若以上諸説可信,則孔子對"齊桓、晉文"的評價似有褒貶抑揚。②

晉文公"召天子而使諸侯朝之"見於《左傳·僖公二十八年》,《論語》邢昺疏云:

> 晉侯本意,欲大合諸侯之師,共尊事天子,以爲臣之名義,實無覬覦之心。但於時周室既衰,天子微弱,忽然帥九國之師,將數千萬衆入京師,以臨天子,似有篡奪之説,恐爲天子拒逆,或復天子怖懼,棄位出奔,則諸侯心實盡誠,無辭可解,故自嫌彊大,不敢朝王,故召諸侯來會于溫。溫去京師路近,因加謂諭,令王就會受朝。天子不可以受朝爲辭,故令假稱出狩,諸侯因會遇王,遂共朝王,得盡君臣之禮,皆孔子所謂譎而不正之事。聖人作法,所以貽訓後世。以臣召君,不可以爲教訓,故改正舊史。舊史當依實而書,言晉侯召王,且使王狩。仲尼書曰:"天王狩獵于河陽。"言天王自來狩獵于河陽之地。使若獵失其地,故書之以譏王然。

"以臣召君"雖不足爲訓,但推其初心,實在很難看出晉文公有何權謀詭詐之處。

"齊桓公伐楚"見於《左傳·僖公四年》,這件衆所周知的史事,《韓非子·外儲説左上》中有一段描述可謂曲盡其妙:

> 蔡女爲桓公妻,桓公與之乘舟,夫人蕩舟,桓公大懼,禁之不止,怒而出之,乃且復召之,因復更嫁之。桓公大怒,將伐蔡,仲父諫曰:"夫以寢席之戲,不足以伐人之國,功業不可冀也,請無以此爲稽也。"桓公不聽,仲父曰:"必不得已,楚之菁茅不貢于天子三年矣,君不如舉兵爲天子伐楚,楚服,因還襲蔡曰:'余爲天子伐楚而蔡不以兵聽從,因遂滅之。'此義於名而利於實,故必有爲天子誅之名,而有報讎之實。"

若《韓非子》所記屬實(伐蔡、楚之先後次序與《左傳》不同),齊桓公"以寢席之戲而伐人之國",則其"正而不譎"恐怕也要大打折扣了。

《漢書·鄒陽傳》載其遊説王長君時曾引述了《論語·憲問》篇描寫齊桓公的那句話,但文字稍異:

---

① 楊伯峻:《論語譯注》,中華書局,1980年,第159頁。李零以"尊王攘夷"和"挾天子以令諸侯"作爲齊桓、晉文之區别,但對"正""譎"的解釋仍從《論語注疏》。李零:《喪家狗——我讀〈論語〉》,山西人民出版社,2007年,第257頁。

② 程樹德引潘維城説,據《左傳》"齊桓公爲會而封異姓,今君(晉文公)爲會而滅同姓"以證晉文不如齊桓,實不足信。程氏殆忘桓公殺公子糾之事乎? 參看程樹德:《論語集釋》,中華書局,1990年,第981頁。

　　魯公子慶父使僕人殺子般,獄有所歸,季友不探其情而誅焉;慶父親殺閔公,季子緩追免賊,《春秋》以爲親親之道也。魯哀姜薨於夷,孔子曰"齊桓公法而不譎",以爲過也。

顏師古注云:"哀姜,莊公夫人也,淫於二叔,而豫殺閔公,齊人殺之於夷。夷,齊地也。法而不譎者,言守法而行,不能用權以免其親也。"宋翔鳳認爲《漢書》所引爲《魯論》,"法"字古文作"𠂇",今本作"正",蓋後人罕見"𠂇"字,遂改爲"正",《論語·憲問》兩"正"字皆當作"𠂇",同"法"。①《漢書》所引是否《魯論》雖不可確知,但宋翔鳳的校改意見很有道理,可惜沒能得到應有的重視,如劉寶楠就認爲"正"字不誤,宋說乃臆測而已。② 從邏輯上說,若《論語·憲問》篇本作"正而不譎",《漢書·鄒陽傳》引用時把"正"改作"法"的可能性非常之小。學者或以"正""法"義近來解釋,很難令人信服。

　　傳抄古文"法"字作下列之形:③

《説文》古文　《汗簡》1·8《石》　《古文四聲韻》5·29《樊》

從古文字學已有研究成果來看,"法"確實可以寫作"𠂇(乏)"。④ 出土先秦簡帛文獻裏就有這樣的用例:上博《緇衣》簡14"唯作五虐之刑曰𠂇(法)",郭店《緇衣》"𠂇(法)"作"灋(法)",今本《禮記·緇衣》作"法"。而"法"的這個古文形體與"定"形近:

上博一·緇衣14(𠂇)　上博六·用曰19(𠂇?)

郭店·老子甲14(定)

《尚書·大誥》"爾時罔敢易法",皮錫瑞以爲:"今文'法'作'定',與下'今天降定'義貫,於義爲優。"⑤上博《用曰》簡4+19"有𠂇有紀,而亦不可虞"之"𠂇",或釋爲"𠂇(法)",或釋爲"定"。郭店簡《老子乙》簡15"清静爲天下定",⑥今本《老子》第四十五章作"清静爲天下正"。凡此說明《漢書·鄒陽傳》引文"齊桓公法而不譎"確有所本,"正""法"二字异文,並非有些學者理解的同義關係,而是後人誤讀"𠂇(乏)"爲"正"。《論語·憲問》篇的

---

① 宋翔鳳:《論語發微》,引自劉寶楠:《論語正義》,中華書局,1990年,第571頁。

② 劉寶楠:《論語正義》,第571頁。

③ 徐在國:《傳抄古文字編》,綫裝書局,2006年,第976頁。

④ 劉樂賢引李學勤說認爲"𠂇"是"乏"字,古文假借爲"法"。參看劉樂賢:《〈説文〉"法"字古文補釋》,《古文字研究》第24輯,中華書局,2002年,第464—467頁。也有學者認爲此字從"乏"得聲,並非"乏"。

⑤ 皮錫瑞:《今文尚書考證》,中華書局,1989年,第288頁。

⑥ 或以爲本當作"清静爲天下𠂇(法)",參看張伯元:《"法"古文拾零》,《政法論叢》2012年第1期。

原文當作："子曰：'晉文公譎而不金（法），齊桓公金（法）而不譎。'"

可能是受到顏師古《漢書·鄒陽傳》注文"不能用權以免其親也"的啟發，王引之解釋"譎"字云："《説文》：'譎，權詐也。'訓'詐'則爲惡德，訓'權'則亦可爲美德……言晉文能行權而不能守經，齊桓能守經而不能行權。"①雖然王氏認爲"正"字無誤，但他對文意的闡釋基本準確。"權"者，變通之辭也，與"經""常"相對。《孟子·離婁上》："男女授受不親，禮也；嫂溺，援之以手者，權也。"《易·繫辭下》："井以辯義，巽以行權。"王弼注："權，反經而合道，必合乎巽順，而後可以行權也。"劉寶楠指出，把"譎"理解爲"權"，和漢代的學者認爲《論語·憲問》篇是對"齊桓、晉文"的歎譽之辭相合。②

"法"本指規則、制度，《周禮·天官·大宰》："以八灋治官府。"陸德明《釋文》："灋，古法字。"孫詒讓《正義》云："法本爲刑法，引申之，凡典禮文制通謂之法。"③《論語·憲問》篇中的兩個"法"用作動詞，上引顏師古注訓爲"守法而行"是也。④《荀子·不苟》："知則明通而類，愚則端愨而法。"楊倞注云："愚謂無機智也，法謂守法度也。"⑤"法"之用例與《論語·憲問》篇類似，可資參證。

"晉文公譎而不金（法），齊桓公金（法）而不譎"應該譯爲："晉文公善於變通，而不固守規則；齊桓公原則性强，而不太靈活。"從《左傳》《國語》《史記》等書中二人的事迹來看，孔子對他們性格特點的概括相當準確。無論是違反晉獻公旨意而倉皇出逃，還是城濮大戰中貌似守信的"退避三舍"，以及對待秦女懷嬴的畢恭畢敬（和齊桓公"怒出蔡女"恰可對觀），都是晉文公"譎而不法"的具體表現；而齊桓公守法之謹嚴，《史記·齊太公世家》所述之事尤其值得一提：

> （齊桓公）二十三年，山戎伐燕，燕告急于齊。齊桓公救燕，遂伐山戎，至於孤竹而還。燕莊公遂送桓公入齊境。桓公曰："非天子，諸侯相送不出境，吾不可以無禮于燕。"於是分溝割燕君所至與燕，命燕君復修召公之政，納貢于周，如成康之時。諸侯聞之，皆從齊。

這不由讓人想起《左傳·宣公二年》"晉靈公不君"的故事結尾：

> 乙丑，趙穿攻靈公於桃園。宣子未出山而復。大史書曰："趙盾弑其君。"

---

① 王引之：《經義述聞》，上海古籍出版社，2016年，第1881頁。

② 劉寶楠：《論語正義》，第571頁。

③ 孫詒讓撰，汪少華點校：《周禮正義》，中華書局，2015年，第77頁。

④ 黃懷信認爲"法"爲名詞，與"譎"不對，因此"正"當不誤。其説恐不可信。參見黃懷信：《論語彙校集釋》，上海古籍出版社，2008年，第1267頁。

⑤ 王天海：《荀子校釋》，上海古籍出版社，2005年，第94頁。

以示於朝。宣子曰："不然。"對曰："子爲正卿,亡不越竟,反不討賊,非子而誰?"宣子曰："烏呼!《詩》曰:'我之懷矣,自詒伊戚。'其我之謂矣。"孔子曰:"董狐,古之良史也,書法不隱。趙宣子,古之良大夫也,爲法受惡。惜也,越竟乃免。"

以越竟(境)與否作爲"法"的標準,與上文所言齊桓公割地之事,實有異曲同工之妙。這兩則故事也從側面證明宋翔鳳把《論語·憲問》篇的兩個"正"校改爲"金(法)"是正确的。

略論釋讀古文字應注意的語音問題

張富海

（復旦大學出土文獻與古文字研究中心）

　　釋讀古文字的主要依據是字形和辭例，通常兩方面結合起來就能確定某一個古文字形體在具體語言環境中的音義。但在兩種情況下，釋讀古文字還需要考察語音關係：一是當這個古文字不用其本義或引申義或通行的假借義，而表示一個後來不通行的假借義時；二是當這個古文字雖然用其本義或引申義，但字形上是一個不見於後世的形聲字時。這兩種情況其實本質相同，即都是先根據字形確定大致的讀音，然後結合辭例來確定具體的音義。比如：清華簡《金縢》簡8"周公石東三年"，"石"在字形上毫無問題，今本《尚書·金縢》與之對應的字是"居"，文義上也確定無疑。但"石"音dak，而"居"音ka，兩者相差較大，所以"石"不能讀"居"；而與"居"同義的"宅"音draak，恰與"石"音相近，[①]所以簡文之"石"無疑應從整理者的意見讀爲"宅"。[②] 郭店簡《性自命出》和上博簡《性情論》都有"不又（有）夫奮犾之情則忞（侮）"句，其中的"犾"字是需要考釋的。根據一般的文字結構分析，此字應該是从犬亡聲的形聲字。"亡"音maŋ，與"猛mraaŋʔ"語音很近，所以"犾"可以看作是"猛"的異體字，辭例上"猛"這個詞用在簡文中也是合適的。[③]

　　古文字釋讀中的語音分析當然必須依據漢語的上古音，而不能依據後世讀音，所以了解上古音是釋讀古文字的一個必備條件。衆所周知，以古音求古義，是清代學者訓釋

---

① 本文所標上古音皆據筆者的構擬意見，擬音前均省去 * 號。

② 李學勤主編：《清華大學藏戰國竹簡（壹）》，中西書局，2010年，第158頁、第160頁注19。

③ 參馮勝君：《郭店簡與上博簡對比研究》，綫裝書局，2007年，第235頁。

古書的基本方法。以段玉裁、王念孫爲代表的清代訓詁大家之所以能取得超越前人的成就,很大程度上是因爲他們懂古音。比起段、王的時代,今天的上古音研究又有了長足的進步,我們應比段、王更懂古音,那麼在釋讀古文字時,我們應該能更好地運用"因聲求義"的方法。但是,一方面由於種種原因,上古音研究在很多地方不能取得共識,影響了新成果的傳布和應用;另一方面多數古文字研究者對上古音所知甚淺,未能及時掌握研究的新進展,抱殘守缺,甚至堅持錯誤的舊觀念。因此,古文字釋讀中存在的語音問題可謂觸目皆是。要避免古文字釋讀中出語音上的問題,我認爲需要做到如下三點:第一,遵守諧聲假借的音近原則,不隨心所欲地通轉;第二,掌握上古音研究的新進展;第三,注意上古漢語的複雜性。下面分別舉例來說明。

一、遵守諧聲假借的音近原則

兩個字的整體語音相同或相近才能互相諧聲假借,如果僅僅是聲母相近或韻母相近,必然是不能相通的,更不用說聲母、韻母都有差距的情況。

例1: 于省吾《甲骨文字釋林·釋坒、正》讀甲骨文中的祭名"坒"爲"禳",讀祭名"正"爲"禜"。[①]

按"坒(往)"音 gwaŋʔ,"禳"音 naŋ,"正"音 teŋs,"禜"音 gwreŋ(與"榮"字同音),都僅僅是韻母相近,無由通假。蓋于老誤信疊韻即可假借的舊説。

例2: 趙平安《續釋甲骨文中的"乇"、"昏"、"衵"》認爲"昏(舌)"字從"乇"聲,説"乇"在鐸部 ak,"昏(舌)"在月部 at,主要元音相同,故音近。[②]

按"乇"音 traak(陟格切),"昏(舌)"音 kwaat 或 koot(據《説文》大徐音及《集韻》古活切。《廣韻》下刮切),聲母、韻母、開合皆異,僅僅元音相同(也可能不同),不可能有諧聲關係。

例3: 郭店簡《忠信之道》簡3:"君子女(如)此,古(故)不皇生,不怀(背)死也。"《郭店楚墓竹簡》裘按讀"皇"爲"誑"。[③] 陳偉《郭店竹書別釋》讀"皇"爲"忘",引《大戴禮記·禮察》"喪祭之禮廢,則臣子之恩薄,而倍死忘生之禮衆矣"。[④]

① 于省吾:《甲骨文字釋林》,中華書局,1979年,第154—159頁。

② 趙平安:《新出簡帛與古文字古文獻研究》,商務印書館,2009年,第41頁。

③ 荊門市博物館編:《郭店楚墓竹簡》,文物出版社,1998年,第163頁注5。

④ 陳偉:《郭店竹書別釋》,湖北教育出版社,2003年,第76頁。《禮記·經解》作:"喪祭之禮廢,則臣子之恩薄,而倍死忘生者衆矣。"據王引之《經義述聞》,"生"爲"先"之誤。

按“皇”音 gwaaŋ，“忘”音 maŋ /maŋs，聲母差別甚大，無由通假。

　　例 4：上博簡《鮑叔牙與隰朋之諫》簡 3：“乃命又（有）嗣（司）箸㒸浮，老猒（弱）不型（刑）。”王志平先生讀“浮”爲“傅”。①

　　按“浮”音 bu，“傅”音 pas，僅聲母相近，而韻母差別甚大，無由通假。

　　例 5：清華簡《楚居》簡 8 有地名“湫郢”。趙平安先生釋“湫”爲“黍”，認爲即《左傳》中的地名“湫”（李學勤説），云：“湫是幽部清母字，黍是魚部書母字。魚幽兩部或合韻或通假，清母書母常相通轉。讀音相近，加大了湫（黍）訛變爲湫的可能性。也正是由於語音上的聯繫，後世才可能循音找到它的地望所在。”②

　　按《左傳》楚地名“湫”音 tsiwʔ（《經典釋文》子小反），而“黍”音 taʔ，兩者讀音相差甚遠，無由通假。最近黃德寬先生據安大簡《詩經》釋“湫”爲“湛（沉）”，③可從。

　　例 6：清華簡《繫年》“迈”，整理者讀爲“適”。④

　　按“迈”從“石”聲，應即訓“適”的“蹠”的異體，不得讀爲“適”。“蹠”（之石切）音 tak，“適”音 tek，兩字不同部，主要元音不同。

　　例 7：清華簡《周公之琴舞》簡 10—11：“佳（唯）克少（小）心，命不彝（夷）箸，寔天之不易。”整理者讀“寔”爲“對”。⑤

　　按“寔”（陟利切）音 trits，“對”音 tuups＞tuuts，主要元音差別甚大，此讀可疑。或讀爲“質 tit”（之日切），⑥語音相近，比較可信。

　　例 8：清華簡《封許之命》簡 6：“縊（鑾）鈴（鈴）索（素）旂，朱笄。”石小力先生讀“朱笄”爲“朱㫃”。⑦

　　按“笄”音 keej（“开”音 keen），“㫃”音 tan，相差甚大，無由通假。羅小華先生讀爲旗杆之“杆”，⑧較爲可信。

---

① 王志平：《〈容成氏〉“專爲正夊”與〈鮑叔牙與隰朋之諫〉“箸㒸浮”試解》，《古文字研究》第 31 輯，中華書局，2016 年，第 300 頁。

② 趙平安：《試釋〈楚居〉中的一組地名》，《中國史研究》2011 年第 1 期。

③ 黃德寬：《釋新出戰國楚簡中的“湛”字》，《中山大學學報（社會科學版）》2018 年第 1 期。

④ 李學勤主編：《清華大學藏戰國竹簡（貳）》，中西書局，2011 年，第 150 頁。

⑤ 李學勤主編：《清華大學藏戰國竹簡（叁）》，中西書局，2012 年，第 133 頁、第 140 頁注 64。

⑥ 張崇禮：《“寔”字解詁》，復旦大學出土文獻與古文字研究中心網站，2015 年 1 月 26 日。

⑦ 石小力：《清華簡（伍）〈封許之命〉“朱㫃”考》，《古文字論壇》第 2 輯，中西書局，2016 年，第 233 頁。

⑧ 羅小華：《試論望山簡中的“彤开”——兼論戰國簡册中的旗杆》，《出土文獻》第 9 輯，中西書局，2016 年，第 145 頁。

例9: 清華簡《殷高宗問於三壽》簡20:"上下毋倉。"整理者讀"倉"爲"攘",訓爲亂。[1]

按"倉"音tshaaŋ,"攘"音naŋʔ,聲母相差甚大,無由通假。"倉"應讀"爽",[2]見清華簡《尹至》簡2。

例10: 清華簡《子犯子餘》簡11:"若雺雨方奔之而 🦅 雁(膺)女(焉)。"整理者讀"雺"爲"濡"。[3]

按"雺"从"㒼"聲,"㒼"音bo,而"濡"音no,兩字韻母相同而聲母相差太大,無由通假。

例11: 清華簡《越公其事》簡23:"余亓(其)與吳科(播)弃(棄)悁(怨)晉(惡)于潛(海)濫江沽(湖)。"整理者讀"濫"爲"濟"。[4]

按"濫"的聲旁"皆"音krii,"濟"音tsiiʔ,聲母相差太遠,無由相通。

例12: 清華簡《越公其事》簡31—32:"王酙(聞)之,乃㠯(以)簹(熟)飤(食)膃(脂)盬(醢)脊(脯)肮多從。"整理者讀"肮"爲"羹"。[5]

按"亡"音maŋ,"羹"音kraaŋ,聲母差別甚大,無由相通。"肮"即"膴"字異體,《説文》:"膴,無骨腊也。"[6]

二、了解上古音研究的新進展

近幾十年來,上古音研究有很多新的進展。韻母方面,如六元音系統的構擬,一些韻部的再分等。釋讀古文字過程中討論不同韻部的關係時,要特別注意一些韻部包含不同的元音。比如論月部與質部的關係時,注意僅僅是月部中的et類與質部it相近,at類和ot類就不大可能與質部相通。異部間的通轉關係不能任意擴大化。聲母方面,如清鼻音、清流音聲母的構擬,複輔音聲母的構擬,中古章組聲母、以母、定母、透母等的離析(即這些中古聲母有不止一個上古來源)等。下面舉聲母方面的例子來説明問題。

---

① 李學勤主編:《清華大學藏戰國竹簡(伍)》,中西書局,2015年,第151頁、第158頁注72。

② 參簡帛網簡帛論壇:《清華五〈殷高宗問於三壽〉初讀》29樓(2015年4月13日)網友"紫竹道人"代發郭永秉先生的意見。

③ 李學勤主編:《清華大學藏戰國竹簡(柒)》,中西書局,2017年,第92頁、第97頁注45。

④ 李學勤主編:《清華大學藏戰國竹簡(柒)》,中西書局,2017年,第122頁、第125頁注30。

⑤ 李學勤主編:《清華大學藏戰國竹簡(柒)》,中西書局,2017年,第130頁、第131頁注7。

⑥ 參簡帛網簡帛論壇《清華七〈越公其事〉初讀》1樓(2017年4月23日)網友"暮四郎"的發言。

例 13：郭店簡《尊德義》簡 16：“耆（教）㠯（以）懽（權）悬（謀），則民淫惃遠豊（禮）亡（無）新（親）悬（仁）。”李零先生讀“惃”爲“昏”，云：“‘昏’是曉母文部字，‘昆’是見母文部字，讀音相近。”①

就王力的上古聲母系統（基本等同於中古聲母系統）而言，確是如此。但“昏”的上古聲母並非曉母 h-，而是清鼻音 m̥-，則與“昆”的聲母 k-差別很大，無由通假。《方言》卷十：“惃，惛也。楚揚謂之惃。”惃，音同昆（古渾切），又古本切，與“惛（昏）”是同義詞關係。

例 14：清華簡《鄭武夫人規孺子》簡 14：“今君定，龏（恭）而不言，二三臣史（事）於邦，远＝女＝宵昔器於巽贊之中，母（毋）乍（措）手止。”中間一句，整理者讀作：“惶惶焉，焉削錯器於選藏之中……”②

按呼光切的“巟”从“亡 maŋ”聲，故上古聲母非 qʰ- /h-，而是清鼻音 m̥-，則與“惶 gwaaŋ”的聲母差別很大，無由通假。簡文“远＝女＝”，疑可讀作“茫茫焉如……”，形容模糊不清。《鹽鐵論·西域》：“茫茫乎若行九皋未知所止。”

例 15：上博簡《陳公治兵》簡 9：“既聖（聽）命，乃嚜整帀（師）徒。”整理者讀“嚜”爲“噬”，或讀“誓”、“逝”。林清源先生疑讀爲“設”，認爲“設”爲書紐月部，與禪紐月部的“嚜（噬）”讀音相近。③

按中古書母的上古來源複雜，“設”在古文字中用“埶”來記錄，故其上古聲母爲清鼻音 n̥-，④則與“嚜（噬）”的上古聲母 d-相差很大，兩者無由通假。

例 16：甲骨文 𪔂，从壴（鼓）从丑。蔣玉斌先生認爲“丑”與“叉”爲一字，故甲骨文此字即《説文》之“鼜”（倉歷切）。⑤

按“丑”音 nruʔ，與“叉 tsruuʔ”有距離，是否一字，尚有疑問。“丑”與“手 nuʔ”音近。

例 17：大万尊 🔲 字，李家浩先生釋爲“魯”，讀爲“舞”。認爲古音“魯”爲來母，“舞”爲明母，聲母關係密切，且韻部相同，故“魯”能讀爲“舞”。⑥

① 李零：《郭店楚簡校讀記》（增訂本），北京大學出版社，2002 年，第 142 頁。
② 李學勤主編：《清華大學藏戰國竹簡（陸）》，中西書局，2016 年，第 105 頁。
③ 林清源：《〈上博簡·陳公治兵〉通釋》，《古文字與古代史》第 4 輯，“中研院”歷史語言研究所，2015 年，第 419—421 頁。
④ 參白一平：《“埶”、“勢”、“設”等字的構擬和中古 sy（書母＝審三）的來源》，《簡帛》第 5 輯，上海古籍出版社，2010 年，第 176 頁。
⑤ 蔣玉斌：《甲骨文“臺”字異體及“鼜”字釋説》，《古文字研究》第 31 輯，中華書局，2016 年，第 43 頁。
⑥ 李家浩：《大万尊銘文釋讀》，《出土文獻》第 8 輯，中西書局，2016 年，第 33 頁。

　　按從中古音看，來母和明母，確實有些字關係密切，但這是上古複輔音 mr-的反映，如"戀"和"蠻"，"來"和"麥"，"翏"和"謬"。而"魯"和"舞"的上古聲母應各爲 r-和 m-，不存在"魯"或"舞"是複輔音 mr-的證據，所以從上古音來看，"魯讀舞"是存在疑問的。

　　例 18：清華簡《説命下》簡 3："王曰：敆（説），罙亦皆乃備（服），勿易卑（俾）邲（越）。""皆"字，整理者讀爲"詣"，[①]白於藍、段凱先生改讀爲"祇"。[②]

　　按"脂"和"祇"均爲中古章母字，兩字的中古音相同，但從諧聲假借的情況看，"脂"的上古聲母應是 k-，"祇"的上古聲母應是 t-，差別很大，所以"皆"恐怕不能讀爲"祇"。

　　例 19：叔尸鐘："敕（睦）穌三軍徒旟。"楊樹達讀"旟"爲"彙"。[③]

　　按"旟"字的聲旁"同"音 looŋ，"彙"音 tuŋ／tuŋs，韻母不相同，且聲母有流音 l-（中古定母來源之一）和塞音 t-的區别，一般不相諧聲假借，故"旟讀彙"可疑。郭沫若讀爲"幢"，[④]存在同樣的問題。"旟"似應讀爲"庸 loŋ"。"徒庸"之稱見《左傳》。《左傳》昭公三十二年："己丑，士彌牟營成周，計丈數，揣高卑，度厚薄，仞溝洫，物土方，議遠邇，量事期，計徒庸，慮材用，書餱糧，以令役於諸侯。""庸"又作"傭"，指"從事比較重的、地位較低的勞動者"。[⑤]

　　例 20：清華簡《良臣》簡 7："雩（越）王句賤（踐）又（有）大同。""大同"，整理者以爲"大夫種"。[⑥]

　　按"同"音 looŋ，"種"音 toŋʔ，聲母有流音和塞音之别，一般不相諧聲假借。廣瀨薰雄先生讀爲《左傳》《國語》中之"舌庸"，[⑦]可信。《越公其事》簡 61 此人名作"太甬"，"甬"與"庸"聲韻皆同。

三、注意上古漢語的複雜性

　　上古漢語非一時一地的語言系統，前後有變化，也有方言歧異，即使在一時一地的

---

① 李學勤主編：《清華大學藏戰國竹簡（叁）》，第 128 頁。

② 白於藍、段凱：《清華簡〈説命〉三篇校釋》，《中國文字研究》第 23 輯，上海書店出版社，2016 年，第 74 頁。

③ 楊樹達：《積微居金文説》（增訂本），中華書局，1997 年，第 34 頁。

④ 《郭沫若全集·考古卷》第八卷，科學出版社，2002 年，第 434 頁。

⑤ 裘錫圭：《説"僕庸"》，《裘錫圭學術文集·古代歷史、思想、民俗卷》，復旦大學出版社，2012 年，第 109 頁。

⑥ 李學勤主編：《清華大學藏戰國竹簡（叁）》，第 161 頁注 37。

⑦ 廣瀨薰雄：《釋清華大學藏楚簡（叁）〈良臣〉的"大同"——兼論姑馮句鑃所見的"昏同"》，《古文字研究》第 30 輯，中華書局，2014 年，第 415 頁。

語言系統中,也有一些同源異形詞的存在,古文字材料所反映的語言現象自然是非常複雜的。在釋讀古文字時不應忽視這一點。

例 21:清華簡《耆夜》簡 1－2:"卲(召)公保奭(奭)爲夾。""夾"字顯然應該讀爲"介",義爲助手。①"夾"音 kreep,而"介"通常歸月部,音 kreets。整理者謂"夾"訓爲"介",没有讀成"介",②可能是因爲兩字不同部。但助手義的"介"其實就是從夾輔之"夾"分化出來的一個詞,語音上 kreep＞kreeps,加-s 尾,動詞變名詞,轉指動作相關的事物。kreeps 在戰國時肯定已經因同化作用而變 kreets,簡文大概是存古的寫法,與戰國時的實際讀音不合。這個例子不能拿來證明葉部和月部可通轉。古文字中常見的"灋"讀爲"廢",也是同樣的情況。

例 22:西周金文有從宮九聲的"寓"字,義同"宫",上博簡《子羔》簡 12"玄咎"之"咎"表示的詞與"寓"相同。或直接讀"寓"和"咎"爲"宫",是把問題簡單化了。"寓"和"咎"所記録的詞的語音形式可能是 ku,是"宫 kuŋ"的一个同源異形詞,③兩者的語音關係正與訓爲勞的"劬 go"和"邛 goŋ"相同。

例 23:西周晚期至戰國銘文中自名爲"匝"的青銅器就是文獻記載的"簠",亦即"胡""瑚"。可能"匝"所表示的詞的語音形式本來是 ka /kaʔ /gaa,也有加 p-冠音的形式,則是 pka /pkaʔ /pgaa＞pa /paʔ /baa(三個讀音中的最後一音見《經典釋文》,不見於《廣韻》),所以後來另造"甫"聲或"夫"聲的字來表示。郭店簡《窮達以時》簡 3"河匝"讀爲"河浦",④表明當時"匝"字已有唇音讀法。

例 24:清華簡《鄭文公問於太伯》簡 5:"昔虐(吾)先君逗(桓)公遂(後)出自周,目(以)車七簞=(乘),徒卅=(三十)人,故亓(其)腹心,畬(奮)亓(其)股拔(肱)。""故其腹心"句,整理者讀爲"鼓其腹心",⑤大概理解爲鼓勵其心腹之臣,不妥。《左傳》宣公十二年"敢布腹心,君實圖之",又昭公二十六年"敢盡布其腹心及先王之經,而諸侯實深圖之"。"腹心"指至誠之心(下句股肱即手足,皆指桓公而言,非指其臣下)。"故"與"鼓"開合有別,其通假在語音上也有疑問。對照《左傳》,"故"應相當於"布",但恐怕難以直接讀爲"布"或"敷"。⑥ 然"故"音 kaas,"布"音 paas,僅有聲母發音部位的不同,大概不是偶然

① 參李家浩:《清華竹簡〈耆夜〉的飲至禮》,《出土文獻》第 4 輯,中西書局,2013 年,第 20 頁。
② 李學勤主編:《清華大學藏戰國竹簡(壹)》,第 151 頁。
③ 參張富海:《金文從宮從九之字補説》,《古文字研究》第 29 輯,中華書局,2012 年,第 283—285 頁。
④ 李家浩:《讀〈郭店楚墓竹簡〉瑣議》,《中國哲學》第 20 輯,遼寧教育出版社,1999 年,第 354 頁。
⑤ 李學勤主編:《清華大學藏戰國竹簡(陸)》,第 119 頁。
⑥ 蔡一峰《讀清華簡第六輯零劄(五則)》(《古文字論壇》第 2 輯,中西書局,2016 年,第 260 頁)疑讀爲"敷"。

的。p->k-，或許是一種特殊的音變，性質不明，有待進一步研究。同樣，郭店簡《窮達以時》簡 11“造父”寫作“造古”，可能“古”表示 kaʔ，是“父 paʔ”的特殊音變。

例 25：清華簡《命訓》簡 12：“霝（臨）之㠯（以）忠，行之㠯（以）尚。”“尚”，今本《逸周書·命訓》作“權”，整理者從今本讀爲“權”。① 按“尚”與“權”聲母相差甚遠，無由通假。簡文之“尚”表示的詞當是“權 gron”的同源異形詞，即“權”發生 gron＞dron 音變後的語音形式。

---

① 李學勤主編：《清華大學藏戰國竹簡（伍）》，第 126 頁、第 130 頁注 29。

從出土材料看王念孫的理校

張錦少

（香港中文大學中國語言及文學系）

一、引　　言

　　20 世紀 50 年代以來，由於現代考古學在中國不斷發展，大量戰國、秦漢時期的竹簡帛書出土。這批新的材料，從數量上來説，跟積久而量多的傳世文獻相比，可以説有霄壤之別。但因爲抄寫的時間比較確定，而且年代比傳世文獻都要早，因此在校勘學上具有較高的價值。裘錫圭早在 1980 年就撰文呼籲古籍整理和注釋工作，要充分運用出土材料及有關研究成果，同時指出當時“比較普遍地存在着對這些資料重視不夠的傾向”。①經過將近四十年的發展，參照、結合出土材料及相關研究成果已經成爲當前古籍整理的範式（paradigm），甚至有以出土材料爲準，傳世文獻爲輔的傾向。裘先生引證出土材料對於校讀傳世古籍有極其重要的意義時，雖然“指摘了王念孫、段玉裁、孫詒讓等大師的個別疏失之處”，但裘先生很明確地説：

> 　　在整理研究新的古代文字資料的過程裏，一方面固然會發現一些可以用來修正他們的説法的資料，另一方面也會發現一些能爲他們的説法提供證據的資料。尤其是王念孫，他在没有版本根據的情況下得出的校勘上的結論，往往與地下發現的古本冥合，其卓識實在值得欽佩。②

王念孫生於乾隆九年（1744），卒於道光十二年（1832），是清代乾嘉時期重要的校勘學家。王氏一生校勘過的古籍遍及四部，其校治成果晚年結集爲《讀書雜志》十種八十二

---

① 裘錫圭：《考古發現的秦漢文字資料對於校讀古籍的重要性》，見《裘錫圭學術文集》第 4 卷，復旦大學出版社，2012 年，第 377 頁；原載《中國社會科學》1980 年第 5 期。

② 《考古發現的秦漢文字資料對於校讀古籍的重要性》，見《裘錫圭學術文集》第 4 卷，第 377 頁。

卷,歿後又由王引之檢得遺稿編刻爲《餘編》二卷,時人譽爲海内無匹。孫詒讓在《〈札迻〉序》裏指出清代校勘古籍的"乾嘉大師,唯王氏父子郅爲精博。凡舉一誼,皆確鑿不刊。其餘諸家,得失間出"。①而王氏的校勘工作令人嘆服之至的地方,正在於裘先生所説的"在没有版本根據的情況下得出的"理校結論。

不過就在 20 世紀 30 年代,留學美國的胡適替陳垣的《元典章校補釋例》寫了一篇長約八千字的序文,序中對王念孫的校勘工作,特別是理校的部分頗多微辭。胡氏在序裏首次把中西校勘之學加以比較,並得出三個西方校勘學的長處。②胡氏指出"中國古來的校勘學所以不如西洋,甚至於不如日本",是因爲中國刻書太早,加上古書多經劫火,"古本太缺乏了,科學的校勘學自不易發達",他接着舉了王念孫爲例,指"其最大成就只是一種推理的校勘學而已",但胡氏認爲"校讎的本義在於用本子互勘,離開本子的搜求而費精力於推敲,終不是校勘學的正軌",所以"推理的校勘不過是校勘學的一個支流,其用力甚勤而所得終甚微細"。③ 換言之,王念孫的校勘工作,特別是他運用理校方法得出的成果,都不具備科學的性質。王念孫是乾嘉大師,校治古書,創獲夥多;胡適則是近代中國的學術巨擘,對清代學術的研究可謂繼梁啓超以後的第一人,他對王念孫的批評當中透露的學術信息爲何? 胡適對王念孫理校的成果最爲不滿,以爲並非科學的校勘。那麼何謂科學的校勘? 理校的屬性又是甚麼? 我們今天整理和注釋古籍時應該如何批判繼承王念孫的校勘成果? 凡此都是迄今學者較少觸及的重要問題。而近世以來考古發現的出土材料,恰好可以爲解答這些問題提供一個重要的參照。

二、理校的科學屬性

科學是甚麼? 這個問題對不同專業的人來説答案可能都有所不同,但是科學的基本精神應該是一致的。以下我們就以人文學中最早走上科學研究而又與校勘學關係密切的語言學作爲參照,討論一下何謂科學。

---

① (清) 孫詒讓:《札迻》,美國哈佛燕京圖書館藏清光緒二十年(1894)刻本,札目,第 3 頁上。

② 胡氏曰:"西洋印書術起於十五世紀,比中國晚了六七百年,所以西洋古書的古寫本保存的多,有古本可供校勘,是一長。歐洲名著往往譯成各國文字,古譯本也可供校勘,是二長。歐洲很早就有大學和圖書館,古本的保存比較容易,校書的人借用古本也比較容易,所以校勘之學比較普及,只算是治學的人一種不可少的工具,而不成爲一二傑出的人的專門事業。這是三長。"見胡適:《序陳垣先生的〈元典章校補釋例〉》,收入氏著:《胡適文存》(第四集)卷一,臺北遠東圖書公司,1953 年,第 140 頁。

③ 胡適:《序陳垣先生的〈元典章校補釋例〉》,《胡適文存》(第四集)卷一,第 142 頁。

　　語言研究作爲一門科學發軔於西方。1968 年，著名英國語言學家 John Lyons 出版了 *Introduction to Theoretical Linguistics*（《理論語言學引論》）一書，Lyons 開宗明義地説"語言學可以定義爲語言的科學研究"，而語言學具有科學的資格，是因爲語言學"采用了受控和憑藉經驗核實的觀察方法，以及參照一些具有普遍性意義的語言結構理論"來調查語言。①這是西方文獻裏最早把語言研究定性爲科學研究的記述。但實際上"語言的科學研究"在 19 世紀早期已經正式開始了。②西方研究語言的歷史悠久，在公元前 5 世紀的希臘古典時期已經開展。但根據 Lyons 的看法，這個時期的語言研究屬於哲學的範疇，是哲人探索世界本質（the nature of the world）以及社會設置（social institutions）的一部分。③而"語言的科學研究"在 19 世紀早期正式開始，這個時期研究語言本身成了語言研究的目的。當代英國語言學史家 Roy Harris 梳理了從 1800 年到 2006 年這兩百多年的語言學發展歷史，指出進入 19 世紀後語言學家自覺語言學是以一門學科的形式存在，他們意圖表明語言學是一門科學。④而語言學能夠成爲一門科學的原因，是英國語言學家 Billy Clark 所説的，語言學家探究語言的過程跟其他領域科學家開展的工作具有相同的重要特徵，都以發現人類世界各種事實（truth）爲目標。⑤ 換言之，語言學家研究語言現象時應用的是具普遍原則的科學方法，⑥這跟其他領域的科學家並無異致。根據 Clark 的總結，西方語言學應用的科學方法，先後出現以 Leonard Bloomfield 爲代表的"歸納主義模型"（即藉由客觀觀測采集語言事實，再通過歸納過程從事實中導出定律和理論，最後通過演繹過程從定律和理論中推斷預言和

---

①　"Linguistics may be defined as the scientific study of language. This definition is hardly sufficient to give the reader any positive indication of the fundamental principles of the subject. It may be made a little more revealing by drawing in greater detail the implications contained in the qualification 'scientific'. For the moment, it will be enough to say that by the scientific study of language is meant its investigation by means of controlled and empirically verifiable observations and with reference to some general theory of language-structure." In Lyons, John. *Introduction to Theoretical Linguistic*. Cambridge: Cambridge University Press, 1968. p.1.

②　*Introduction to Theoretical Linguistic*，p.38.

③　*Introduction to Theoretical Linguistic*，p.4.

④　Harris, Roy. "Modern Linguistics: 1800 to the Present Day". In Brown, Keith (ed.). *Encyclopedia of Language and Linguistics* (2nd edition). Oxford: Elsevier. p.203.

⑤　Clark, Billy. "Linguistics as a Science". In Brown, Keith (ed.). *Encyclopedia of Language and Linguistics* (2nd edition). p.227.

⑥　Hogan, Patrick Colm, "Preface: On the Very Idea of Language Sciences". In Hogan, Patrick Colm (ed.). The Cambridge Encyclopedia of the Language Sciences. New York: Cambridge University Press, 2011. pp.xix.

解釋現象），①以及以 Noam Chomsky 爲代表的“證僞主義科學模型”（即先提出假說，然後通過演繹過程從假說中推斷預言，再通過嚴格驗證試圖反駁假說，並比較不同假說從而確定經過驗證的假說）。②我們無意在此開展對這兩種針鋒相對的模型孰優孰劣的討論，但毫無疑問的是，這兩種模型分別采用的觀測、歸納、演繹、假說、證僞等方法，都是構成“語言的科學研究”的必要條件。這種把科學等同科學方法的論述在漢語文獻裏也比比皆是。而在科學等同科學方法的前提下，難怪有學者認爲中國產生不了科學。朱曉農在《方法：語言學的靈魂》裏説：

> 我一直信奉“科學就是科學方法”這句話。科學方法有宏觀的論，有微觀的術，不管是抽象的原則，還是具體的步驟，開門第一條必要條件就是演繹邏輯。③

朱先生在跟焦磊合著的《教我如何不想她——語音的故事》這本妙趣橫生的語言學科普讀本，直截了當地提出了一個嚴肅的問題：“中國爲甚麼產生不了科學？”根據朱先生的看法，答案在於“我們没有演繹邏輯”，因爲中國人的推理方式是“聯想式孳乳繁衍”，或者稱爲“建立在同構律上的秦人邏輯”，而不是“建立在同一律上的演繹邏輯”。而中國人的推理方式無法采用演繹邏輯，是因爲中國“没有嚴密的語法”。④作者如此看重演繹邏輯，原因是他們認爲科學產生的兩大必要條件爲（1）用演繹邏輯來進行推理，組織命題。（2）用受控實驗來尋找因果關係。兩者共同構成了科學產生的充分條件。⑤中國没有如印歐諸語的嚴密語法，所以古代中國没有演繹法，結果就是產生不了科學。作者很明顯認爲科學就是科學方法，科學方法就是演繹法，至少演繹法是科學方法的主要部分。朱先生接着舉了錢大昕《十駕齋養新録》卷五中的《古無輕脣音》一文並批評説：

> 這篇文章寫得很有氣勢，堪比宋代文豪歐陽修的名文《醉翁亭記》。《醉翁亭記》開頭第一句“環滁皆山也”，提挈全文，後面的描寫無不圍繞作爲題眼的第一句展開。錢大昕這篇文章也一樣，開頭第一句“凡輕脣之音，古讀皆爲重脣”，開門見山地推出了自己的立論。然後圍繞這一觀點，從各種不同的古籍

① Clark，Billy. “Linguistics as a Science”. In Brown，Keith（ed.）. *Encyclopedia of Language and Linguistics* (2nd edition). p.227.

② Clark，Billy. “Linguistics as a Science”. In Brown，Keith（ed.）. *Encyclopedia of Language and Linguistics* (2nd edition). p.229.

③ 朱曉農：《方法：語言學的靈魂》，北京大學出版社，2008 年，第 1 頁。

④ 朱曉農、焦磊：《教我如何不想她——語音的故事》，商務印書館，2013 年，第 238 頁。

⑤ 朱曉農、焦磊：《教我如何不想她——語音的故事》，第 240 頁。

中徵引了很多條例證，從諧聲偏旁、文字通假、方音以及域外對音等各個方面加以比較。……從今天來看，錢大昕的這個結論雖然依舊爲現代學者所認可，但是其“論證”的方法就不見得是那麼牢固，那麼符合現代科學的演繹邏輯論證方式了。事實上錢大昕也並未對這個問題進行論證。他的寫法就像是寫游記散文——“環滁皆山也”，一開始擺出個總綱，然後提出上百條例子。……當然，他很幸運地蒙對了。然而他所謂的“對了”，只是基於他的語感，而非科學嚴密的邏輯論證。①

針對朱先生的批評，馮勝利在《語言研究的科學屬性》裏這樣回應，他説：

（朱先生）似乎是説錢大昕的學術論文和散文一樣不嚴格。他的看法和我們不同。……當然，錢大昕沒有把自己命題的蘊含一一列出（原注：很難説他沒有這些考慮），然而，今語有輕唇音重唇音，如果“古無輕唇音”，則第一種（筆者案：指第一種命題，即“古無輕唇音，因輕重兩者都讀爲重唇”）可能是上選。②

馮先生所説的“很難説他沒有這些考慮”，照我們的理解是，很難説錢大昕腦子裏不曾思考過“古無輕唇音”這個命題的所有蘊含。錢氏論證“古無輕唇音”這個命題雖然不完全符合嚴密的邏輯論證，這是“他的科學有局限（原注：伽利略的科學也不能和今天的科學相比）。事實上，今人論證這一命題的時候又能高出錢氏多少呢？”③那麼錢大昕高明的地方在哪裏呢？ 在於他的思想。馮先生指出：“科學不是技術，科學從本質上説是思想。”④這句話是我們認爲迄今爲止漢語界對於何謂科學這一問題最直接、最近實的回答。

馮先生“科學是思想”的看法，是受到章太炎在《清儒》一文中以“綜刑名，任裁斷”六字評價以戴震爲代表的皖南之學所啟發。馮先生説：

學術研究對象不同可以導致學理類型和功能的不同：人學尚辯證，物學尋自然。乾嘉學者研究的對象是古籍文獻，……學者們關注的首先是古代經典的真僞和文字語言的“是與非”。由此發展出來的學理則不同於以往只關注人事的“對錯”與“善惡”。……長期以來學界對清代學術的評價是：整

① 朱曉農、焦磊：《教我如何不想她——語音的故事》，第93頁。
② 馮勝利：《語言研究的科學屬性》，收入馮勝利、李旭主編：《語言學中的科學》，人民出版社，2015年，第110頁。
③ 馮勝利：《語言研究的科學屬性》，收入《語言學中的科學》，第110頁。
④ 馮勝利：《語言研究的科學屬性》，收入《語言學中的科學》，第108頁。

理古籍，鑽故紙堆，没有科學思想。這顯然是偏見。科學不是技術，科學從本質上説是思想。太炎説戴學"綜刑名、任裁斷"，這六個字清楚地告訴我們：這個時代的學術有非常强大的邏輯底藴和功力。如果他們不能綜刑名重邏輯，是無法裁斷的。……"任裁斷"説的是有一學術觀點，則要把它化成唯一的必然結果才能得到邏輯的認可。"唯一"、"唯必"即"任裁斷"，而戴學已經具備這些特點。……他們在深入研究的基礎上獲得系統中的楔形石keystone之後，才可以做到的。如果每一塊楔形石拼合一起，嚴絲合縫，那麽其中個體的形狀就不可能不根據規則發揮作用。他們發現了其中的"拼搭互證"之道，有了不得不然的概念，所以才敢斷言，所以才敢"任裁斷"；於是産生了與傳統截然不同的學術心態，作出與傳統不同的判斷——因其必然，故我斷然。①

戴震及其後學（包括王念孫）在深入研究的基礎上，有了發現，形成了必然的概念，於是改變心態，作出判斷。這一連串的過程，都是思想的活動。當中"不得不然的概念"就是戴學科學思想的核心——理必的思想。馮先生説：

乾嘉學術的科學精藴就在一個"必"字，而"必"的核心是"理推之必"和"實驗之必"；故名曰"理必"。理必之旨是"理論上不能不如此"，而不能不如此的道理，即由演繹 Deduction 而來。演繹，是科學裏最核心，最精要的部分。雖然乾嘉學者没有徑直宣言"我做的是演繹"，但他們作出了結果，而且直接用"必"、"斷"等術語表示其邏輯的推演力。②

這段話應該分作兩個層次來理解：理必是科學的思想，但要達至理必還要先通過科學的方法。因此，科學思想與科學方法並不是對立，而是互相依存的，科學思想藉由科學方法而來，没有經過邏輯推演的思想不是科學，邏輯推演最終指向的是科學思想。清人被學者批評爲"述而不作，學而不思"，③是因爲學者把思想和方法等同起來。乾嘉學者没有把他們邏輯推演的過程一一列出，直接就下了"不能不如此"的判斷，但並不表示他們的理必之學是一種没有方法、冥想式的思想。一言以蔽之，思想與方法是科學的體與用。

準此，我們認爲方法與思想並不對立，也不應該等同，而是互相依存的。而理校則

---

① 馮勝利：《語言研究的科學屬性》，收入《語言學中的科學》，第 108—109 頁。

② 馮勝利：《語言研究的科學屬性》，收入《語言學中的科學》，第 113 頁。

③ 梁啓超説："綜舉有清一代學術，大抵述而不作，學而不思，故可謂之爲思想最衰時代。"見氏著《論中國學術思想變遷之大勢》。

是科學思想的呈現,但要做出科學的理校,不是依靠臆測妄斷,而是藉邏輯推理,作出雖然没有版本作爲依據,但"理論上不能不如此"的校改。英國古典學學者 Alfred Edward Housman 在 1903 年整理出版了古羅馬詩人 Manilius 作品 *Astronomica* 的第一卷,並寫了一篇前言,他在前言裏肯定了 17 世紀著名英國古典學家 Richard Bentley 以理校校改 Manilius 作品的貢獻。[①]但他亦毫不諱隱地批評 Bentley 的理校説:"他缺乏耐性、獨斷且過於自信。因而他不加細味就妄改那些正確的詩句,改動他不喜歡的地方,而不是駐足問問馬利尼烏斯的喜好。"[②]在 Housman 看來,忠於作者是理校的一大原則。王念孫在《讀書雜志》裏經常以"後人不知古而改之"指出今本文字出現訛誤的原因,例如《讀漢書雜志》第五"三月"條:"'建昭四年三月,雨雪,燕多死'。……'三月'本作'四月'。後人……不知漢時行親蠶禮亦有用四月者。"[③]又《讀晏子雜志》第一"圭璋"條:"'寡人意氣衰,身病甚。今吾欲具圭璋犧牲,令祝宗薦之乎上帝宗廟'。念孫案:'圭璋'本作'圭璧',此後人以意改之也。古者祈禱皆用圭璧,無用璋者。"[④]又《讀晏子雜志》第二"將軍"條:"'願與將軍樂之'。……後人以此所稱是司馬穰苴,故改'夫子'爲'將軍'耳。不知春秋之時,君稱其臣無曰'將軍'者。"[⑤]以上諸例皆無底本可據,王念孫是在代入作者身處的時代,與作者合而爲一的情況下做出理校的,而其不少理校在數百年後不斷爲出土的材料所證實。

三、王念孫的理校與出土材料互證零拾

1973 年年底,湖南長沙馬王堆三號漢墓出土了一件抄寫了戰國後期歷史資料的帛書,共有二十七章,整理者命名爲《戰國縱橫家書》,而見於今本《戰國策》的有十章,其中第十八"觸龍見趙太后"章"左師觸龍言願見,太后盛氣而胥之"二句,[⑥]今本《戰國策·趙

---

① "His lucidity, his sanity, his just and simple and straightforward fashion of thought. His emendations are only a part, though the most conspicuous part, of his services to Manilius." In "Introduction" in Housman, Alfred Edward(ed.). *Astronomica* (Volume 1). Cambridge: Cambridge University Press, 1903. p. xvii.

② "He was impatient, he was tyrannical, and he was too sure of himself. Hence he corrupts sound verses which he will not wait to understand, alters what offends his taste without staying to ask about the taste of Manilius." In "Introduction" in Housman, Alfred Edward(ed.). *Astronomica* (Volume 1). p. xvii.

③ (清)王念孫:《讀書雜志》,江蘇古籍出版社,2000 年,志四之五,總第 242—243 頁。

④《讀書雜志》志六之一,總第 534—535 頁。

⑤《讀書雜志》志六之二,總第 543 頁。

⑥《馬王堆漢墓帛書》整理小組:《馬王堆漢墓帛書(叁)》第 2 册,文物出版社,1978 年,第 93 頁上。

策四》作“左師觸聾願見太后,太后盛氣而揖之”。①整理者對帛本與今本兩個比較關鍵的異文分別做了注:“宋姚本《戰國策》在聾字下注:‘一本無言字。’可見其原本也是龍言二字。”又:“胥,等待。《趙策》作揖,誤。”②這個看法王念孫在《讀戰國策雜志》的“觸聾　揖之”條裏早就提出來了。王氏曰:

> 今本“龍言”二字,誤合爲“聾”耳。太后聞觸龍願見之言,故盛氣以待之。若無“言”字,則文義不明。據姚云:“一本無言字。”則姚本有“言”字明矣。而今刻姚本亦無“言”字,則後人依鮑本改之也。③

首先,王氏見到的所有版本都沒有作“觸龍言”的,他改“觸聾”爲“觸龍言”完全是推理的校勘。第一,“文義不明”是從語言規律角度,發現當中有扞格難通的地方。第二,據姚本注云“一本無言字”,推論出姚本原來有“言”字,這是按常理來校勘。第三,指出“龍言”二字誤合爲“聾”是類比推理的結論。王氏又曰:

> 吳曰:“揖之,《史》云‘胥之’,當是。”念孫案:吳説是也。《集解》曰:“胥猶須也。”《御覽》引此《策》作“盛空而須之”。隸書“胥”字作“胃”,因訛而爲“耳”,後人又加手旁耳。下文言入而徐趨,則此時觸龍未入,太后無緣揖之也。④

王念孫發現下文言觸龍入而徐趨,則此時太后仍未得見觸龍,所以從文意上來講,“太后盛氣而揖之”是不合理的,他認爲當作“太后盛氣而待之”解。但是王念孫見到的版本都作“揖”,所以無法對校。倒是有兩條材料,可以證明作等待解是正確的。一是宋代類書《太平御覽》引《戰國策》正作“須之”,須有等待的意思。如果王念孫采信《御覽》的話,則可以用他校的方法,把“揖”改爲“須”;另一條是《史記•趙世家》作“胥之”,根據《集解》,“胥”也有等待的意思。《史記》的文字很可能因襲自《戰國策》,但始終經過司馬遷的改寫,不是《戰國策》的原文,按道理説沒有《御覽》引文的直接,但是王念孫最終采信了吳師道的意見,認爲“揖”本作“胥”。我們認爲當中最爲關鍵的考量,並不是個別的書證,而是因爲有大量古書因隸書形體相近而訛的例證作類比推理,使王氏不得不把“揖”改作“胥”。而王氏這兩處的理校,後來得到了帛書《戰國縱橫家書》的印證,學者傳頌至今。

① (漢)高誘注,(宋)姚宏注(原書誤植作鮑彪注):《宋本戰國策》第2册卷第21,國家圖書館出版社,2017年,第11頁下。
② 《馬王堆漢墓帛書(叁)》第2册,第94頁下。
③ 《讀書雜志》志二之二,總第58—59頁。
④ 《讀書雜志》志二之二,總第59頁。

筆者近年專攻王氏之學,於王氏理校與出土材料可以互證之例偶有所得,茲舉數例於下。

(一)

《吕氏春秋·貴因》篇:"禹通三江五湖,决伊闕,溝迴陸,注之東海,因水之力也。"《注》:"迴,通也。"①臺灣中研院傅斯年圖書館藏王氏《吕氏春秋》校本,改正文及高《注》"迴"爲"逈",又將正文"溝"、"逈"二字互乙,天頭有校語曰:"'溝迴陸'當爲'逈溝陸'。陸,道也,《淮南·本經篇》作'平通溝陸,流注東海'。"考《讀吕氏春秋雜志》"溝迴陸"條下,王氏亦云:

> 書傳無訓"迴"爲通者。"迴"當爲"逈"。"溝迴陸"當爲"逈溝陸"。《玉篇》:"逈,徒東切,通達也。"昭四年《左傳注》曰:"陸,道也。"逈溝陸者,通溝道也。《淮南·本經篇》"平通溝陸",正與此同義。②

準此,王氏先從訓詁、字形入手,將"迴"改作"逈",然後解釋"陸"的詞義是"道",補充高《注》,最後説明"逈溝陸"即"通溝道"的意思。案《説文·辵部》:"逈,逈迭也。"③段《注》云:"《玉篇》云:'逈,通達也。'"④"逈"古音在定母東部,"通"古音在透母東部,旁紐疊韻,音近義通。上海博物館藏戰國楚竹書《容成氏》二十六號簡曰:"禹乃逈三江五湖,東注之海。"⑤簡文"𨗷"從辵從同,即"逈"字,《容成氏》謂"禹逈三江",《貴因》篇謂"禹通三江",是"逈"與"通"義同。又西周中期《燹公盨》銘有"天命禹敷土,墮山,濬川",⑥《説文·谷部》:"濬,深通川也。"⑦"濬川"謂疏通河道,亦與《貴因》篇所謂"逈溝陸"意近。準此,《貴因》篇"溝迴陸"當如校本、《雜志》改作"逈溝陸",即"通溝道",疏通水道的意思。

(二)

《管子·幼官》:"求天下之精材,論百工之鋭器,器成角試否藏。收天下之豪傑,有

---

① 許維遹著,梁運華整理:《吕氏春秋集釋》下册,中華書局,2009 年,第 386 頁。

② 《讀書雜志》志餘上,總第 1026 頁。

③ (漢) 許慎:《説文解字》卷二下,中華書局,1997 年,第 5 頁下。

④ (清) 段玉裁:《説文解字注》,上海古籍出版社,1997 年,二篇下,第 9 頁上。

⑤ 馬承源主編:《上海博物館藏戰國楚竹書(二)》,上海古籍出版社,2002 年,第 270 頁。

⑥ 釋文據裘錫圭:《燹公盨銘文考釋》,《中國歷史文物》2002 年第 6 期,第 13 頁。

⑦ 《説文解字》卷十一下,第 3 頁下。

天下之稱材,説行若風雨,發如雷電。"尹《注》:"稱材,謂材稱其所用也。"①上海圖書館藏王氏《管子》校本"稱材"旁有校語云:"疑即上文'精材'。《七法篇》云'聚天下之精材'、'有天下之駿雄'。《小問篇》云'選天下之豪傑,致天下之精材'。"又《讀管子雜志》"稱材"條下,王氏肯定了校本的校語,指出"'稱材'當爲'精材'",義並與《七法》、《小問》"精材"同。"精"、"稱"二字因隸書字形相似而誤,故"尹《注》非"。②1972年,山東臨沂銀雀山一號漢墓出土大量竹簡,其中有篇名《王兵》的竹簡 24 枚,文字與《管子》的《參患》、《七法》、《地圖》、《兵法》諸篇錯見。竹書《王兵》云:"取天下精材,論百工利器,收天下豪桀(傑),有天下俊雄。春秋穀(角)試,以闌(練)精材。勤(動)如雷神(電),起如蜚(飛)鳥,往如風雨。"③比照竹書《王兵》與《管子・幼官》,竹書文理明顯較爲暢達,而《幼官》"有天下之稱材"即改編自《王兵》"有天下俊雄,……以闌精材"兩句而文字有所删節。準此,王念孫改"稱材"爲"精材"是正確的。

(三)

馬王堆漢墓出土的帛書《老子》乙本卷前,抄録了《經法》、《十大經》、《稱》、《道原》等佚書。裘錫圭指出這批佚書反映的"是曾經風行於西漢時代的、'撮名法之要'的那種道家思想。這也就是當前很多學者名之爲'黃老'的那種思想。這種思想跟《老子》的思想是有相當明顯的區别的"。④唐蘭將佚書與《老子》比對,發現兩者在思想上有相異之處,如《老子》講德而不講刑,"四篇古佚書把'德'和'刑'對立,稱爲'刑德',這是黃帝之言的重要發展"。⑤唐氏同時指出帛書《十大經・姓争》文字可以與《管子・勢》對照。⑥案《姓争》一篇藉力黑答高陽之問,闡述順天而行,静作得時,刑德相養的道理,其文曰:

凡諶之極,在刑與德。刑德皇皇,日月相望,以明其當。……争(静)作得時,天地與之。争不衰,時静不静,國家不定。可作不作,天稽環周,人反爲之【客】。静作得時,天地與之。静作失時,天地奪之。夫天地之道,寒涅(熱)燥

① 黎翔鳳著,梁運華整理:《管子校注》上册,中華書局,2009 年,第 166 頁。

② 《讀書雜志》志五之二,總第 423 頁。

③ 銀雀山漢墓竹簡整理小組:《臨沂銀雀山漢墓出土〈王兵〉篇釋文》,《文物》1976 年第 12 期,第 37 頁。

④ 裘錫圭:《馬王堆帛書〈老子〉乙本卷前古佚書並非〈黃帝四經〉》,載《中國出土古文獻十講》,復旦大學出版社,2004 年,第 356 頁。

⑤ 唐蘭:《馬王堆出土〈老子〉乙本卷前古佚書的研究——兼論其與漢初儒法鬥争的關係》,收入馬王堆漢墓帛書整理小組編:《經法(馬王堆漢墓帛書)》,文物出版社,1976 年,第 160 頁。

⑥ 唐蘭:《〈老子〉乙本卷前古佚書與其他古籍引文對照表》,收入馬王堆漢墓帛書整理小組編:《經法(馬王堆漢墓帛書)》,第 177 頁。

濕,不能并立;剛柔陰陽,固不兩行。兩相養,時相成。居則有法,動作循名,其
事若易成。若夫人事則無常,過極失當,變故易常,德則無有,昔(措)刑不當,
居則無法,動作爽名,是以僇受其刑。①

《管子•勢》篇云:"夫靜與作,時以爲主人,時以爲客,貴得度。"尹《注》:"靜
作得度,則爲主人。其失度者,則爲客也。"②據《姓争》,則《勢》所謂"得度"即得時的意思,意指掌握天
時,主動出擊。該定則靜,該争則作,靜作得時。又《勢》篇:"逆節萌生,天地未刑,先爲
之政,其事乃不成,繆受其刑。"③據《姓争》所述,如果德刑相養,天時相成,那麼"居則有
法,動作循名",結果"其事若易成"。但如果"德則無有,措刑不當",那麼"居則無法,動
作爽名",結果"是以僇受其刑"。④準此,《勢》"逆節萌生"五句是靜作失時的引申,"逆節
萌生"指"反乎節制而冒昧生事","天地未刑,先爲之政"指"天地未形可征之兆,而先爲
之征伐,其事乃不成",⑤這明顯是時靜不靜,不合天時的做法,結果是"繆受其刑"。"繆
受其刑",尹《注》云:"其事不成,則被誅戮,受其刑罪也。"⑥"繆"作"誅戮"解,是假借字。
王氏《管子》校本有校語云:"據《注》,則正文'繆'當作'僇'。"帛書正作"僇受其刑"。

(四)

《韓非子•存韓》篇:"韓叛則魏應之,趙據齊以爲原,如此則以韓、魏資趙假齊以固
其從,而以與争强,趙之福而秦之禍也。"舊注:"若山原然。"⑦北京中國國家圖書館藏王
念孫《韓非子》校本天頭有校語曰:"'原'疑當作'厚'。"吳汝綸《韓非子點勘》:"'原'乃
'援'之誤。"⑧陳啓天曰:"'原'、'援'聲同而誤,謂趙恃齊以爲後援也。"⑨陳奇猷曰:
"'原'與'援'聲同而誤,謂趙恃齊以爲後援也。但顧説'原'、'厚'形近誤,亦通。"⑩考
"援"字古音在匣母元部,"原"字古音在疑母元部,二字旁紐疊韻,音近故可通假,但經籍
未見用例。"原"與"厚"形近,故王念孫疑"原"本作"厚"。"厚"、"後"古音並在匣母侯

---

① 馬王堆漢墓帛書整理小組編:《經法(馬王堆漢墓帛書)》,第65—66頁。

② 《管子校注》中册,第882頁。

③ 《管子校注》中册,第885頁。

④ 此處"若"作"乃"解,"爽"作"差錯"、"不合"解,參看《經法(馬王堆漢墓帛書)》,第67頁。

⑤ 《管子集校》,收入《郭沫若全集(歷史編)》,第7卷,第63頁。

⑥ 《管子校柱》中册,第885頁。

⑦ (清)王先慎著,鍾哲點校:《韓非子集解》,中華書局,1998年,第14頁。

⑧ (清)吳汝綸:《韓非子點勘》,收入嚴靈峰編:《無求備齋韓非子集成》[據清宣統元年(1909)衍星社排印本影
印],臺北成文出版社有限公司,1980年,卷一,第4頁。

⑨ 陳啟天:《韓非子校釋》,臺北中華叢書委員會,1958年,第868頁。

⑩ 陳奇猷:《韓非子新校注》上册,上海古籍出版社,2000年,第32頁。

部,"厚"當通假作"後"而義始可通。高亨《古字通假會典》"後與厚"條:"《戰國策·東周策》:'收周最以爲後行。'《史記·孟嘗君列傳》後作厚。"①《上博簡·鄭子家喪》:"天後楚邦。"侯乃峰讀"後"爲"厚"。②《郭店楚簡·語叢一》:"有物有容,有盡有厚。"顧史考讀"盡"爲前,讀"厚"爲"後"。③準此,"趙據齊以爲厚",謂趙據齊以爲後盾。

　　除了校勘的例子外,王念孫對古書的訓釋,部分也可以跟出土材料互相印證。

(五)

　　《韓非子·外儲説左下》篇記齊桓公詢問管仲安置官吏之方,管仲曰:"墾草仞邑,辟地生粟,臣不如甯戚,請以爲大田。"④意謂齊大夫甯戚勝任管理開荒墾田之工作,可以出任大田一職。"墾草仞邑"一句,舊《注》云:"仞,入也。所食之邑,能入其租税也。""仞"無"入"義,太田方曰:"仞,牣也,滿也。《管子》、《史記》並作'入',舊説因訓'入也'。《戰國策》'蔡澤見逐'章:'墾草剏邑。'《注》:'剏,造也。'義亦通。"⑤太田方以兩可之説訓釋此句。俞樾則以爲"'仞'當作'剏',謂剏造其邑也。作'仞'者,字之誤"。⑥陳奇猷采用了俞説,並批評"太田方訓爲滿,滿邑,殊嫌强解"。⑦

　　案雲夢睡虎地秦簡《爲吏之道》有"根(墾)田人邑"一語,整理小組注:"人讀爲仞,仞邑,使城邑人口充實。"⑧銀雀山漢墓竹書《王法》也有"狠(墾)草仁邑"一語,整理小組認爲:"仁,讀爲'仞',充滿之意。"⑨裘錫圭根據上舉的出土竹簡材料,指出:

　　　　古代本來只有"墾草(原注:或作"田")仞邑"一種説法,"仞"也可以寫作音近的"人"、"仁"(原注:古代或許還可寫作"刃")。後來不明白"仞邑"之義的人,有意無意地把"人"字寫成"入"或"大",把"仞"字(原注:可能還有"刃")寫

---

① 《古字通假會典》,第 325 頁。

② 侯乃峰:《〈上博(七)·鄭子家喪〉"天後(厚)楚邦"小考》,復旦大學出土文獻與古文字研究中心網站,2009 年 1 月 6 日,http://www.guwenzi.com /SrcShow.asp? Src_ID=626。

③ [美]顧史考:《郭店楚簡〈成之〉等篇雜志》,收李學勤、林慶彰等著:《新出土文獻與先秦思想重構》,臺灣書房出版有限公司,2007 年,第 226 頁。

④ "戚"本作"武",此處從盧文弨改,説見《韓非子集解》第 303 頁引。

⑤ [日]太田方:《韓非子翼毳》,收入《無求備齋韓非子集成》[據日本大正六年(1917)東京富山房排印本影印],臺北成文出版社有限公司,1980 年,卷十二,第 20 頁。

⑥ (清)俞樾:《韓非子平議》,收入俞著:《諸子平議》,《續修四庫全書》[據光緒二十五年(1899)春在堂全書本影印],上海古籍出版社,2000 年,第 24 頁。

⑦ 《韓非子新校注》下册,第 744 頁。

⑧ 睡虎地秦墓竹簡整理小組:《睡虎地秦墓竹簡》,文物出版社,1978 年,第 285—286 頁。

⑨ 銀雀山漢墓竹簡整理小組:《銀雀山竹書〈守法〉、〈守令〉第十三篇》,《文物》1985 年第 4 期,第 33—34 頁。

成“劯”,這才把問題搞得這樣複雜。①

裴説可從。考王念孫《韓非子》校本“墾草仞邑”一句也有校語,王念孫曰:“仞,充滿也。《昭三十二年・左傳》‘仞溝洫’,《注》:‘度深曰仞。’《管子・小匡篇》‘仞邑’作‘入邑’。”又《讀淮南内篇雜志》“充忍”條下,王氏云:

> “德交歸焉而莫之充忍也”,高《注》曰:“忍,不忍也。”念孫案:高蓋誤讀“忍也”二字爲句,訓“忍”爲“不忍”,於正文無當也。今案“充忍”二字當連讀,“忍”讀爲“牣”,《大雅・靈臺篇》“於牣魚躍”,《毛傳》曰:“牣,滿也。”德交歸焉而莫之充滿,所謂大盈若虛也。……《史記・殷本紀》“充仞宫室”,《後漢書・章八王傳》“充牣其第”,牣、仞、忍並同聲而通用。②

比類而觀,王氏當以爲《外儲説左下》“墾草仞邑”中的“仞”讀爲“牣”,作“充滿”解。今天我們再來解釋“墾草仞邑”一語時,校本的校語是值得參考的。

(六)

《吕氏春秋・先己》篇:“無爲之道曰勝天,義曰利身,君曰勿身。勿身督聽,利身平静,勝天順性。”《注》:“天無爲而化。君能無爲而治,民以爲勝於天。”③王念孫《吕氏春秋》校本天頭有校語曰:“勝猶任也,故下文曰‘勝天順性’。”王念孫的訓解異於高誘,我們可以參考《讀淮南内篇雜志》“勝心勝欲勝理”條下王氏對“勝”字的解釋:

> “聖人勝心,衆人勝欲”,念孫案:勝,任也,言聖人任心,衆人任欲也。……《説文》:“勝,任也。”任與勝,聲相近,任心任欲之爲勝心勝欲,猶戴任之爲戴勝。高解“聖人勝心”曰“心者,欲之所生也。聖人止欲,故勝其心”,則誤以勝爲勝敗之勝矣。④

準此,校本亦當認爲高注誤解《先己》“無爲之道曰勝天”之“勝”爲“勝敗”之“勝”。王氏認爲“勝猶任也”,“勝天”即“任天”、“順天”,言“治身”之道在於任憑自然,順應自然,訓釋明顯較高注“勝於天”的説法更符合《先己》篇闡釋道家“無爲之道”的要義。

“無爲”是道家重要的思想,“無爲”即不做違背自然的“爲”,也就是順應自然。郭店竹書《老子》甲本1、2號,抄有相當於今本《老子》第十九章的文字,今本“絶仁棄義,民復

---

① 裴錫圭:《考古發現的秦漢文字資料對於校讀古籍的重要性》,載《中國出土古文獻十講》,第128頁。
② 《讀書雜志》志九之八,總第830頁。
③ 《吕氏春秋集釋》上册,第70頁。
④ 《讀書雜志》志九之十四,總第892—893頁。

孝慈”,簡文作“絕僞(僞)□慮,民復季子”。①裴錫圭指出,簡文“僞”可以釋讀爲“僞”或“爲”,他説:

　　“絕僞”之“僞”所指的,應即“用己而背自然”的作爲,也就是《淮南子·詮言》所説的“道理通而人爲滅”的“人爲”。《莊子·庚桑楚》用“僞”字來表示這種“爲”。……《荀子》也用“僞”表示不是出自天性的作爲。……道家著作,往往就用“爲”字來表示“背自然”的“人爲”。所以把“僞”釋讀爲“僞”或“爲”都是可以的。②

按照裴先生的看法,簡文“絕僞”的意思就是摒棄違背自然的“爲”。“絕”與“無”義近,顧野王(519—581)《玉篇》殘卷《糸部》:“絕,野王案:《説文》:‘絕,斷也。’……又曰:‘無胥絕遠。’孔安國曰:‘無相與絕遠,棄廢之也。’”③“無胥絕遠”出自《尚書·盤庚》篇。④“絕僞”即“無爲”,即廢棄違背自然的“爲”,不做違背天性的“爲”,這與《先己》篇“無爲之道曰勝天”、“勝天順性”的思想相一致。⑤簡文“絕僞”之後是“□慮”。許抗生認爲“慮”很可能是“慮”字的形訛,他説:“慮指思考、謀劃,爲指人爲,僞即是指人爲。老子主張無知、無爲,所以提出‘絕僞棄慮’的思想。”⑥其説可從。裴錫圭也指出“道家著作裏經常可以看到主張無爲、無慮的話,而且有時正是以二者並提的”,並舉《莊子·天道》“知雖落天地,不自慮也;……能雖窮海内,不自爲也”爲證。⑦

　　《吕氏春秋》同樣有可與簡文“絕僞棄慮”互相發明的地方,《君守》篇:“‘至精無象而萬物以化,大聖無事而千官盡能。’此乃謂不教之教,無言之詔。……故思慮自心傷也,智差自亡也,奮能自殃也,其有處自狂也。”⑧校本就這段文字有兩處校改,其中一處並引書訓解。首先,王氏改“無象”爲“無爲”,天頭有校語云:“‘象’當作‘爲’,形、成爲韻,爲、化爲韻。《老子》曰:‘我無爲而民自化。’是其證也。”據王校則《君守》篇當作“至精無爲,而萬物以化”,王氏引《老子》除了要證明“無象”當作“無爲”外,還因爲《君守》篇主張君

---

① 荊門市博物館編:《郭店楚墓竹簡》,文物出版社,1998年,第111頁。
② 裴錫圭:《糾正我在郭店〈老子〉簡釋讀中的一個錯誤——關於“絕僞□詐”》,載《中國出土古文獻十論》,第236頁。
③ (梁)顧野王著:《原本玉篇殘卷》,中華書局,1985年,第130頁。
④ 《尚書·盤庚》篇云:“永敬大恤,無胥絕遠。”(清)孫星衍:《尚書今古文注疏》,中華書局,1998年,上冊,第237頁。
⑤ 裴先生指出:“道家著作,往往就用‘爲’字來表示‘背自然’的‘人爲’。”
⑥ 許抗生:《初讀郭店竹簡〈老子〉》,載《中國哲學》第20輯,遼寧教育出版社,1999年,第102頁。
⑦ 《糾正我在郭店〈老子〉簡釋讀中的一個錯誤——關於“絕僞□詐”》,載《中國出土古文獻十論》,第238頁。
⑧ 《吕氏春秋集釋》下冊,第439—442頁。

主應該執守"静而無知"的君道①與老子"清静無爲"的思想相關。《讀吕氏春秋雜志》"至精無象"條下,王氏案曰:

> "象"當作"爲",《老子》曰:"道常無爲無不爲,侯王若能守之,萬物將自化。"又曰:"我無爲而民自化。"《莊子·天地》篇曰:"無爲而萬物化。"皆其證也。②

《君守》篇的作者基於老子"道常無爲"而"萬物自化"的思想,推論出"大聖無事,而千官盡能",作者認爲"無爲"、"無事"才稱得上是"不教之教,無言之詔",這與今本《老子》"聖人處無爲之事,行不言之教"、"聖人無爲,故無敗"③以及竹書《老子》"絶僞"的思想相始終。王念孫改"無象"爲"無爲",復引《老子》、《莊子》爲證,有助我們進一步理解《君守》篇與道家思想的關係。

竹書《老子》既講"絶僞",同樣主張"棄慮"。《君守》篇同樣認爲"思慮自傷"、"智差自亡"。通行本作"思慮自心傷",高《注》云:"思慮勞精神而亂於心,故自傷也。""自傷"連文,是高氏所見無"心"字。校本删"心"字,無校語。俞樾《平議》同,釋曰:

> "心"字衍文,"思慮自傷也"、"智差自亡也"兩句一律。⋯⋯《淮南子·原道》篇曰:"偶僎智故曲巧詐僞。"此云"智差"即彼云"偶僎智故"也,故與"思慮"相對。④

"思慮"、"智差"相對成文,《君守》篇的作者從反面論述有慮、有智的後果就是"自傷"、"自亡",同樣是相對成文,通行本的"心"字明顯是衍字。讀通了這"思慮自傷也"這一句後,我們就可以拿它跟竹簡《老子》"絶僞棄慮"的思想互相對讀。

我們先講儒家怎樣看"僞"和"慮"。《荀子·性惡》篇説:"聖人積思慮,習僞故,以生禮義而起法度。然則禮義法度者,是生於聖人之僞,非故生於人之性也。"楊《注》:"自是聖人矯人性而爲之。"⑤換句話來説,禮義法度是聖人"積思慮,習僞故",是逆性而爲的,故荀子稱爲"僞",人爲的意思。我們認爲《荀子》裏的"思慮"與《君守》篇相同,而"僞故"則與"智差"相同。俞氏《平議》引《淮南子·道應》篇"偶僎智故"以釋《君守》篇"智差","偶僎"與"智故"對舉,是"智差"亦即"智故","智故"猶言"僞故",案《廣

---

① 《君守》篇云:"得道者必静,静者無知,知乃無知,可以言君道也。"《吕氏春秋集釋》下册,第 438 頁。

② 《讀書雜志》志餘上,總第 1027 頁。

③ 朱謙之:《老子校釋》(中華書局,1996 年),第二章,第 10 頁;第六十四章,第 260 頁。

④ 《吕氏春秋平議》,收入《諸子平議》卷二十三,第 19 頁。

⑤ (清)王先謙:《荀子集解》下册,中華書局,1997 年,第 437 頁。

雅・釋詁》:"故,事也。"①"智故"、"僞故"中的"故"皆可訓爲"事",即有所作爲的意思。郭店竹書除了有《老子》外,還有一篇屬儒家思想叫《性自命出》的文章,其文云:"有爲也者之謂故。"②儒家肯定"有爲",道家卻否定"有爲",因爲人違背自然而"有爲"便會出現僞飾、僞詐的事情。《吕氏春秋・論人》篇講人要"釋智謀,去巧故",高《注》曰:"釋亦去也。巧故,僞詐也。"③"故"由"有爲"引申而有"僞詐"的意思。道家主張"絶僞棄慮",與儒家主張"有爲積慮"的思想截然不同,《吕氏春秋・君守》篇"思慮自傷也,智差自亡也"正好反映了老子"絶僞棄慮"的思想。可惜的是,就筆者知見所及,學者討論竹書《老子》簡文的時候,都没有注意到《君守》篇的文字,更遑論是王念孫對相關文句的校改與訓解。

以上所舉諸例引證的出土材料都是 20 世紀 50 代以後陸續發現的,我們無法設想胡適如果得見這批材料,他對王念孫理校的看法會否改變。但是就王念孫的理校是否科學這個問題,因爲有了出土材料作證據,我們可以從方法學上加以討論、釐清。

四、結　語

出土材料與傳世文獻對照互證已經成爲了當前古籍研究的範式,而充分運用出土材料及有關研究成果是這個範式的一個特點。出土材料,特别是簡帛古書,有些尚有傳本,即使已經失傳了,個别段落或文句還是可以用來闡明傳世古書中的某些文句或詞語的意義。雖然這種研究方法是雙向的,但目前有種傾向是過分强調出土材料的價值,以出土材料爲主,傳世文獻爲輔。裘錫圭在 2000 年,也就是他撰文呼籲學界要注意運用出土材料的 20 年後,寫了一篇叫《中國古典學重建中應該注意的問題》的文章,文中指出:

> 出土的簡帛古書,有些是尚未失傳的書。釋讀這種簡帛古書,當然需要跟傳世本相對照。已失傳的簡帛古書也往往含有個别或一些可以跟傳世古書相對照的語句。如果不知道它們可以跟傳世古書相對照,釋讀時就非常可能犯本不應有的錯誤。④

---

① （清）王念孫:《廣雅疏證》卷三下,江蘇古籍出版社,2000 年,第 25 頁。

② 荆門市博物館編:《郭店楚墓竹簡》,文物出版社,1998 年,第 179 頁。

③ 《吕氏春秋集釋》上册,第 74 頁。

④ 裘錫圭:《中國古典學重建中應該注意的問題》,見《裘錫圭學術文集》第 2 卷,第 337 頁。原載《郭店楚簡の思想史研究》第四卷(東京大學文學部中國思想文化研究室,2000 年)。

洵哉斯言！裘先生雖然只是提到出土材料要注意跟傳世古書對照，但要對照傳世古書，就必須同時充分掌握並運用前人對這些傳世古書的整理成果，特別是在質量或者數量都超邁前代的清代，其中王念孫對傳世古書的校勘、訓釋更是我們校讀出土材料時應該多加注意、參考的科學成果。